Amazônia

*Novos caminhos nas relações
entre homem e mulher*

Ricardo Castro

Amazônia

*Novos caminhos nas relações
entre homem e mulher*

Dados Internacionais de Catalogação na Publicação (CIP)
(Câmara Brasileira do Livro, SP, Brasil)

Castro, Ricardo
Amazônia : novos caminhos nas relações entre homem e mulher / Ricardo Castro. – São Paulo: Paulinas, 2020.
240 p. (Interfaces)

Bibliografia
ISBN 978-85-356-4637-5

1. Teologia pastoral 2. Amazônia - Religião e cultura 3. Sínodos dos Bispos - Amazônia 4. Relação homem - mulher - Aspectos religiosos - Amazônia I. Título II. Série

20-2261   CDD 253

Índice para catálogo sistemático:

1. Teologia pastoral 253

Angélica Ilacqua – Bibliotecária – CRB-8/7057

1ª edição – 2020

Direção-geral: *Flávia Reginatto*
Editores responsáveis: *Vera Ivanise Bombonatto*
João Décio Passos
Copidesque: *Ana Cecilia Mari*
Coordenação de revisão: *Marina Mendonça*
Revisão: *Sandra Sinzato*
Gerente de produção: *Felício Calegaro Neto*
Capa e diagramação: *Tiago Filu*

Nenhuma parte desta obra poderá ser reproduzida ou transmitida por qualquer forma e/ou quaisquer meios (eletrônico ou mecânico, incluindo fotocópia e gravação) ou arquivada em qualquer sistema ou banco de dados sem permissão escrita da Editora. Direitos reservados.

Paulinas
Rua Dona Inácia Uchoa, 62
04110-020 – São Paulo – SP (Brasil)
Tel.: (11) 2125-3500
http://www.paulinas.com.br – editora@paulinas.com.br
Telemarketing e SAC: 0800-7010081
© Pia Sociedade Filhas de São Paulo – São Paulo, 2020

Sumário

Prefácio 7
Introdução 11

CAPÍTULO I

Masculinidades e violência no contexto cultural-religioso da Amazônia 17

    1.1 Um sobrevoo sobre o contexto religioso da Amazônia 17
    1.2 A pajelança, encantados e mitologia indígena 20
    1.3 Devoções aos santos e Nossas Senhoras 26
    1.4 O pentecostalismo amazônico 40
    1.5 As masculinidades histórico-culturais dos povos tradicionais da Amazônia 46
    1.6 Violência masculina no contexto cultural-religioso da Amazônia 58
    1.7 O aprendizado violento da masculinidade hegemônica 75

CAPÍTULO II

O Deus de Jesus Cristo e as masculinidades 81

    2.1 Masculinidades no contexto teológico 82
    2.2 Masculinidades na perspectiva da teologia trinitária 87
    2.3 A masculinidade libertadora de Jesus Cristo 96
    2.4 Imagem e semelhança de Deus, aspectos bíblico-antropológicos 123
    2.5 Corporeidade e sexualidade – antropologia teológica dos corpos
         e sexualidades masculinas 130
    2.6 O pecado estrutural do poder e violência masculina 141

CAPÍTULO III

Da práxis pastoral: "o cuidado das masculinidades" na Amazônia 153

    3.1 Da práxis pastoral: marcos teológicos 157
    3.2 O rosto materno de Deus na Amazônia 165

3.3 Iniciação à vida cristã de homens: desafios e perspectivas pastorais 171
3.4 "Masculinidades redimidas" na Amazônia 188
3.5 Sabedoria teológica das masculinidades amazônicas 199
3.6 Itinerário de iniciação masculino à vida cristã: redimindo masculinidades 208

Conclusão 217
Referências bibliográficas 223
Índice remissivo 237

Prefácio

Desde o início de seu pontificado, o Papa Francisco vem indicando a necessidade de a Igreja Católica olhar com maior atenção para a região amazônica. Em 15 de outubro de 2017, ele convocou a Assembleia Especial do Sínodo dos Bispos para a região pan-amazônica, para que fosse realizada em outubro de 2019. Em sua convocação para o Sínodo, o romano pontífice dizia que o objetivo dessa reunião assemblear "é identificar novos caminhos para a evangelização daquela porção do povo de Deus" (*Angelus* de 15/10/2017).

Um mês após a convocação do Sínodo, o prof. Ricardo Gonçalves Castro depositava sua tese de doutorado junto ao Programa de Pós-graduação em Teologia da Pontifícia Universidade Católica do Rio de Janeiro, após um processo de intensa investigação, iniciado em 2014, junto ao meu grupo de pesquisa intitulado: "Questões atuais de pastoral profética".

Após aprovação, com reconhecimento do mais alto grau de excelência de sua pesquisa, a tese foi indicada pelo Programa de Teologia da PUC-Rio para concorrer ao Prêmio Afonso Maria Ligório Soares – SOTER/Paulinas de Teses, o mais importante da área Ciências da Religião e Teologia, juntamente com o Prêmio Capes de Teses. Através de acurada análise de uma comissão julgadora, a tese de Ricardo Castro foi declarada, no Congresso de 2019 da SOTER, como a vencedora no biênio 2017/2018. Recebeu como premiação a publicação do presente livro, intitulado: *Amazônia: novos caminhos nas relações entre homem e mulher*.

Este livro é o resultado da excelência pesquisadora do autor e fruto de seu envolvimento eclesial com a região amazônica. Debruçar-se sobre a realidade amazônica, na tentativa de encontrar itinerários pastorais autênticos e eficazes, já de *per se* garante relevância ao livro que agora está sendo publicado. A esse primeiro aspecto de relevância, adiciona-se um segundo. Trata-se da temática do livro: as masculinidades no contexto amazônico e as suas relações com a religiosidade (ou vivência da fé) e a produção de experiências de violência.

Com inteligência, neste livro, o autor articula sua preocupação pastoral com a reflexão sistemática da Teologia Pastoral. De maneira muito criativa e feliz consegue construir um estudo de revisão bibliográfica, sobre a base do método ver-julgar-agir, na intenção de apresentar uma teologia pastoral contextual acerca do complexo fenômeno de como propor a experiência da salvação cristã para uma realidade e um contexto específico: as masculinidades híbridas e plurais amazônicas.

O livro está organizado em três capítulos, onde são apresentadas: 1) a realidade cultural-religiosa vigente e suas atuais tensões entre "tradição" e "renovação"; 2) a elaboração de uma teologia das masculinidades que funciona como referencial teórico para o autor; e 3) uma proposta de reflexão teológico-pastoral sobre uma nova práxis evangelizadora que consiga integrar as forças culturais-religiosas existentes no contexto amazônico, com um projeto de iniciação à vida cristã com homens.

No meu entender, este terceiro capítulo é de grande riqueza. Nele, o autor, partindo da articulação entre a análise da situação contextual e o marco teológico elaborado, propõe linhas de repensamento teológico que ajudam a refletir sobre a possiblidade de uma práxis iniciática eclesial que seja capaz de superar o aprendizado violento oriundo da masculinidade hegemônica.

Este livro contribui para a renovação da reflexão teológico-pastoral, por entender que não é possível, na atualidade, propor a construção da experiência salvífica cristã longe da superação de imagens teológicas e religiosas que durante muitos anos acabaram por reforçar e legitimar atitudes violentas por parte dos homens.

Louvo ao autor por ter aceitado o desafio de investigar essa temática tão atual e necessária para o presente e o futuro da ação evangelizadora da comunidade cristã, na Amazônia. Entendo que o presente estudo intenciona produzir chaves teológico-pastorais interpretativas que podem nortear distintas experiências pastorais – querigmáticas, catequéticas e/ou mistagógicas – que desejem debruçar-se sobre esse importante desafio pastoral.

Já Tertuliano, nos primórdios da experiência cristã, recordava que "ninguém nasce cristão, mas se torna". Mais recentemente, Simone de Beauvoir, parafraseando o autor patrístico, afirmava que "não se nasce mulher, torna-se". Partindo dessas duas afirmações, a pesquisa do prof. Ricardo Castro pode assim ser expressa: "ninguém nasce homem cristão, mas pode vir a se tornar, na Amazônia".

Julgo que essa abordagem é muito importante, principalmente, num momento em que a Igreja latino-americana, e, dentro dela, a do Brasil, redescobre a urgência de repensar os processos iniciáticos cristãos, na tentativa de fazer emergir discípulos e discípulas missionários, tal como nos indica o *Documento de Aparecida* e, mais recente, o Documento 107 da CNBB.

O que está presente nas páginas deste livro é uma concepção de iniciação à vida cristã em sentido amplo, isto é, não no sentido de tarefa pastoral a ser exercida por um grupo específico paroquial (os catequistas), mas sim por toda a comunidade de fé em seus múltiplos processos de educação na e da fé.

Julgo que este livro apresenta uma contribuição científica muito original. O que encontramos registrado nele é rico e desafiador, tornando-se referencial para eventuais pesquisas sucessivas que se interessem pela reflexão sobre a ação evangelizadora em contexto amazônico. Altíssima é a contribuição que a presente obra oferece à reflexão teológica e ao caminho de consolidação das propostas pastorais oriundas do Sínodo dos Bispos para a região pan-amazônica, realizado no ano de 2019.

Ao autor, a Paulinas Editora e à SOTER, meus parabéns pela publicação. Aos leitores e leitoras, boa leitura!

Prof. Dr. Pe. Abimar Oliveira de Moraes
Professor Adjunto 2 da Pontifícia Universidade Católica
do Rio de Janeiro (PUC-Rio)
Presidente do Conselho Diretor da Associação Nacional de Pós-graduação
e Pesquisa em Teologia e Ciências da Religião (Anptecre)

Introdução

Cuidar da humanidade e da Casa Comum, pelo anúncio do Evangelho, é o *grande desafio* deixado à Igreja, *por Jesus Cristo, depois de sua ressurreição.* Essa oferta de vida em plenitude se propagou, deixando as fronteiras da Palestina, no período histórico da dominação romana do território de Israel, profeticamente instaurando um novo momento para a história humana. A vida nova que Jesus Cristo tornou presente na história, continua se realizando nas fronteiras do mundo com seus contextos, culturas e pessoas concretas. Nesta obra queremos aprofundar um aspecto importante, dentro da teologia contextual, o cuidado pastoral das masculinidades. Procuramos responder ao grande desafio da violência que atinge altos níveis em nossa sociedade e na Amazônia, contexto de nossa reflexão. Na maioria dos casos os agressores são homens e as vítimas mulheres e crianças.

Ao longo destas páginas, muitas vezes será encontrada a categoria "masculinidades": qual o significado dessa categoria? Por que ela se encontra no plural? De que modo será analisada e interpretada? Essas questões são fundamentais para este livro. Podemos até afirmar que é sua razão de ser. Mas teremos várias páginas para confirmar esse objetivo. Por enquanto, vamos apresentar de modo geral essa categoria para início de conversa.

O uso que se faz no plural das "masculinidades" está relacionado com o contexto intercultural da Amazônia. Primeiramente porque as masculinidades se encarnam nas subjetividades dos homens inseridos em um contexto cultural e religioso específico, adotando expressões próprias. Segundo porque a "masculinidade hegemônica" (padronização cultural ocidental de vivência da masculinidade), no contexto atual, tem sofrido uma crise nos seus padrões, dando margem para as expressões das masculinidades não padronizadas.

A história do Ocidente, construída basicamente pela força do patriarcal, é marcada por uma masculinidade hegemônica e violenta. Esta se estabelece, dentro dos processos históricos, nas estruturas fundamentais da sociedade, da cultura e da religião. Essa percepção excluiu e violentou as diversidades e pluralidades presentes nas subjetividades humanas, culturais e religiosas. Essa história, e os que foram excluídos e marginalizados dentro dela, podem ser redimidos pela força inclusiva do Evangelho do Reino. A *Ruah* de Deus que conduziu a vida e a missão de Jesus Cristo continua ainda hoje, desafiando e abrindo caminhos de liberdade, emancipação e pluralidade. As vivências plurais da condição humana masculina e feminina são parte integrante da ação da *Ruah*. Masculinidades que se expressam na vida individual de homens podem ser lidas como dons de Deus, que, na diversidade de sua ação criadora, torna suas criaturas e o universo capaz de pluralidades biológicas, humanas e culturais.

A elaboração de uma teologia pastoral contextual reflete sobre as representações e significados religiosos das masculinidades, presentes em uma realidade particular. Nosso esforço é de elaborar uma teologia pastoral das masculinidades que se articule numa liberdade crítica e criativa, transmita significado e sentido para as "periferias existenciais", seja capaz de transformar mentalidades, estruturas e relacionamentos violentos, gerando vida digna para todos e todas.

Para a elaboração deste livro, usamos da metodologia das teologias contextuais da libertação. A metodologia teológica contextual se caracteriza pela valorização e diálogo com a história e a cultura particular. Nessa perspectiva, a história e a cultura são os meios pelos quais Deus revela a si mesmo e seu projeto para a humanidade. Contudo, história e cultura são construções humanas que podem desvirtuar a revelação de Deus, tornando-a opressora da condição humana.

A metodologia da práxis libertadora se articula a partir do método ver-julgar-agir. O *Ver* é o ponto de partida, situando e fazendo uma análise da realidade, utilizando as mediações e contribuições teóricas das ciências sociais, como a sociologia, a antropologia e a história. O *Julgar* é o momento da hermenêutica teológica sobre as realidades delimitadas pelo ver. Nesta etapa faz-se uso das Sagradas Escrituras, da tradição teológica magisterial e das teologias afins que contribuam para a compreensão da revelação de Deus dentro dos contextos analisados. O *Agir* é a etapa em que se elaboram os princípios pastorais para a ação transformadora da realidade.

Nas próximas páginas, cada capítulo está elaborado a partir dessa metodologia. O primeiro capítulo é *Ver*: a história e a cultura religiosa particular da Amazônia. Nessa etapa, levantam-se questões sobre o papel da religião cristã nos contextos históricos e culturais da Amazônia, tanto na elaboração de representações e significados masculinos patriarcais coloniais, como sobre a base para a construção das formas violentas de masculinidades. Para essa análise, usam-se como ferramenta teórica os estudos pós-coloniais que analisam os efeitos da colonização nas culturas e nas sociedades.

No primeiro capítulo, faremos um sobrevoo sobre o contexto cultural religioso da Amazônia, privilegiando alguns de seus elementos mais importantes: os encantados e as mitologias indígenas, santos e "Nossas Senhoras" da religiosidade popular e o pentecostalismo. Esses elementos da cultura religiosa influenciam e geram a autopercepção masculina e se tornam o filtro das construções das identidades e vivências de gênero. Os grupos étnicos diversos e as subjetividades fazem nascer as masculinidades.

Nessa primeira etapa, pretende-se também compreender o modo como a violência da masculinidade hegemônica é aprendido. Nesse âmbito, será importante ponderar sobre alguns aspectos antropológicos da iniciação, como base para o cuidado pastoral das masculinidades.

No segundo capítulo, passaremos para o próximo passo da metodologia contextual da libertação, o *Julgar*. A interação entre a compreensão teológica e as masculinidades tem como objetivo elaborar uma antropologia teológica pastoral. Nosso empenho será o de fazer a passagem de uma percepção teológica hegemônica-patriarcal-colonial para uma antropologia teológica contextual e libertadora. Essa tarefa exigirá uma análise dos esquemas interpretativos das representações e significados masculinizados de Deus e de Jesus Cristo. O esforço de reinterpretar, fazer releituras das representações e significados teológicos das masculinidades, demanda uma compreensão renovada do Deus trinitário, uma teologia da *Ruah*, que gera a liberdade, criadora das diversidades, a contemplação do caminho kenótico da vida, morte e ressurreição de Jesus Cristo.

Pretendemos, nesse âmbito, correlacionar o Ser Trinitário de Deus com o ser, do humano, e seus processos de transformação e amadurecimento. Dois aspectos serão relevantes nesse ponto: a relacionalidade como aspecto central para contemplar o mistério trinitário e a kénosis trinitária do Filho na cruz e na ressurreição. A relacionalidade trinitária torna o ser humano uma pessoa capaz de relações amorosas com Deus, consigo mesmo e com o outro. A kénosis trinitária aponta para a vulnerabilidade e a humildade de Deus, que é geradora de compaixão, misericórdia e justiça, na condição humana.

Na leitura de aspectos da teologia bíblica, centralizaremos nossa atenção na representação de Deus como Rei e no seu reinado sobre toda a terra. Nessa releitura, ênfase será dada a outras imagens e atributos bíblicos de Deus, como o lamento, a mulher em parto e a sabedoria. Estes podem abrir a possibilidade de uma compreensão mais complexa e misteriosa da ação de Deus nas diversidades humanas.

Na leitura do Novo Testamento, buscamos ler e reler as imagens, símbolos e doutrinas que influenciaram a construção de uma masculinidade hegemônica patriarcal e violenta. Nesse percurso de reflexão bíblico-teológica, examinaremos na experiência de Jesus uma das representações mais importantes de Deus no Novo Testamento, o de Pai-Abbá. Nosso objetivo nesse ponto é reinterpretar a paternidade de Deus, libertando-a do patriarcalismo imperial e do seu potencial violento e autoritário.

Homens e mulheres, como imagem e semelhança de Deus, são um aspecto importante na reflexão bíblica sobre as masculinidades. Nossa leitura irá destacar, na análise do Antigo Testamento, o texto de Gn 1,26-28, que deriva sua compreensão de imagem e semelhança a partir da ação criadora de Deus. No Novo Testamento (Gl 3,26-28), estudaremos o ser "imagem e semelhança", a partir da relação do Filho com Deus-Abbá e com a humanidade. A imagem Trinitária de Deus se reflete, concretamente, nas relações de igualdade, dignidade e valor de homens e mulheres em suas expressões diversas.

Dois aspectos antropológicos importantes da compreensão das masculinidades no contexto atual são a corporeidade e a sexualidade. Esses aspectos têm uma ligação direta com as questões do poder, dominação e violência, nas relações de gênero.

Na última parte do segundo capítulo, sobre a antropologia teológica das masculinidades, nossa atenção se volta para o pecado estrutural do poder e da violência masculina. Essas estruturas destroem a vida e os relacionamentos humanos diversos. A questão mais importante é como cuidar, libertar os homens dessas estruturas patriarcais violentas.

Nas páginas do terceiro capítulo, nos dedicamos ao *Agir*. Aqui pretendemos elaborar uma teologia da *práxis* pastoral das masculinidades que seja interpretativa da realidade e das representações e significados teológicos e que desencadeie processos transformadores pessoais e comunitários. Nesse contexto, apresentaremos em primeiro lugar os marcos teológicos, aprofundando dois aspectos fundamentais: a kénosis como caminho iniciático de Jesus no mistério de sua encarnação na corporeidade masculina e a relação filial de Jesus com seu Abbá.

Na busca de princípios transformadores das masculinidades violentas, retorna-se, nessa etapa, a um aspecto bastante importante da religiosidade amazônica – a devoção a Maria-Mãe. Faremos uma releitura das devoções marianas, verificando dois aspectos da religiosidade intercultural da Ameríndia: Maria, a Grande Mãe, relacionada com a natureza nas concepções indígenas, e Maria, a Rainha do Céu – intercessora dos homens diante de Deus. Nosso objetivo é reler a figura de Maria-Mãe como portadora das características amorosas de Deus.

Uma parte importante desse capítulo se dedica a propor passagens e caminhos de iniciação cristã masculina, a partir de uma perspectiva intercultural que articula cultura, fé e redenção. O desafio é propor princípios pastorais para fazer a passagem das masculinidades violentas para masculinidades sapienciais. Para delinear os princípios básicos para a iniciação cristã das masculinidades, iremos refletir sobre alguns aspectos da antropologia teológica, usando de uma abordagem crítica e criativa. Nosso esforço é a elaboração de uma antropologia teológica pastoral do cuidado, da cura, da redenção de homens, feridos pela compreensão tóxica da masculinidade hegemônica-patriarcal-colonial.

Para o exercício de uma teologia inculturada e intercultural na Amazônia, no âmbito das culturas indígenas, elabora-se um diálogo com as sabedorias da Amazônia, encarnadas principalmente no pajé e na sua prática de pajelança. Com as comunidades da floresta, dialoga-se com o conceito de florestania, para compreender o sentido mais profundo da condição humana na região amazônica.

A última parte do capítulo é uma proposta de itinerário de iniciação cristã masculina oferecida às comunidades como resultado dessa pesquisa. O que se busca é colher os frutos desse caminho de reflexão intercultural sobre as masculinidades, a partir do contexto amazônico, e transformá-lo num grande mapa de jornadas que inclui aspectos simbólicos, rituais e mitológicos. Esse caminho de reflexão se insere no contexto sinodal da Amazônia. As exigências de uma Igreja da ecologia integral que cuida da Casa Comum, onde todos somos chamados a cuidar da vida em todas as suas formas e diversidades, é parte integrante deste livro. Conversão pastoral, ecológica e sinodalidade eclesial será resultado do desbravar de novos caminhos que exigem olhos e corações abertos para seguir a iluminação criativa do Espírito, sustentador da vida e guia para o novo do Reino, já presente na história e nas culturas.

CAPÍTULO I

Masculinidades e violência no contexto cultural-religioso da Amazônia

1.1 Um sobrevoo sobre o contexto religioso da Amazônia

No contexto atual, o trabalho teológico se torna cada vez mais vinculado à complexidade das sociedades pluriculturais. É nesse sentido que, para entender a relação entre masculinidade e religião na Amazônia, é necessário compreender seu contexto sócio-histórico-religioso a partir de algumas ferramentas teóricas. A primeira ferramenta será da interculturalidade, assumida como base para compreender no passado e na atualidade a interação entre culturas e tradições religiosas. Como esse conceito nos ajuda a compreender a religiosidade dos povos da Amazônia?

Nossas sociedades na Ameríndia são resultado de um intenso processo histórico de convergência de culturas. Enquanto o conceito pluricultural é utilizado para caracterizar o contexto social, a interculturalidade descreve a relação entre as culturas dentro de um determinado contexto. O prefixo "inter" pode significar processo de interação, trocas simbólicas, interdependência; "culturalidade" se refere aos aspectos enriquecedores das culturas: valores, modos de vida, representação simbólica dos grupos e indivíduos. Interculturalidade[1] é parte integrante dos processos históricos dos encontros entre culturas, que as levam a interagir umas com as outras. Normalmente foi pensado que esse processo teria como resultado a morte das culturas locais e ascendência de uma cultura dominadora, mas o que ocorreu foi um processo de interação e influência entre culturas, em que as diferenças permanecem e ao mesmo tempo evoluem.

---

[1] PANIKKAR, El imperativo cultural. In: FORNET-BETANCOURT, *Transformación intercultural de la filosofía*, p. 20.

Na Amazônia a interação histórica da cultura indígena com a cultura ibérica, afro e nordestina fez nascer um dinamismo intercultural particular. Nela ocorreram, ao longo do processo histórico, influências recíprocas que ainda hoje geram convergências e divergências, porém sempre num dinamismo relacional. Aspectos e elementos culturais e religiosos indígenas estão presentes no cotidiano dos amazônidas. Assim como muitos elementos ocidentais passam a fazer parte da vida dos povos da região, principalmente no aspecto linguístico.

O projeto colonizador procurou elaborar representações de inferiorização e demonização da cultura daqueles que foram colonizados, construindo formas de poder para o domínio colonial. Desse modo, as culturas e as sociedades locais foram dominadas e exploradas. Como explica Quijano:

> Em todas as sociedades onde a colonização implicou a destruição da estrutura societal, a população colonizada foi despojada dos seus saberes intelectuais e dos seus meios de expressão exteriorizantes ou objetivantes. Foram reduzidas à condição de indivíduos rurais e iletrados.[2]

Nessa perspectiva, os povos tradicionais da Amazônia, assim como escravos africanos, foram percebidos como não humanos ou semi-humanos, quase animais, sexualmente monstruosos e selvagens. O homem branco burguês ocidental se autoconsiderou o sujeito adequado para governar, se compreendia como um ser civilizado, heterossexual e cristão, capaz de raciocinar e agir adequadamente. A mulher no contexto colonizador é caracterizada principalmente como aquela que reproduz o poder de dominação masculina e do capital. A mulher tem sua figura relacionada principalmente com a pureza e fidelidade matrimonial, passividade, docilidade, sendo confinada ao lar. Mesmo no contexto atual, segundo Da Matta: "O mundo diário pode marcar a mulher como o centro de todas as rotinas familiares, mas os ritos políticos do poder ressaltam apenas os homens".[3] Na busca de autonomia, as culturas diversas da Amazônia se esforçam para reconhecer a si mesmas, buscando eliminar preconceitos e estereótipos culturais, impingidos pela colonização.

---

[2] QUIJANO, Colonialidade do poder e classificação social. In: SANTOS, *Epistemologias do sul*, p. 124.

[3] DA MATTA, *A casa e a rua: espaço, cidadania, mulher e a morte no Brasil*, p. 39.

Outra ferramenta de análise provém das teorias pós-coloniais para compreender o contexto sociorreligioso da Amazônia como resultado de mestiçagens, sincretismos e hibridismos cultural e religioso. A colonização, em suas várias formas, criou sua própria representação desigual tanto da cultura como dos nativos. O pós-colonialismo é, portanto, um termo dado para uma abordagem teórica crítica em estudos literários e culturais que se torna uma forma de reconhecer e transformar as estruturas injustas e desiguais que a colonização do passado e do presente ainda exerce na Amazônia.[4]

O pós-colonialismo se articula a partir de alguns pressupostos básicos. Privilegia as diferenças mais que as semelhanças. Relaciona a representação com o poder.[5] A partir dessa perspectiva, as características religiosas dos povos da Amazônia são resultado da confluência, bricolagem, tecida nas releituras elaboradas nas práticas cotidianas de mulheres e homens comuns do povo, através de ritmos, cores, danças, linguagens e experiências do transcendente religioso. A sociedade, assim como a religiosidade na Amazônia, é composta da contribuição de muitas tradições de origens diversas.

As tradições religiosas são como o cordão umbilical, caracterizado principalmente pelos seus mitos fundadores, por deuses ou semideuses, por seus santos, rezas, cantos e rituais. Esses são os elementos constitutivos das tradições religiosas que conferem sentidos e significados para a vivência do cotidiano e os confrontos com os desafios da vida e da história. As inter-relações construídas com o colonizador europeu, os afrodescendentes, os nordestinos, ao longo das etapas da história, exigem produzir novamente uma nova visão da "Amazônia", a partir da escuta das narrativas complexas da religiosidade de seus povos.

O âmbito religioso amazônico é lugar dos sincretismos, das mestiçagens e do hibridismo. Ainda estamos por desvendar, interpretar suas representações e significados, traduzidos aqui pelas suas expressões religiosas, mitologias indígenas e africanas, pelas pajelanças desenvolvidas pelas populações rurais e urbanas, pelas imagens dos santos e de visagens, pelos encantados e pelos Círios e procissões dedicadas a Nossa Senhora, pela religião do Daime com sua

---

[4] HALL, Stuart, *Da diáspora: identidades e mediações culturais*, p. 99-100.
[5] SANTOS, *A gramática do tempo: para uma nova cultura política*, p. 179-190.

beberagem, pelos cultos afro-amazônicos e pelas experiências de possessão e do Espírito Santo nos cultos pentecostais.[6]

Quais as características básicas do contexto religioso da Amazônia? Para responder a essa questão, descreveremos e analisaremos alguns aspectos da religiosidade amazônica, derivando seus significados e representações incorporados nos aspectos constitutivos dos sistemas religiosos: ritos, mitos e símbolos.

1.2 A pajelança, encantados e mitologia indígena

A base sobre a qual se assenta a cosmovisão tanto social como religiosa da Amazônia é indígena. Durante o período colonial, a catequização envolveu não somente a imposição de uma visão eurocêntrica sobre os indígenas, mas também a "hibridização", na medida em que os colonizadores espirituais adaptaram a religiosidade católica para se adequar às populações não ocidentais. Desse modo, os indígenas interpretaram o cristianismo de acordo com os seus próprios esquemas culturais. Assim, ocorre uma interação de símbolos e significados de ambas as origens, europeias e indígenas, que se processou ao longo da evangelização. Esse processo envolveu uma ação criativa por parte tanto dos missionários católicos como dos povos indígenas.[7]

É sobre essas bases fundadoras que se podem compreender as visões sobre a Amazônia e como nos confrontar com ela. A cosmovisão mitológica indígena que estrutura a vida pessoal, social e religiosa dos povos originais, quer manter o vínculo umbilical com a terra molhada, suas florestas e rios. Pajelança e espíritos dos encantados definem identidades e sentidos práticos para a vivência do cotidiano aparentemente caótico e desordenado.

Para os povos da Ameríndia, segundo vários pesquisadores da teologia indígena, "Deus" não é uma realidade para ser explicada, mas tem a ver com a sabedoria religiosa que se torna resistência, convivência com o cosmo e natureza.[8] Há

---

[6] MAUÉS; VILLACORTA, Pajelança e encantaria amazônica. In: PRANDI (org.). *Encantaria brasileira: o livro dos mestres, caboclos e encantados*. p. 11-58.

[7] MIGNOLO, *Histórias locais/Projetos globais: colonialidade, saberes subalternos e pensamento liminar*, p. 23-76.

[8] LÓPEZ HERNÁNDEZ, *Teología índia*; CARRASCO, *Antropología indígena e bíblica: "Chaquiñan" andino e Biblia*, p. 25-47; IRARRÁZAVAL, *Interação andina com a palavra de Deus*, p. 63-69.

múltiplas imagens para se descrever a experiência do transcendente, tanto para expressar as origens como para descrever a condição humana e os acontecimentos. Antes de ser uma busca racional de interpretação da experiência, é vivência cotidiana que depois é expressa de modo mítico-poético.[9] No vocabulário indígena existem inúmeros termos para designar o sagrado e o divino. Para expressar o mistério há uma linguagem muito rica. Nesse sentido, e de modo geral, é possível falar de um núcleo teológico que mais especificamente se pode chamar de "teocosmologia" ou "cosmoteologia", devido a seu ponto de partida.[10]

Os povos ameríndios, em sua maioria, não possuem a figura de um deus único, criador e retribuidor, como aconteceu com as religiões monoteístas do Mediterrâneo e Médio Oriente. A maioria desses povos possui figuras mitológicas (demiurgos), cujas ações enaltecem. É uma visão cosmo-humana, mais que antropocêntrica. A religião, na sua essência, possui uma visão redutiva do tempo e do meio ambiente. O elemento utópico é relacional, o presente inclui o passado e o futuro. Esse aspecto está presente principalmente no rito e na festa. O mundo físico se limita à biosfera ou à floresta e à terra natal. O mundo sociopolítico se encontra principalmente na família nuclear, parentes reais ou fictícios, na família extensa (linhagem), nas alianças tribais e intertribais. O mundo metafísico é constituído de heróis mitológicos, monstros, visagens, espíritos, almas, animais em forma de pessoas que simbolizam o "alter ego" das pessoas. A visão histórica tem o limite dos antepassados imediatos (quatro ou cinco gerações). De modo geral, as ações dos heróis mitológicos aconteceram durante a vida dos antepassados mais velhos.[11]

O sagrado é o agente que tem poder. Sua transcendência se dá neste mundo pelo modo como se manifesta através de suas próprias criaturas. Ele possui

---

[9] A cosmovisão dos povos indígenas tem sua própria maneira de descrever os seres sobrenaturais, que podem ser tanto animais como vegetais. Sua teoria do mundo é basicamente mitológica, de conteúdo altamente simbólico, que trata de questões como a origem do mundo, dos tempos ancestrais, dos seres que ali habitavam e que foram os que criaram a humanidade, as espécies animais e suas capacidades. São vários os estudos antropológicos deste aspecto. HILL (org.), *Rethinking History and Myth*, p. 1-17.

[10] Esses povos mantêm com a terra uma relação mística, consideram-na sua mãe, de tal modo que, como afirmam, não são eles os que possuem a terra, mas é a terra que os possui; mais ainda, os indígenas são a terra. Por isso, há nessas comunidades um amor arraigado à sua terra e um profundo respeito ecológico. CNBB, Por uma terra sem males, p. 36.

[11] MARZAL (org.). *O rosto índio de Deus*, p. 89.

sinteticamente todos os seres em si mesmo. Ele pode se transformar em qualquer um deles. As criaturas brotam de dentro dele mesmo. Não é um "faça-se" (criacionismo), mas "eu também sou isso". Não cria a partir ou sobre a matéria, mas é autotransformação. O primeiro ser humano continha em si todos os seres. O humano é a presença do transcendente na criação.

Na matriz indígena um dos elementos centrais é a figura do pajé. Nele se encontra a fonte geradora das crenças e práticas religiosas do mundo indígena. O termo "pajé" vem do tupi *pay*, que é um personagem presente na maioria das etnias indígenas da Ameríndia. É de sua prática que nasce a expressão pajelança, que engloba uma série de funções e práticas sociais e religiosas que basicamente mantêm a comunidade unida e restabelecem a harmonia do corpo com a natureza e seus espíritos.[12]

O pajé de origem basicamente tupi é uma pessoa que nasce com uma autonomia pessoal, desse modo, ele não é escolhido por um mestre ou pelo grupo. Sua arte nasce de si mesmo, sendo impulsionado por uma força interna a partir de certos acontecimentos de sua vida pessoal. Para Hoornaert, "O xamã é um profeta e curandeiro inspirado, uma figura carismática e religiosa que tem o poder de dominar os espíritos por sua força carismática. Tudo nele provém de si próprio, não de uma investidura a partir de uma corporação ou de um mandato imposto pela sociedade".[13]

O pajé tem um papel-chave na sociedade indígena. Ele interage através do rito, dos sonhos ou dos transes induzidos, servindo como mediador entre os domínios humanos e extra-humanos. O xamã, que é médico e conselheiro, é também líder espiritual e genitor simbólico; simboliza um modo de vida distinto, com conhecimentos e poder de cura. Representa a raiz da espiritualidade indígena e sua força é simbólica. Leva politicamente a comunidade para a autossuficiência, nas atividades econômicas, políticas e sociais. Interfere no "mundo que não se vê", no "reino invisível".[14]

A figura do pajé assume desse modo, no contexto indígena, um símbolo de resistência e de ruptura com as formas materiais e simbólicas de subordinação impostas aos povos indígenas, desde a invasão de 1500. Segundo Maués, o pajé,

---

[12] ARENZ, *São e salvo*, p. 49.
[13] HOORNAERT, *História da Igreja na Amazônia*, p. 111.
[14] WAGLEY, *Uma comunidade Amazônica*, p. 313.

principalmente na sua forma mais atualizada no contexto das comunidades tradicionais da Amazônia, é aquele que

> ao mesmo tempo, ensina-lhe os mitos, as técnicas, o conhecimento dos remédios, as orações etc., de sua arte. Ao final do período de treinamento, o novo pajé é "encruzado" numa cerimônia imponente, em que deve morrer simbolicamente para renascer como xamã. A partir daí, estará pronto para tratar seus próprios doentes e até formar seus próprios discípulos. Mas nunca se cura inteiramente da "doença" (chamada de "corrente do fundo") que o acometeu: ele terá que manter permanentemente certos tabus alimentares, sexuais e de outros tipos, bem como "chamar" regularmente suas entidades, dedicando-se, sempre, à prática da "caridade", isto é, à cura das doenças, sem procurar fugir de suas "obrigações", sob pena de ser castigado por seus próprios caruanas.[15]

Os povos indígenas sempre lutaram para ser sujeitos e protagonistas de sua espiritualidade e fé, a partir das diferentes formas de professá-las, desde sua religião tradicional ou de seus vínculos diferenciados com as mais diversas vertentes cristãs.

Os mitos são a base estrutural para compreender a religiosidade amazônica. Na compreensão de Mircea, o mito "conta uma história sagrada, relata um acontecimento que teve lugar no tempo primordial, o tempo fabuloso dos começos".[16] Esses mitos se referem à criação do mundo e à origem das coisas e da humanidade. Nos rituais elas eram repetidas e rememoradas. A ritualização imbuia os participantes de uma força sagrada dos tempos primordiais. Na coletânea da mitologia indígena se encontram os mitos de origem, mitos escatológicos do fim do mundo, na lógica do eterno retorno, na descrição dos tempos primordiais, na luta do bem ou da ordem contra o mal ou o caótico.[17]

A destruição pela colonização do "*modus vivendi* indígena" desencadeou um processo de transposição ou de deslocamento epistemológico desses mitos para as várias vertentes culturais e religiosas. É a partir de suas narrações dialéticas, tramas, personagens e valores que as culturas ancestrais da Amazônia se confrontaram não somente com o poder de dominação da religião colonizadora, mas

---

[15] MAUÉS, *Um aspecto da diversidade cultural do caboclo amazônico: a religião*, p. 269-270.
[16] ELIADE, Mircea, *Aspectos do mito*, p. 12
[17] BEZERRA, *Amazônia, lendas e mitos*; CASCUDO, *Geografia dos mitos brasileiros*; ORICO, *Mitos ameríndios e crendices amazônicas*; PAULA, *Mitos e lendas da Amazônia*.

enfrentam, ainda hoje, o processo destruidor de seu nicho ecológico. Num processo de relações interculturais da mestiçagem e do hibridismo cultural, os mitos são a base para compreender a formação da identidade que explica o mundo, que situa o ser humano dentro de seu contexto cultural, que padroniza os comportamentos e costumes sociais da Amazônia.[18]

Essa é a base sobre a qual as culturas tradicionais tiveram que tecer relações com a fé cristã e outras que se apresentaram ao longo de seu processo colonizador. Pelo próprio dinamismo mitológico que nunca está acabado, mas está sempre se renovando, as narrativas e dinâmicas dos mitos amazônicos serão reformuladas, recebendo novos significados e contributos. Alguns desses mitos foram sincreticamente relacionados com os mitos colonizadores que exigiram uma reordenação das representações imaginárias e míticas das tradições. Esse processo é ainda hoje vivenciado nas expressões folclóricas nos municípios da Amazônia,[19] no inconsciente religioso das manifestações religiosas de devoção a santos e Nossa Senhora, nos rituais sincréticos afro-indígenas, no contato com espíritos dos mortos no espiritismo e nas visões resultantes do uso da ayahuasca.

Pela própria particularidade da região, as codificações mitológicas estão distribuídas em dois universos: aquele das águas e outro das matas. As águas dos rios caudalosos são geradoras de mitos, assim como florestas e cerrados. Em cada um desses contextos, apresentam-se elementos simbólicos específicos. As narrativas mitológicas descrevem acontecimentos primordiais que são ordenadores dos comportamentos e costumes, satisfazem as necessidades de religação com as antigas tradições, suprem a necessidade que o ser humano tem de se ligar às forças sobrenaturais temorosas ou às benéficas.

---

[18] GALVÃO, *Aculturação indígena no Rio Negro*, p. 138.

[19] Podemos citar como exemplo das festividades de alguns municípios do Amazonas: Tabatinga: comemoram-se o Festival do Boi-Bumbá (junho), Festival Internacional de Tribos do Alto Solimões (setembro), Festa dos Santos Anjos Miguel, Rafael e Gabriel (setembro), Festival da Canção (novembro); Novo Airão: Festival Folclórico (junho), Festival de Música Popular Airãoense (29 a 30 de agosto), Festival do Peixe-Boi (último final de semana de outubro), Festival de Verão (17 de novembro); Manacapuru: Festival das Cirandas (última semana de agosto), Festa de São Francisco (4 de setembro); Parintins: Festival dos Bois-Bumbás de Parintins (último final de semana de junho), Festa de Nossa Senhora do Carmo, Padroeira do Município (julho), Festival de Pesca do Peixe Liso (agosto), Festival de Verão do Uaicupará e Cabury (setembro), Festival de Música Sacra (setembro), Festival do Beiju (setembro), aniversário do município com Festival de Toadas (15 de outubro), Festival de Pastorinhas (23 de dezembro).

Ao longo da história das culturas e das religiões se percebeu uma forte vinculação entre a religião e a política. O mito, na sua função de ordenador da estrutura social, foi usado para legitimar e celebrar o poder reinante. Mitos podem agir de modo ideológico, privilegiando certos gêneros e excluindo outros. Mitos podem tanto elevar o espírito para as grandes questões e respostas sobre o transcendente como podem justificar estruturas sociais, costumes e regras de convivência.[20] Na maioria dos mitos amazônicos há um entrelace entre o mundo humano e o mundo animal. Animais que possuem atributos humanos e seres humanos que têm capacidades animais. Essa relação foi herdada dos povos indígenas que viam nos animais os atributos para serem desenvolvidos pelos guerreiros da tribo. Assim, o boto é caracterizado principalmente pela sua capacidade de sedução e relação sexual com mulheres jovens que depois ficam grávidas sem saber como aconteceu.[21]

Na figura masculina do boto aparece claramente, nos relatos da lenda, o poder de dominação da masculinidade. Sua descrição, depois da transformação de peixe-mamífero em ser humano, apresenta traços da masculinidade heterossexual branca. Sua roupa e características sedutoras parecem expressar o contorno do estilo de roupa ocidental e suas ações beiram ao estupro de moças jovens, muito comuns tanto na época da colonização como no contexto atual. O boto sedutor pode trazer em si significados de uma masculinidade dominadora de mulheres, assim como expressão de um poder político patriarcal colonizador, traduzido nos coronelismos e patrimonialismos regionais.[22]

A Iara é o oposto do boto, que usa também de seu canto para enfeitiçar e atrair homens jovens, levando-os para o fundo do rio. Essa lenda possui características claras do feminino colonizador, ou seja, é uma história que certamente tem sua ressonância na mitologia indígena amazônica, mas seu traço possui elaborações do Ocidente português. Aqui o feminino se manifesta em um ser que é metade mulher e metade peixe. O feminino parece não ser totalmente humano. Sua beleza e canto encantam e seduzem os homens, assim como a primeira mulher no livro do Gênesis.[23]

---

[20] WARAT, *Mitos e teorias na interpretação da Lei*, p. 128.
[21] MAUÉS, *O simbolismo e o boto na Amazônia: religiosidade, religião, identidade*, p. 11-28.
[22] TORRES, *Arquitetura do poder: memória de Gilberto Mestrinho*.
[23] A poesia musicada do Boi-Bumbá Caprichoso relata a lenda: Canta e encanta/ Sereia dos lagos/Yara dos rios/tua beleza é a própria melodia/Brota das águas/E invade a floresta em

Mapinguari e Curupira são espírito da floresta, semi-homens, semianimais, são responsáveis pela malineza,[24] ou seja, fazem algum tipo de maldade às pessoas no contexto florestal. A floresta, segundo essas mitologias, tem a capacidade de se autodefender. Ela pode prejudicar o ser humano, se não for respeitada, por isso deve ser temida e reverenciada. Essa percepção indígena terá forte ressonância na experiência religiosa afro, no contexto amazônico, que também percebe na natureza a presença de seus deuses. Essa compreensão espiritual da natureza também se tornará presente nas beberagens do Santo Daime.

É nesse contexto que podemos intuir que o arcabouço da mitologia amazônica, de modo geral, é patriarcal. A maioria de suas imagens e personagens, tanto humanas como animais, expressa elementos da perspectiva masculina. Nessa busca de revisitar a mitologia ancestral da Amazônia, podemos nos questionar sobre possíveis novas leituras, novas compreensões que possam promover uma nova convivência humana de gênero e uma reconexão com a mãe terra.

1.3 Devoções aos santos e Nossas Senhoras

Ao adentrarmos nos aspectos da religiosidade popular da Amazônia, é importante esclarecer as razões de colocarmos os "santos" em primeiro lugar nessa análise. Nosso objetivo não é nem desvalorizar o papel e importância de Nossa Senhora para as comunidades católicas da Amazônia, nem questionar a figura de Maria como Mãe e medianeira na encarnação do Filho de Deus. Os santos são analisados primeiramente devido a seu valor simbólico para se entender a relação entre as representações religiosas e as masculinidades na Amazônia. Outro aspecto a ser esclarecido de imediato é o uso da expressão "Nossas Senhoras" no plural. Novamente, o que nos leva a usar a expressão no plural está relacionado com os vários títulos que definem identidades e expressões diversificadas de significados. Cada título de Nossa Senhora na Amazônia tem a ver com representações

---

sinfonia/Encanto que surge ao luar/Que envolve o pescador/Que seduz navegador/E inspira o trovador/Voz sonora/Infinita brasa ou calor/Tudo em volta é fogo/Incenso, fumo e fervor/Canta minha sereia... E quando você para/Para ouvir/E quando você pensa em voltar/Não há mais tempo/Tudo fica tão distante de você/O canto da sereia seduziu você (2x) Um canto caprichoso seduziu você. BARBOSA, Canto da Yara do Boi Caprichoso.

[24] MAUÉS, *O simbolismo e o boto na Amazônia: religiosidade, religião, identidade*, p. 23.

e significados diversos. Cada um de seus títulos precisa ser analisado nas suas expressões simbólicas e nos significados históricos e culturais.

As populações diversas[25] da Amazônia, designadas como caboclas ou ribeirinhas, que muitas vezes trazem uma conotação preconceituosa, significando não letrada e supersticiosa, são constituídas por uma religiosidade fundamental. São essas camadas sociais as principais responsáveis pela elaboração da religiosidade nos aspectos da organização dos tempos, espaços e rituais religiosos. Há um saber religioso coletivo que não é doutrinal, porque dispensa os especialistas da religião, mas sim pragmático, que dá sentido às vivências religiosas e quebra a rotina do cotidiano da comunidade em festa. Eduardo Galvão explica as origens e as interações desse processo da seguinte forma:

> A interação dos elementos religiosos processou-se de modo desigual e por etapas que dependeram de fatores diversos, porém específicos ao ambiente amazônico, ou seja, os recursos econômicos da floresta tropical, a organização das sociedades tribais, as técnicas primitivas de exploração do meio, a influência dos missionários, o caráter do catolicismo ibérico em confronto com a ideologia do aborígine e, finalmente, as características da sociedade mestiça de índios e brancos que emergiu e se desenvolveu na atual sociedade rural contemporânea.[26]

Essa religiosidade, apesar de se encontrar e constituir uma característica fundamental do espaço social das áreas rurais, também está presente nos contextos urbanos. Um fenômeno importante das cidades da Amazônia é a importação de tradições, costumes e práticas cotidianas rurais para dentro do dinamismo social dos grandes centros urbanos. No âmbito da cidade esses aspectos da religiosidade popular são sutilmente estabelecidos e sofrem releituras e transformações.

A religiosidade amazônica é complexa e é resultado do entrelace dos aspectos indígenas, afros e ibéricos. Nosso enfoque, dentro desse campo híbrido e mestiço, são as devoções aos santos, principalmente a Santo Antônio e São Sebastião, bem como as Nossas Senhoras de Nazaré, do Carmo e do Perpétuo Socorro. "O catolicismo do caboclo é marcado por acentuada devoção aos santos padroeiros da

---

[25] Populações diversas significam principalmente as populações indígenas, ribeirinhas e quilombolas.
[26] GALVÃO, *Santos e visagens: um estudo da vida religiosa de Itá, Amazonas*, p. 2.

localidade e a um pequeno número de 'santos de devoção' identificados à comunidade."[27] Nesse caminho, fazemos uma pausa para analisar o relacionamento do fiel com essas representações do sagrado; perceber como essa relação influencia as relações e vivências cotidianas; quais os significados e representações inscritos nas imagens e nas histórias dessas representações sagradas; analisando o modo como essas imagens, histórias de vida, fenômenos miraculosos definem a identidade humana, de viver a condição de homem e de mulher.

Os santos e as suas representações simbólicas, no contexto amazônico, são quase todos de homens. Contudo, esses homens são considerados seres especiais, apesar de sua humanidade. O processo que os torna especiais é a santificação que inclui tanto suas histórias místicas e ascéticas, como os milagres realizados em vida e depois de sua morte. Na Igreja Católica há santos que são santificados a partir de processos canônicos definidos pela própria instituição religiosa e outros que são reconhecidos seus méritos de santidade, pelo próprio povo.[28]

Santos são mediadores para a obtenção de favores pessoais que incluem as necessidades de obtenção da saúde, de resolução de problemas financeiros ou amorosos, ou mesmo para recuperar objetos perdidos ou roubados. O santo é capacitado para obter esses benefícios porque recebe diretamente de Deus esse poder. Os santos estão subordinados a Deus, mas são poderosos intercessores das necessidades de seus devotos. Os milagres são realizados pela intercessão do santo, mas é pelo poder divino que estes se manifestam.[29]

Os santos das devoções populares são representados nas suas imagens, que possuem um poder místico. Tocar na imagem, ornar seu altar com flores e fitas, carregar seu andor e oferecer-lhes sacrifícios e ofertas, significam para o devoto o mesmo que se unir ao santo na eternidade. De modo geral, esses santos, nas procissões, são carregados por homens ou por mulheres de comprovada vida e devoção, pertencentes a alguma irmandade ou famílias cuidadoras do santo.[30]

Na festa do santo, além de elementos culturais das várias matrizes religiosas, ou seja, indígena, afro e ibérica, estão entrelaçados vários aspectos da vida social,

---

[27] Ibidem, p. 3.
[28] MAUÉS, *Padres, pajés, santos e festas: catolicismo popular e controle eclesiástico: um estudo antropológico numa área do interior da Amazônia*, p. 179.
[29] Ibidem, p. 180.
[30] Ibidem, p. 178-179.

econômica, política e religiosa, num só espaço e tempo. Aspectos presentes na representação simbólica do santo e nos rituais e símbolos ligados à festa que oferecem sentido e significados para a vida cotidiana, para a autocompreensão do indivíduo e para as identidades coletivas.

Nesse contexto descritivo e hermenêutico, é importante lembrar a metodologia da compreensão simbólica. Todo símbolo religioso ou imagem iconográfica traz em si um significado que fala ao seu devoto, gerando sentido, que se torna a base para as relações sociais de poder e dominação, de submissão e passividade ou de motivação e empenho pessoal, formação da subjetividade e autonomia. Nesse sentido, pode-se questionar de que maneira os homens se relacionam com seus santos de devoção. Galvão parece reconhecer isso quando observa que:

> Os santos podem ser considerados como divindades que protegem o indivíduo e a comunidade contra os males e infortúnios. A relação entre o indivíduo e o santo baseia-se num contrato mútuo, a promessa. Cumprindo aquela sua parte do contrato, o santo fará o mesmo. Promessas "são pagas" adiantadamente, para se obrigar o santo a retribuir sob a forma do benefício pedido.[31]

Podemos, então, nos perguntar, o que a representação simbólica do santo oferece e o que o devoto dá em retribuição a essa oferta? O que lhe é dado reflete um poder de dominação sobre determinada situação ou pessoa? Ou reflete sua incapacidade e dependência de um poder que lhe é superior? Nesse terreno de trocas simbólicas resulta a formação de uma identidade oferecida pela imagem e prescrições rituais a ela vinculadas, definição de uma compreensão individual e coletiva.

Imagens masculinizadas dos santos, como Santo Antônio e São Sebastião, conduzem os devotos às características do guerreiro de Deus. Há como que uma legitimação da imagem masculinizada de Deus em suas expressões e virtudes. Sua guerra é primeiramente sobre as forças instintivas do corpo, principalmente da sexualidade, já que a grande virtude desses santos é a castidade. Outro aspecto é sua relação íntima com Deus, que os leva a realizar milagres já na sua vida terrena.

Em sua imagem de santidade há um ideal de masculinidade que se contradiz com a vida concreta dos homens. Ao mesmo tempo que suas virtudes de guerreiros e companheiros de Deus podem reprimir qualidades humanas

---

[31] GALVÃO, *Santos e visagens: um estudo da vida religiosa de Itá, Amazonas*, p. 31.

importantes e suscitar compreensões inadequadas da masculinidade. Aqui podemos perguntar-nos quais as influências religiosas dessas imagens santorais para a construção da masculinidade, de que maneira essas concepções religiosas da santidade masculina são desestabilizadoras da identidade de homens em sua realidade concreta.

Segundo Seidler, os homens são obrigados, pelos padrões de masculinidade, a lembrar constantemente de manter sempre autocontrole, insensibilidade, ser resistentes, ser conscientes de sua natureza animal e expressão de força, entendida como virtudes do masculino. Ser santos, na perspectiva da masculinidade hegemônica, é ter controle sobre os seus sentimentos, emoções e desejos e, ao mesmo tempo, resistir às tentações do instinto animal. Assim, qualquer pequeno espasmo de sentimentalismo ou intimidade será considerado feminino, alvo de humilhação e classificado como uma ameaça direta à sua identidade masculina padronizada. Ele mantém escondido e rejeita tudo que seja contrário ao que é considerado tipicamente masculino. Sua identidade como homem, como sendo superior, é o que está em jogo. Negação e ocultação da vulnerabilidade humana podem ser fonte de legitimação da violência que, por sua vez, pode se tornar um derramamento violento de carga viril sobre os próprios homens.[32]

Um dos santos de maior devoção na religiosidade católica da Amazônia é Santo Antônio.[33] Segundo Vainfas, Santo Antônio, que, na história de Portugal, é visto como restaurador português, no Brasil, na luta contra os holandeses, ele será considerado como o recuperador das liberdades perdidas.[34] A devoção a Santo Antônio de Lisboa chega ao Brasil durante a colonização, trazida pelas várias ordens religiosas masculinas e pelo próprio rei de Portugal. A mestiçagem popular de indígenas e afros vai relacionar sua imagem com Ogum, orixá guerreiro dos afrodescendentes, e em certas regiões do Nordeste (Pernambuco) com o orixá Oxóssi (Odé), que também tem as características de guerreiro e batalhador.

---

[32] SEIDLER, *Masculinidades. Culturas globales y vidas íntimas*, p. 163.

[33] Santo Antônio nasceu em Portugal, em 15 de agosto de 1195, em uma família abastada. Morreu ainda jovem em Pádua na Itália, em 1231. Primeiramente entrou na ordem de Santo Agostinho, para depois mudar para a ordem dos franciscanos, onde foi ordenado sacerdote. Foi missionário no Marrocos, entre os muçulmanos, e professor de teologia em universidades italianas e francesas, sendo reconhecido como grande orador e pregador. Foi canonizado pelo Papa Gregório IX, no ano de 1232, tornando-se padroeiro de Portugal.

[34] VAINFA, *Santo Antônio na América Portuguesa: religiosidade e política*, p. 28-37.

É santo de pequenos altares, em povoações e quartéis, santo das famílias, sendo invocado nas várias necessidades materiais e conciliador de casamentos.[35]

Na devoção popular brasileira e amazônica, Santo Antônio é considerado primeiramente como santo casamenteiro, título que é reconhecido principalmente por mulheres solteiras em busca de casamento. Ele é visto como santo de todas as necessidades, o grande provedor, principalmente devido a seu amor aos pobres. Pe. Antônio Vieira, grande devoto de Santo Antônio, considerava-o intercessor em todas as necessidades.

> Se vos adoece o filho, Santo Antônio; se vos foge um escravo, Santo Antônio; se requereis o despacho, Santo Antônio; se aguardais a sentença, Santo Antônio; se perdeis a menor miudeza de vossa casa, Santo Antônio; e, talvez se quereis os bens alheios, Santo Antônio.[36]

A iconografia de Santo Antônio o representa vestido com o hábito marrom da Ordem Franciscana, que expressa principalmente sua consagração a Deus, a humildade, a morte para o mundo e a pertença a uma ordem religiosa. O livro que leva nas mãos representa seu caráter intelectual, principalmente no estudo das Escrituras, para elaborar suas pregações. A cruz, que em algumas representações o santo segura com a mão esquerda, quer significar uma das atividades mais importantes de sua vida, as pregações contra as heresias. A cruz e o Evangelho formam uma unidade, a ciência teológica a serviço da salvação das almas. Dessa combinação surge a imagem de Santo Antônio como guerreiro contra as heresias, chegando a ser apelidado de martelo dos hereges.[37] Esses elementos de sua iconografia expressam o caráter complexo da figura de Antônio, que entrelaça inteligência, raciocínio, habilidades de argumentação com o despojamento e a sensibilidade ao sofrimento dos pobres, luz do saber com a humildade.

Outro elemento constitutivo da representação de Santo Antônio é a imagem do menino Jesus em seu colo. A criança é um símbolo importante na perspectiva

---

[35] BASTIDE, *As religiões africanas no Brasil*, p. 141.
[36] VIEIRA, António, apud MOTT, Luiz, *Santo Antônio, o divino capitão-do-mato*, p. 111.
[37] O título dado a Santo Antônio pelo rei da França Luiz VIII representa a sua força argumentativa e disposição para aplicar golpes contra as seitas heréticas. Essa representação do martelo está presente entre as matrizes culturais ocidentais, afro e indígena: Thor na mitologia germânica; Hefesto na mitologia grega; Ogum na mitologia afro é o orixá ferreiro; Tupã, para os Tupinambá, é o deus do trovão e dos relâmpagos. CHEVALIER; GHEERBRANT, *Dicionário de Símbolos*.

do Evangelho, pois representa as atitudes fundamentais para entrar no Reino de Deus. Na imagem do santo, o Jesus menino simboliza tanto o despojamento e a simplicidade franciscana quanto a intimidade e alegria da entrega a Deus.

Na maioria de sua iconografia, Santo Antônio traz nas mãos o lírio, que representa seu estado de castidade e pureza. No contexto histórico em que viveu Antônio, um dos pecados mais graves era o pecado sexual. Para a maioria de seus biógrafos, Antônio teve que travar uma guerra interna consigo mesmo no âmbito da sexualidade. A tentação da carne, como desejo sexual, parece estar presente principalmente no início de sua vida. O lírio parece representar esse aspecto de sua vida e o combate espiritual. Assim como esse lírio branco, sinal de pureza, se conserva firme em sua haste, assim também o santo combateu ao longo de sua vida o apelo ao pecado sexual.[38]

Na Amazônia, assim como em muitos lugares do Brasil, a festa em honra ao santo compreende diversas etapas que trazem em si uma bricolagem de aspectos da cosmologia indígena, ressignificados pelos processos históricos híbridos da cultura tradicional religiosa. Nas festas de Santo Antônio se eleva o mastro, o que é realizado exclusivamente pelos homens. Essa etapa do ritual da festa do santo mobiliza principalmente os homens, devido à exigência de força física para cortar o tronco e levá-lo até o local. Sobre esse aspecto, Heraldo Maués descreve da seguinte maneira uma festa de Santo Antônio:

> Enquanto os músicos tocavam, espocavam fogos de artifício e os carregadores do mastro, sempre bebendo da mesma garrafa de aguardente, caminhavam com ele nos ombros, executando uma espécie de dança, indo para frente, para trás e para os lados, durante todo o percurso de 1 km, gritando, ora de forma ritmada, ora de forma desordenada, e soltando muitos vivas: "Viva Santo Antônio!", "Viva o pau do santo!" (referindo-se ao mastro). O povo que acompanhava o cortejo conversava animadamente, rindo muito das brincadeiras que eram feitas pelos que carregavam o mastro.[39]

Quais as possíveis interpretações e significados presentes na iconografia de Santo Antônio que apelam para as masculinidades amazônicas? Certamente haveria muitos aspectos a serem ressaltados nessa análise, mas apontaremos somente

---

[38] LEQUENNE, *Sa vie, son secret*, p. 13.
[39] MAUÉS, *Outra Amazônia: os santos e o catolicismo popular*, p. 5.

para dois significados presentes nas representações do santo para as masculinidades: o guerreiro e o provedor. Santo Antônio é guerreiro contra os hereges, luta contra seus instintos sexuais para adquirir pureza e superar a tentação e sedução das mulheres. Ao longo da colonização, Antônio é revestido da representação militar nas guerras contra holandeses e, na Amazônia, contra a revolta dos Cabanos, ele se torna protetor dos exércitos colonizadores.[40]

Nessa relação do devoto com seu santo, sua representação provê identidade e resposta às necessidades do cotidiano, principalmente na questão das doenças. Própria dos indígenas e das comunidades tradicionais carentes de estruturas de básicas de saúde, a busca pela cura é um aspecto importante da devoção. Nos desafios constantes da vida nas florestas, homens precisam ser guerreiros, estabelecendo seu domínio no âmbito das lutas cotidianas, no trabalho físico cansativo e na relação com as mulheres. Para muitos homens, a virilidade é sinônimo da vida de um guerreiro, ou seja, deve suportar os sofrimentos sem se queixar, matar e morrer a serviço da tribo, da família, da nação ou do estado.

Devido a seus milagres feitos para amenizar o sofrimento e as necessidades físicas, Santo Antônio representa uma das características mais importantes das masculinidades: protetor e provedor. Homens são sistematicamente condicionados ao trabalho, ao fazer. Eles confundem o ser com o fazer. Homens devem trabalhar incansavelmente para prover e proteger sua prole. Esses fatores condicionantes se tornam a base não somente para aspectos da violência, mas para a ausência do masculino no âmbito familiar.

Outro santo da devoção católica popular na Amazônia é São Sebastião, visto como um santo guerreiro e militar romano na tradição católica.[41] Ele é

---

[40] VIEIRA, *Sermões*, p. 36.

[41] Em sua carreira militar se torna um alto oficial da legião da guarda imperial pretoriana. Adere secretamente à religião cristã, tornando-se motivador da fé dos cristãos aprisionados em Roma. Sendo denunciado, sofre o primeiro martírio amarrado em um tronco de árvore, onde é alvejado por flechas pela guarda romana. Ao ser cuidado por uma mulher da alta sociedade, descobre-se que ainda está vivo. Sendo novamente aprisionado, é torturado pela segunda vez, sendo espancado até a morte. Ele é considerado o padroeiro de Roma, depois de Pedro e Paulo, e patrono de vários tipos de corporações. No Brasil torna-se protetor da Marinha, do Corpo de Bombeiro e da corporação da polícia militar. Nas comunidades tradicionais da Amazônia, é santo protetor dos pescadores. No sincretismo religioso das tradições afro-brasileiras, São Sebastião é Oxóssi, orixá masculino da cultura religiosa Iorubá, responsável principalmente pela caça, sendo figurado, geralmente, trazendo um arco e uma flecha. AUGRAS, *Todos os santos são bem-vindos*, p. 139-140.

considerado o padroeiro de Roma, depois de Pedro e Paulo, e patrono de vários tipos de corporações. No Brasil torna-se protetor da Marinha, do Corpo de Bombeiro e da corporação da Polícia Militar. Nas comunidades tradicionais da Amazônia, é santo protetor dos pescadores. No sincretismo religioso das tradições afro-brasileiras, São Sebastião é Oxóssi, orixá masculino da cultura religiosa Iorubá, responsável principalmente pela caça, sendo figurado, geralmente, trazendo um arco e uma flecha.[42]

Na iconografia, São Sebastião está representado no momento de sua morte. As flechas em seu corpo representam a resistência e a perseverança na fé. A árvore em que está amarrado, segundo a tradição, é um carvalho, que é uma madeira nobre que simboliza a firmeza e a perseverança de São Sebastião. Ele não morre com as flechas, mas as suporta com a força de Deus. Sua nudez simboliza tanto a humilhação sofrida ao longo de seu martírio como também seu total despojamento.

Na parte mais histórica da cidade de Manaus, há uma igreja dedicada a São Sebastião, trazida pelos frades capuchinhos. Também se encontram muitas comunidades dedicadas ao santo. Como em outras devoções santoriais, o devoto cria um vínculo com o santo.[43] Ele é o interlocutor e intercessor entre o devoto e Deus. Com o santo, o devoto constrói uma relação comunicativa que se expressa através de orações de pedidos variados, de gestos simbólicos, como o toque na imagem do santo. O santo representa um poder para além do humano que pode obter benefícios aos que pedem sua intercessão. Na contemplação da imagem de São Sebastião, que atributos da masculinidade podem transparecer na figura do jovem soldado cristão?

Um dos símbolos mais importantes de sua iconografia são as flechas que penetram em seu corpo em lugares distintos. Na maioria das representações desse momento crucial de sua vida, ele parece não experimentar a dor causada pelas flechas. Ele as suporta com bravura e serenidade de um homem estoico. Em sua face, normalmente, voltada para o céu, não há sombra de angústia. Ela está iluminada por uma luz celestial. Essa representação parece querer expressar uma masculinidade que, insensível à dor e sem temer a morte, triunfa sobre as duas.[44]

---

[42] PEREIRA, *Sincretismo religioso & ritos sacrificiais*, p. 22-23.
[43] ZALUAR, *Os homens de Deus*, p. 88.
[44] BENTLEY, James, *A calendar of saints*, p. 245.

Na simbologia indígena e híbrida amazônica, a flecha é uma ferramenta de guerra, caça e de pescaria dos homens. A destreza no uso desse instrumento concede honra e respeito na aldeia e na família. Homens jovens, nas culturas indígenas, são instruídos desde muito cedo ao uso do arco e flecha. Em diversas culturas, a flecha tem diferentes significados que podem ser relacionados com a masculinidade. Na mitologia grega, flechas são símbolos de morte, das pragas do deus Apolo. Na perspectiva dos arquétipos masculinos, elas são símbolos fálicos, por serem afiadas e por penetrarem no corpo de suas vítimas. Ainda, na mitologia, simbolizam o amor e o processo de enamoramento, o apaixonar-se pelo outro.[45]

Na devoção popular São Sebastião é protetor contra as doenças e as pragas, porque, mesmo sendo atingido pelas flechas, foi miraculosamente salvo da morte. Na ladainha, onde se exaltam suas virtudes e se pede bênção, faz-se a seguinte oração: "Ó glorioso mártir São Sebastião, protegei com a vossa intercessão, livrai-nos de todo o mal, de toda a epidemia corporal, moral e espiritual".

Outra simbologia importante na iconografia de São Sebastião é a própria imagem de seu corpo desnudo. Ele é o único santo na história do cristianismo que é representado quase completamente nu. Para os historiadores, o corpo jovial na representação desse santo foi uma elaboração artística que expressa vários significados. O lado mais místico-espiritual está relacionado com a beleza de espírito da vida do santo. Sua nudez apela para a forma natural da vida dos indígenas da região que têm o corpo desnudo, a forma mais adequada de expressão do ser amazônico. O corpo masculino jovem e saudável é sempre o desejo mais íntimo da masculinidade. Na corporeidade masculina se expressa a resistência e insensibilidade à dor, aos sentimentos, e é considerada um instrumento de trabalho. No contexto amazônico é necessário o bem-estar corporal para enfrentar os desafios naturais da própria região. Essa pode ser uma das razões da devoção tão popular a esse santo.[46]

A simbologia da masculinidade aparece na imagem de São Sebastião primeiramente na sua relação com o poder militar, ou seja, ele foi um soldado. Seu martírio representa a resistência, a força de viver até as últimas consequências seu ideal cristão. Ele não teme a morte e o sacrifício, mas os enfrenta destemidamente.

---

[45] CHEVALIER, Jean; GHEERBRANT, Alain, *Dictionnaire des Symboles*.

[46] BRAGA, *Festas religiosas e populares na Amazônia: cultura popular, patrimônio imaterial e cidades*.

Nesse processo de mestiçagem e hibridismo cultural e religioso, as festas as Nossas Senhoras, principalmente de Nazaré e do Perpétuo Socorro, organizam a mistura de uma variedade de diferentes identidades e crenças. As imagens e as festas, além de expressarem o sincretismo da religiosidade popular, são imagens arquetípicas das estruturas internas do ser humano.

Esse arquétipo pode ser relacionado com o feminino da psique humana, presente em quase todos os sistemas religiosos, mesmo naqueles de maior predominância patriarcal, como, por exemplo, no cristianismo. Na imagem da Iara, Mãe das Águas e de Nossa Senhora, com suas muitas faces, percebemos resquícios dos sistemas religiosos matriarcais e do arquétipo da Grande Mãe como útero protetor da vida. "Como nossa fonte, a deusa é histórica e psicologicamente primordial. Tem sido um símbolo inevitável da divindade desde o princípio do tempo e continua a ser uma presença sagrada na dimensão intemporal de toda psique."[47]

Outra característica importante no modo como o catolicismo amazonense se renova é nos relatos e experiências de aparições com a Virgem Maria. Esse tipo de expressão reflete a busca de um contato direto com o sagrado-materno. Nessas experiências, que já são parte da tradição católica, a Virgem Maria escolhe um leigo, que pode ser uma criança, em geral alguém sem muita educação escolar, para dar conselhos ao povo e à Igreja e para revelar segredos.[48]

No baixo Amazonas, a aparição mais expressiva e divulgada foi aquela feita a Edson Glauber de Souza Coutinho e a sua mãe Maria do Carmo.[49] Neste caso e em outros, os videntes e os que divulgaram suas mensagens tinham ou tiveram algum vínculo com a Renovação Carismática Católica. Em seus discursos se reforçam práticas tradicionais, defende-se a busca de santidade e de uma moralidade sexual oposta aos valores seculares contemporâneos, às vezes mais rígidas que o oficial católico. Nos discursos das aparições há sempre a visão de um fim iminente dos tempos e a demonização da realidade.

De que modo a imagem de Nossa Senhora se relaciona com a experiência religiosa de homens e mulheres, dentro de uma cultura religiosa com bases patriarcais solidamente fundadas? Primeiramente, é importante notar que, assim

---

[47] KEEN, *O homem na sua plenitude*, p. 27.
[48] MAUÉS, *O homem que achou a santa. Plácido José de Souza e a devoção a Virgem de Nazaré*; LAURENTIN, SBALCHIERO (cura di), *Dizionario delle "apparizioni" della Vergine Maria*; BARNAY, *Le Ciel sur la Terre: Les apparitions de la Vierge au Moyen Âge*.
[49] LIMA, *Terra da fé*, p. 26-27.

como nas figuras dos santos, a imagem de Nossa Senhora e seus rituais religiosos manifestam a figura de uma mulher idealizada e consagrada a Deus. Suas representações são totalmente desvinculadas da vivência cotidiana da maioria da população, e que pode ser a base para a desvalorização das mulheres de carne e sangue. Na realidade concreta da sociedade, mulheres são prostituídas e violentadas no âmbito doméstico, empobrecidas e exploradas em sua dignidade por diversos fatores. Como observa Gebara:

> Para as mulheres, o lugar onde se pratica o mal é o lugar onde a cultura as colocou, isto é, de modo particular, o âmbito doméstico. É a partir deste lugar que aparecem as intrigas, as cumplicidades, as traições, as mentiras, as formas específicas de violência e de reprodução da violência. É este o lugar privilegiado da responsabilidade feminina na prática do mal. É este o lugar "privado" do mal que se conjuga com o lugar público, historicamente mais visível e mais poderoso.[50]

Um segundo aspecto de relevância na análise das imagens de Nossa Senhora é a maternidade como característica fundamental do ser da mulher. Aqui o feminino é definido como procriar, ter filhos, parir. O corpo da mulher e todas as dimensões de sua vida se centralizam na maternidade. Há um processo de naturalização da maternidade no corpo da mulher. Nessa idealização da mãe relacionada umbilicalmente com seu filho, há uma legitimação de uma união de dependência que se completa naturalmente, que incute o sentimento de proteção, destituindo o medo do abandono e da separação. Essa união umbilical não se encerra no parto, pela expulsão do feto do útero protetor, mas se perpetua na vida, principalmente na vida de homens.

A naturalização da maternidade do corpo da mulher, por via de legitimação religiosa, gera uma compreensão divinizadora do feminino. A maternidade é sacralizada principalmente por se concretizar na vida cotidiana de característica como proteção, serviço e cuidado do lar. Essa visão pode se tornar a causa para a exploração de mulheres e impedimento para um processo de transformação. A imagem divinizada de Maria como mãe legitima a compreensão opressiva de que ser mulher é padecer no paraíso do lar. Muitas mulheres, implícita ou explicitamente, são perseguidas por essa visão fantasmagórica da "mãe-ideal".[51]

---

[50] GEBARA, *Rompendo o silêncio*, p. 148.

[51] SOUZA; LEMOS, *A casa, as mulheres e a Igreja*, p. 135-136.

Outra devoção muito praticada na Amazônia, principalmente no âmbito urbano de Manaus, é a celebração da novena de Nossa Senhora do Perpétuo Socorro, que ocorre todas as terças-feiras. Essa devoção foi trazida ao Brasil e à região amazônica pelos padres redentoristas, que foram os principais responsáveis pela divulgação e prática devocional a Nossa Senhora do Perpétuo Socorro. Na maioria das paróquias e comunidades cristãs, reza-se a novena constituída de várias orações e onde o devoto faz seus pedidos. A imagem da santa não se expressa na forma escultural, mas em um quadro iconográfico que traz traços do processo histórico e contexto cultural em que foi pintada por uma artista.

No quadro de Nossa Senhora do Perpétuo Socorro, ela aparece com o olhar direcionado a seus devotos, para socorrê-los como mãe e protetora. Ela segura o menino Jesus nos braços, enquanto com a outra mão aponta para ele. Os anjos nas laterais têm nas mãos os instrumentos da paixão e morte de Jesus. Há um enlace entre Mãe e Filho que os tornam redentor e corredentora da humanidade. É um retrato que pode ser relacionado com o dogma da assunção de Nossa Senhora aos céus. Roese parece reconhecer isso, quando observa que:

> Maria agora ascende aos céus. Além do dogma de Maria como Mãe de Deus, a Assunção de Maria também se torna dogma na Igreja Católica Romana na época de Pio XII, em 1950, muitos séculos depois, mais de um milênio depois do dogma de Maria Mãe de Deus. A Trindade cristã será agora uma quaternidade e terá agora uma figura feminina. É o feminino ausentado na tradição cristã e nas religiões monoteístas masculinas que reaparece. Ela se torna a Rainha dos Céus. Mãe de Deus. Ela dá à luz um Filho, Deus. Além disso, ela preserva o elemento da virgindade, herança de Diana. Maria é também a Grande Mãe, como outras deusas, como Cibele – a grande Mãe da Ásia Menor.[52]

Suas vestes vermelhas trazem os traços da realeza e, ao mesmo tempo, da modéstia. Ela representa a mãe de Deus – *theotokos* – na sua humildade de esposa e mãe e, ao mesmo tempo, de imperatriz vitoriosa com seu Filho. O menino segura sua mão, simbolizando a união entre Filho e Mãe na encarnação e na redenção. A representação iconográfica reforça e legitima o fato de Maria ser modelo de mãe. Sua relação com o filho expressa sua tarefa de mãe protetora e provedora do

---

[52] ROESE, *O silenciamento das deusas na tradição interpretativa cristã*, p. 185.

Filho de Deus e de toda a humanidade. As ideias religiosas se tornam a base para legitimar concepções culturais sobre a maternidade.[53]

A devoção a Nossa Senhora de Nazaré tem seu berço no contexto português, e os jesuítas foram os principais responsáveis pela propagação dessa religiosidade. No Brasil, mais especificamente na região paraense da Amazônia, conta-se que a imagem de Nossa Senhora de Nazaré é encontrada por um pescador, de modo miraculoso. Ao desaparecer e reaparecer num lugar definido, os primeiros devotos entendem que se deve construir uma capela para abrigar a imagem. Muitos milagres ocorrem desde então, dando origem à devoção e a uma festa à santa, chamada Círio.[54]

O círio é uma vela grande usada principalmente na liturgia da vigília da Páscoa. Na devoção significa a festa, a procissão em que todos levam uma vela ao transladar a imagem de uma igreja para outra na distância de cinco quilômetros. Como na maioria das imagens de Nossa Senhora, na de Nazaré, o menino Jesus é carregado ao colo e apresentado ao mundo como o Salvador. Sua aparência humilde e frágil de criança não retira sua manifestação de Rei do Universo, pois ele tem a coroa sobre sua cabeça e o globo em suas mãos. A cruz encravada no globo representa o modo como Cristo se tornou o salvador do mundo.

Nossa Senhora de Nazaré traz uma coroa com sete pontas, representando a realeza e as dores de sua vida. Sua túnica possui várias cores, mas há um realce nas cores vermelha e amarela, simbolizando também sua realeza. O manto externo de Nossa Senhora, que significa sua realeza, é bordado a cada ano com expressões criativas e diferenciadas. Os anjos a seus pés querem expressar que Nossa Senhora é a rainha também dos anjos. Por outro lado, Roese adverte:

> No entanto, a história da tradição cristã faz de Maria a imagem feminina da piedade e da maternidade dócil e submissa. No caso do cristianismo latino-americano, a assunção é apenas a confirmação de um seguimento e de uma relação de fé já estabelecida há muito entre o povo e Maria Mãe de Deus. Maria arrasta multidões em procissões em todo Brasil; ela é a Grande Intercessora.[55]

---

[53] BOURDIEU, *A economia das trocas simbólicas*, p. 57-58.
[54] Sobre os aspectos históricos da implantação da Igreja no Norte do Brasil e as devoções religiosas, ver: MAUÉS, *Padres, pajés, santos e festas: catolicismo popular e controle eclesiástico: um estudo antropológico numa área do interior da Amazônia*, p. 37-59.
[55] ROESE, *O silenciamento das deusas na tradição interpretativa cristã*, p. 185.

1.4 O pentecostalismo amazônico

O pentecostalismo, que se expressa principalmente nas narrativas de conversões, aparentemente demonstra rupturas e descontinuidades de tradições herdadas do passado com suas racionalidades rígidas e dogmáticas, fazendo nascer um novo senso comunitário de igualdade que afetaria tanto a vida eclesial como a do âmbito do lar. Por outro lado, quando se analisa o fenômeno pentecostal, a partir de dados demográficos e políticos, a maioria das igrejas pentecostais ainda permanece com um sistema altamente desigual, com expressões sutis de adesão ao patriarcalismo e ao autoritarismo masculino.[56]

Na perspectiva dos estudos pós-coloniais, a análise do pentecostalismo amazônico pode ser compreendida a partir de dois aspectos. Primeiramente, esse movimento religioso proveniente do mundo ocidental e norte-americano se insere nas entranhas da realidade amazônica, construindo seu espaço de expressão, resistindo às adversidades dos contextos históricos e se expandindo vertiginosamente. Segundo, na apreciação e compreensão mais aprofundada de sua lógica, principalmente no que concerne à adesão de seus adeptos a suas expressões religiosas, que nas teorias pós-coloniais são chamados de classes subalternas. Neste estudo, é importante perceber a interação com a história e o contexto cultural religioso da Amazônia, apreciando sua organização, sua simbologia, o imaginário, textos e texturas, suas motivações, limites e discrepâncias, fracassos e esperanças.[57]

Sob a ótica pós-colonial, o paradoxo pentecostal se apresenta através de um dilema que está presente principalmente nas formas colonizadoras e neocoloniais das religiões ocidentais. O pentecostalismo se apresenta como um movimento universalizante, com um *ethos* supracultural, mas que, no processo de inserção na realidade e cultura local, tem que se ajustar e adaptar sua dialética de conversão e transformação às lógicas históricas e aos paradigmas culturais da Amazônia.

O pentecostalismo como expressão religiosa da Amazônia não é um fenômeno novo, mas sua difusão toma maior impulso na recente história da região. O pentecostalismo aqui analisado tem seu berço de nascimento e expressividade no protestantismo norte-americano e europeu. Os missionários que implantaram o movimento na região foram Daniel Berg e Gunnar Vingren, que receberam seu

---

[56] MACHADO; MARIZ, *Pentecostalismo e a redefinição do feminino*, p. 140-159.
[57] MBEMBE, *On the postcolony*, p. 102.

mandato missionário através de um profeta pentecostal, que os enviaram para evangelizar e dar testemunho de Jesus numa região chamada Pará.[58]

O pentecostalismo é uma expressão religiosa que traz em seu bojo uma reação contra o extremo racionalismo institucionalizador do cristianismo ocidental. Os missionários suecos que chegaram na Amazônia no ano de 1911 são provenientes de um país onde prevalecia uma homogeneidade cultural e religiosa que marginalizava qualquer outra experiência diferente do luteranismo conservador. Segundo Freston,[59] a experiência religiosa desses missionários já havia enfrentado os efeitos de um movimento contracultural, vivendo na marginalização.

> Eram portadores de uma religião leiga e contracultural, resistente à erudição teológica e modesta nas aspirações sociais. Acostumados com a marginalização, não possuíam preocupação com a ascensão social. Reagiam com uma religiosidade fervorosa e um tanto anti-intelectual, pois não tinham possibilidades de se defender com as mesmas armas do centro. Em vez da ousadia de conquistadores, tinham uma postura de sofrimento, martírio e marginalização cultural.[60]

O pentecostalismo amazônico entrelaça duas vertentes do patriarcalismo, uma proveniente do contexto europeu sueco e outro do nordestino. Essa característica é inserida em uma sociedade com fortes bases coloniais, pré-industrial da cultura nortista das décadas de trinta até sessenta. Esse contexto é fundamental para entender seu desenvolvimento rápido na região. A Amazônia, naquele contexto histórico particular, é marcada, na sua base religiosa, pelo catolicismo e estruturada social e politicamente na base do latifúndio, do coronelismo e do patrimonialismo. Essas características foram predominantes tanto no âmbito público como privado. O pentecostalismo teve que se adaptar na região, tendo que sobrepor e ressignificar a base religiosa deixada pelo catolicismo, com sua forte devoção aos santos e festas com entrelaces mundanos e religiosos. A inserção do pentecostalismo também tem que interagir com a cultura híbrida das comunidades ribeirinhas, com suas crenças relacionadas com a natureza (rios e florestas) e os animais e peixes.

---

[58] VINGREN, *Diário do pioneiro Gunnar Vingren*, p. 20.
[59] FRESTON, *Breve histórico do pentecostalismo brasileiro*, p. 67-159.
[60] Ibidem, p. 78.

Esses aspectos culturais de base se deslocam e são aplicados à figura do "pastor" que, como "ungido do Senhor", assume o papel de autoridade religiosa patriarcal inquestionável. O pentecostalismo, nas suas origens amazônicas, dialoga e dá legitimidade a um modo de exercício da autoridade e de poder que já estava presente na história cultural da Amazônia e do Nordeste brasileiro.[61]

A leitura da Bíblia no contexto pentecostal está diretamente relacionada com uma fé instrumental, ou seja, diante de um problema ou situação basta crer no poder de Deus para obter uma resposta adequada e imediata. O que antes no catolicismo era pedido aos santos, agora se pode pedir diretamente a Deus. Dependendo da qualidade ou da quantidade da fé que se expressa principalmente na oração intensa, a obtenção do pedido é garantida. A imagem de Deus, predominante, é de um patrão todo-poderoso que distribui suas graças de acordo com a fé subjetiva do indivíduo. Essa compreensão de Deus como um patrão tem suas bases históricas e culturais e é ressignificada na leitura bíblica. A Bíblia é lida como uma palavra dada por um Deus que tem uma aliança de promessas com aqueles que creem. Deus sempre cumpre suas promessas, se houver fé em seu poder.[62]

A fé nesse contexto assume uma dimensão utilitarista que já está presente no imaginário do catolicismo colonial e popular. No pentecostalismo, o sistema de troca de favores e promessas, que antes ocorria com os santos, agora é substituído por uma relação utilitarista com Deus. Essa perspectiva marca a identidade pentecostal, assim como oferece autovalorização e autoestima do crente no nível social.

Nessa vertente religiosa ainda permanece uma forte visão patriarcal da família fundamentada na leitura da Bíblia. O discurso pentecostal sobre a masculinidade reafirma o modelo patriarcal de família, em que a autoridade masculina e subordinação feminina são de ordem natural e divina. As expressões teológicas tanto do pentecostalismo como do neopentecostalismo são marcadas por um pluralismo de interpretações bíblicas. Contudo, em sua maioria, são unânimes em definir a família com contornos patriarcais: monogâmica, heterossexual, sendo o homem a cabeça da família e da mulher.[63]

A visão pentecostal elabora uma compreensão da masculinidade a partir de valores como fidelidade conjugal, envolvimento familiar, e vê o homem como o

---

[61] ALENCAR, *Todo poder aos pastores, todo trabalho ao povo, todo louvor a Deus: Assembleia de Deus – origem, implantação e militância (1911-1946).*
[62] SANCHIS, *O repto pentecostal à cultura católico-brasileira,* p. 70.
[63] SOUZA, *A casa, as mulheres e a Igreja: violência doméstica e cristianismo,* p. 49.

grande provedor. Mesmo que encoraje a mulher a ser autônoma economicamente, não a motiva a galgar posições de governo e liderança nas igrejas. Uma leitura bíblica pentecostal e patriarcal não promove claramente igualdade nas relações de gênero e continua a legitimar perspectivas históricas e culturais de dominação, subordinação e violência contra a mulher. A forma mais tradicional do pentecostalismo insere nos costumes e comportamentos masculinos um reforço no sentido da dominação sobre a família e a mulher.

Para Bourdieu, a dominação do masculino se estabelece através das trocas simbólicas. Dominação e submissão, inscritas em compreensões religiosas, condicionam tanto homens como mulheres. Segundo esse autor, é no corpo que se inscrevem esses elementos simbólicos de poder e dominação: corpo de homens e mulheres. É essa condição que, legitimada por perspectivas religiosas, define a dominação e a submissão. A submissão imposta à mulher em relação ao poder masculino e seu impedimento para assumir cargos de pastoreio na Igreja advêm do próprio fato do essencialismo natural e bíblico aplicado à natureza dos gêneros.[64]

O pastor no contexto pentecostal se torna a fonte última de autoridade em todos os aspectos da vida, tal fato pode ser relacionado com a mentalidade colonial da Amazônia. Nas diversas etapas da história dessa região, prevaleceu, de modo geral, o poder oligárquico e caudilhesco, em que o patrão, o coronel, a autoridade política e religiosa exercem a autoridade de forma absoluta. Ao pastor exige-se, por parte de seus fiéis, suas "ovelhas", respeito e obediência, pois ele é considerado um "ungido do Senhor" de modo inquestionável.

Desse modo, o pentecostalismo se estrutura como instituição patriarcal fundada a partir de uma perspectiva bíblica androcêntrica e heteronormativa, que vê as mulheres como subordinadas ao homem por sua própria natureza e rejeita quaisquer outras formas de expressão de masculinidades fora desses parâmetros. Na perspectiva de Foucault, o homem, detentor de poder e de privilégios, mantém seu status através de rituais, discursos e representações plásticas. Nessa perspectiva o poder se reproduz criando uma realidade de objetos e rituais de verdade. Para ele, "o indivíduo e o conhecimento que dele se pode ter se originam nessa produção".[65]

---

[64] BOURDIEU, *A dominação masculina*, 2012.
[65] FOUCAULT. *Vigiar e punir: nascimento da prisão*, p. 185.

O pentecostalismo se apresenta com características institucionais leves e com aspectos doutrinais sem muito racionalismo teológico. Enfatiza o poder pentecostal do derramamento do Espírito, que é a base para sua inserção no contexto cultural amazônico. Basicamente, o contexto religioso amazônico se constrói a partir de aspectos fundamentais provenientes de sua história de hibridização. Primeiramente, nas concepções e práticas de pajelança provenientes do mundo religioso indígena. Segundo, nas crenças afro-brasileiras expressadas no culto aos orixás e entidades espirituais, e terceiro no catolicismo popular de devoção aos santos católicos. O batismo no Espírito Santo, no pentecostalismo amazônico, se assenta sobre essas bases culturais religiosas, que ora servem como o oposto da nova experiência, ora se tornam a forma pela qual a nova percepção espiritual se encarna.

As crenças indígena e afro afirmam a tomada de posse de uma força espiritual que pode conduzir tanto ao sofrimento como à cura. Elas se tornam a base arquetípica para os cultos e a experiência religiosa pentecostal. Nas expressões afro e indígena, o transe e a possessão espiritual se manifestam de diferentes maneiras, mas sempre buscam um contato direto, emocional e corporal com as entidades e forças divinas. No pentecostalismo, esse contato é buscado através de oração, louvores, cantos e ritmos. As manifestações espirituais se tornam concretas através do falar em línguas, que deixam claras a presença e a tomada de posse do Espírito Santo, que agora assume a expressão humana em forma de uma linguagem incompreensível.[66]

Normalmente, nesses momentos de culto e celebração, ocorrem também os exorcismos de entidades e espíritos das crenças do mundo religioso afro e indígena. Ocorrem as curas divinas como consequência da expulsão de espíritos do mal, que é a causa das doenças e dos males na vida do indivíduo.[67] Todos esses são momentos de um ritual, que aparentemente se mostra de modo caótico, onde todos expressam ao mesmo tempo, através de vozes fortes nas orações, de choros, expressões corporais, a presença do Senhor Jesus e do Espírito Santo. A imposição de mãos como gesto de oração e de poder espiritual sobre a

---

[66] MAUÉS, *Bailando com o Senhor: técnicas corporais de culto e louvor (o êxtase e o transe como técnicas corporais*, p. 20-22.

[67] PIERUCCI; PRANDI, *A realidade social das religiões no Brasil. Religião, sociedade e política*, p. 102.

comunidade, na maioria dos casos, se restringe aos pastores, somente em alguns casos às mulheres.

A manifestação da glossolalia encontra seu sentido na prática mística de contato direto com o Espírito Santo. Nesse discurso insondável está a quebra de barreiras das expressões do discurso. Todos podem expressar livremente suas frustrações, seus sofrimentos e anseios, sem a necessidade de um linguajar adequado. Nos louvores, nas orações espontâneas e, principalmente, na oração em línguas, o subalterno pode livremente se expressar sem ser julgado ou impedido por ninguém. Contra uma religião institucionalizada, hierarquizada, elaborada a partir de discursos doutrinais complicados, o pentecostalismo valoriza aspectos bastante próprios dessas populações da Amazônia: sua praticidade para as soluções de problemas cotidianos e a experiência direta, através do transe e da possessão, do poder terapêutico da ação divina.

A experiência de um Deus que se manifesta principalmente pelo poder de solucionar problemas, através da oração de seus pastores e da pregação bíblica, vai aos poucos substituindo a crença em santos e Nossas Senhoras. Nas décadas de implantação e desenvolvimento do pentecostalismo na Amazônia, o catolicismo popular sofria de um processo de transição religiosa. Houve uma crise no aspecto devocional aos santos e a substituição desse catolicismo popular para uma Igreja de comunidades eclesiais de base, onde prevalecem as questões sociais.[68]

O pentecostalismo se insere na lógica das religiões cristãs de poder do outro colonizador ou dominador. O poder trazido pela vertente pentecostal sueco-nordestina está diretamente relacionado com a resolução de problemas do cotidiano. Sobre as bases de um coronelismo histórico, patrimonialismo e atravessadores do comércio ribeirinho. Assim, o pentecostalismo assume características de um pragmatismo instrumental da fé que tudo pode solucionar. Essa nova reformulação da fé no poder de Deus traz uma marca subjetiva. O poder é dado ao crente na medida de sua fé, que se torna um instrumento para resolver problemas e necessidades pessoais. A pajelança e suas expressões afro-indígenas também são rejeitadas e ressignificadas nesse contexto. O que continua ainda a permear o imaginário dos crentes pentecostais da Amazônia são suas crenças em botos, curupiras e visagens. Crendices e costumes alimentares também ainda permanecem e são perpetuados principalmente no contexto familiar.

---

[68] MAUÉS, *Pentecostalismo em Belém: a pobreza, a doença e a conversão.*

1.5 As masculinidades histórico-culturais dos povos tradicionais da Amazônia

As culturas são interpretativas da realidade e a base para a convivência social. Elas oferecem e impõem os significados de masculino e feminino de modo contrastante. Ser do sexo masculino (masculino) é não ser feminino (feminino) e vice-versa. Os significados de gênero se relacionam entre si como extremidades opostas de uma mesma linha. Na verdade, masculinidade e feminilidade são negativamente relacionadas, quando os indivíduos são convidados a julgar-se com base na autodescrição de ser "masculino" e "feminino", oferecida pelo seu contexto cultural hegemônico e rígido.

Na perspectiva de Hall, as identidades nunca são unificadas e, na última etapa da modernidade, se tornaram cada vez mais fragmentadas e fraturadas. Elas não são mais singulares, mas múltiplas, construídas ao longo de diferentes processos, muitas vezes com discursos, práticas e posicionamentos ambíguos e antagônicos. Sujeitas a uma historicização radical, estão constantemente em processo de mudança e transformação. Segundo esse autor, é necessário situar os debates sobre a identidade dentro de todas essas evoluções e práticas historicamente específicas que tenham perturbado o caráter relativamente "definido" de muitas populações e culturas. Essas evoluções ocorrem, sobretudo, em relação aos processos de globalização que coincidem com a modernidade e os processos de migração "livre" ou forçada que se tornaram mundial.[69]

Levando em conta esses pressupostos teóricos e o processo histórico da colonização religiosa da Amazônia, podemos nos perguntar como as masculinidades culturais interagem e se constroem na colonização dos povos ameríndios; de que modo a perspectiva masculina do europeu, branca e católica, se confronta com as masculinidades indígenas e africanas; e questionar o resultado desse processo de dominação cultural e religiosa empreendido pela Península Ibérica católica do século XVI até os nossos dias.

1.5.1 As masculinidades indígenas

Iniciamos nossa análise lançando um olhar para as concepções socioculturais das masculinidades indígenas. O plural "masculinidades" nos remete tanto às

---

[69] HALL, *Who needs "identity"?* p. 4.

concepções variadas dos grupos étnicos da Amazônia indígena, como ao modo subjetivo de viver em cada contexto. Os padrões de masculinidade elaborados no arcabouço cultural de cada grupo e dentro de contextos históricos são úteis para estruturar a identidade do ser homem, oferecendo e modelando atitudes, modo de se comportar e até as emoções que são permitidas expressar.

Essas representações não são estritamente elaboradas no interior da cultura, elas também são resultantes dos encontros interculturais e dos processos de colonização e pós-colonização. Desse modo, as representações possuem significados provenientes desses processos. É nesse sentido que se pode perguntar, em cada contexto sociocultural, a respeito de representações masculinas, de onde se fala, quem fala e para quem se fala.

> A alternativa não é apegar-se a modelos fechados, unitários e homogêneos de pertencimento cultural, mas abarcar os processos mais amplos, o jogo da semelhança e da diferença, que estão transformando a cultura no mundo inteiro. Esse é o caminho da diáspora, que é a trajetória de um povo moderno e de uma cultura moderna.[70]

Representações são como modelos construídos e reproduzidos dentro dos processos socioculturais e da história das culturas. Essas representações são variadas, mas alguma delas é revestida de maior poder e impacto, tornando-se hegemônica. Todas as culturas e sociedades elaboraram ao longo de sua história representações de masculinidades padronizadas, hegemônicas.[71] Esta será imposta e reelaborada (mestiçada) no processo de encontro de culturas.

De modo geral, as representações atribuídas aos indígenas amazônicos estão presentes tanto nas cavernas pré-históricas dos recônditos da Amazônia como nas elaborações das primeiras descrições dos colonizadores, ao chegarem às terras brasis. Essas representações estão nos livros didáticos de história geral do Brasil e nos registros etnográficos de grandes antropólogos que pesquisaram os povos da Amazônia. Esse imaginário é também elaborado pelos missionários, a partir de suas concepções religiosas, também na literatura romancista e novelesca brasileira, que fez uso indiscriminado de representações indígenas.

---

[70] HALL, *Pensando a diáspora (Reflexões sobre a terra no exterior)*, p. 47.
[71] CONNELL; MESSERSCHIMIDT, *Masculinidade hegemônica: repensando o conceito*, p. 243.

Nesses contextos repletos de complexidade, representa-se o indígena amazônico como guerreiro, caçador e coletor. Os indígenas são homens em profunda sintonia com a natureza, de onde retiram o sentido de sua existência. Essas representações serão encenadas em seus mitos e rituais, onde a masculinidade é, ao mesmo tempo, divina ou semidivina na personificação dos pajés e personagens mitológicos. Schaden parece reconhecer isso quando observa que:

> Um herói civilizador é um ente mítico ao qual se atribuem poderes sobrenaturais e que ou desempenhou um papel importante na transformação da terra depois da criação ou do dilúvio, ou então deu à tribo importantes leis, instituições, bens de cultura.[72]

As representações dos homens no âmbito da mitologia possuem uma íntima relação com as características essenciais dos animais, suas habilidades, sua força e suas limitações. A compreensão de ser homem e de ser mulher está diretamente ligada às funções sociais exercidas no âmbito estrutural do grupo.

As mulheres, na etnia Ticuna, são preparadas desde muito cedo para o trabalho de artesania. Para Levi Strauss, "é à índia que compete fabricar os recipientes de cerâmica e servir-se deles, porque a argila de que são feitos é feminina como a terra".[73] A partir de sua primeira menstruação, ela entra para o moçangol,[74] onde fica isolada por um longo período. Sua reclusão é um tempo de aprendizado na arte de produzir utensílios que serão usados em sua futura casa, depois do casamento. Os homens Ticunas também são submetidos a um processo de aprendizagem que define seu papel social e suas tarefas no âmbito do lar. Nos passeios organizados por homens adultos, os meninos em idade de iniciação aprendem a ser guerreiros, a pescar, a caçar e a enfrentar os desafios da floresta.[75] É nesse âmbito que se definem atividades que somente mulheres fazem e outras somente de homens.

Nessa etapa pretendemos apontar algumas características de alguns grupos indígenas, no que diz respeito ao papel social do masculino. Para os Karajá, a principal responsabilidade do homem é a defesa do território, e a eles também são

---

[72] SCHADEN, *A mitologia heroica de tribos indígenas do Brasil: ensaio etnosociológico*. p. 24.
[73] LÉVI-STRAUSS, *A oleira ciumenta*, p. 33.
[74] *Moçangol* – ritual da moça nova.
[75] ÍNDIOS TICUNA, *Torü Duü'ügü – nosso povo*, p. 192-208.

designadas a tarefa do desmate para a roça, as pescarias e as construções de moradia. De modo geral, o homem é o provedor dos insumos básicos para manter a vida e a organização básica do grupo.[76]

Nas masculinidades dos grupos indígenas do Rio Negro, aos homens cabe desmatar e fazer queimadas tanto para novas roças como para preparar os novos plantios. No aspecto da alimentação, o homem contribui para a vida familiar com a pesca e a caça. Arcos e flechas, assim como a canoa passam a ser instrumentos fundamentais para a representação da masculinidade. A masculinidade é legitimada pela posse de instrumentais básicos como canoa, arco e flecha, para prover a vida para a família e a comunidade.[77]

A cultura Sateré-mawé é centralizada sobre a manufaturação do guaraná. A organização social do trabalho nesta cultura está também quase completamente nas mãos dos homens. São eles que colhem o guaraná, descascam, lavam, torram e pilam. Essas tarefas masculinas são distribuídas de acordo com a faixa etária dos homens. O pão de guaraná, que possui um formato que lembra o falo masculino, é manufaturado por homens adultos e velhos, responsáveis também pela sua defumação. Nessas sociedades, cabe aos homens a função de pajé e de liderança, o que contraria a versão de alguns mitos onde esses papéis são também designados às mulheres. Nesse contexto do uso do guaraná, a mulher é designada para a preparação da bebida de guaraná, servida nas festas e no cotidiano da vida sateré.[78]

Os Dessana possuem particularidades interessantes. Para esse grupo a maloca, a casa indígena, é uma réplica tanto da sua cosmovisão como da sua organização clânica. O pai da maloca, ao qual é designada sua posse, é como o ancestral do clã que dele se originou. Ele é o ancestral-anaconda de seu grupo familiar, sendo seu primogênito aquele que será certamente o chefe do grupo. Os seus irmãos menores assumirão outras funções na organização social, como dançarinos, cantadores, pajés, cujos papéis correspondem à ordem de nascimento.[79]

---

[76] FILHO, Karajá, *Enciclopédia dos Povos Indígenas no Brasil*.

[77] RICARDO, *Povos indígenas do Alto e Médio Rio Negro: uma introdução à diversidade cultural e ambiental do Noroeste da Amazônia brasileira*; POZZOBON, *Identidade e endogamia: observações sobre a organização social dos índios Maku*.

[78] PEREIRA, *Os índios Maués*; HENMAN, *O guaraná*.

[79] BEKSTA, *A maloca Tukano-Desana e seu simbolismo*; BELLIER, *El temblor y la luna: ensayo sobre las relaciones entre las mujeres y los hombres mai huna*.

As representações mitológicas masculinas ou com características desse gênero aparecem na maioria do corpo mitológico indígena. Para os Baniwa, a cosmologia se elabora a partir de um grupo complexo de mitologias, onde o representante principal é Nhiáperikuli. Ele é o responsável pela criação do mundo e dos primeiros antepassados.[80] Para os Parintintin, o mundo nasce de Pindova'úmi'ga (ou Mbirova'úmi'ga) grande, poderoso chefe e pajé ancestral que criou a natureza, as pessoas da terra e a gente do céu, que se manifesta nas cerimônias para os pajés.

Na mitologia dos Sateré, é dos olhos do filho morto que nasce a planta do guaraná. Para os Kaiapó, um herói chamado Bep-Kororoti é quem transmitiu os conhecimentos fundamentais aos indígenas, dando-lhes as informações sobre a construção das casas, agricultura, pesca, caça e organização social.[81]

A história indígena deixa seu marco no Amazonas com a figura heroica e guerreira de Ajuricaba. Sobre este herói já foram dedicados não somente pesquisa histórica, mas poesias e peças teatrais. Sua figura se sobressai na história da colonização principalmente por resistir à dominação portuguesa, usando dos mesmos meios e estratégias do colonizador, ou seja, o uso das armas e estratégias de guerra ocidental. Seu próprio nome expressa sua representação histórica. A palavra "ajuricaba" é formada por dois termos: "ajuri", que significa reunião, ajuntamento coletivo para o trabalho, e "caba", um tipo de inseto feroz da Amazônia que persegue seu agressor de maneira agressiva.[82]

Qual a importância da figura mitológica e histórica de Ajuricaba para os estudos das masculinidades amazônicas? Nas narrativas sobre sua vida, sobressai a exaltação da masculinidade guerreira e heroica, mas, ao mesmo tempo, transparece um guerreiro vencido e resignado pelo poder violento da colonização, expresso pelo ato de se jogar nas águas do Rio Negro e se suicidar, preferindo morrer que viver sob a dominação e escravidão colonial.

> Essa resistência se explica pela própria singeleza de sua estrutura social igualitária, que, não contando com um estamento superior que pudesse estabelecer uma paz válida, nem com camadas inferiores condicionadas à subordinação, lhes impossibilitava organizarem-se como um Estado, ao mesmo tempo que tornava impraticável sua dominação.[83]

---

[80] WRIGHT, *Os guardiães do cosmos: pajés e profetas entre os Baniwa*, p. 75-116.
[81] PEREIRA, *Moronguêtá: um Decameron indígena*.
[82] SOUZA, *A paixão de Ajuricaba*.
[83] RIBEIRO, *O povo brasileiro: a formação e o sentido do Brasil*, p. 30.

O aspecto heroico e guerreiro se manifesta pelo modo como se confronta com o colonialismo português. Aspectos históricos de sua personalidade apontam para um processo evolutivo de lidar com a colonização. A arte da guerra não pode ser desenvolvida segundo os critérios da cultura tradicional indígena. Fez-se necessário combinar instrumentos de guerra portugueses, o que levou Ajuricaba a aprender a usar e comprar armas dos holandeses, inimigos dos portugueses. Além da coragem e do amor por seu povo, ele se torna um estrategista no modo como reúne grande número de indígenas da região do Rio Negro. Álvaro Maia, em sua "Canção de fé e esperança", chamava a mocidade a seguir o exemplo heroico de Ajuricaba.

> Somente o esplendor dessa hora febril, clarinando em nossos horizontes pela redenção, teria o milagre de acordar na alma da mocidade as energias adormecidas, vertendo-lhe aquele desapego que levou Ajuricaba à rebelião e à morte, dois modos supremos de reagir às opressões e às tiranias, quer partam de estranhos violando a integridade do solo, quer partam de homens da mesma raça poluindo as reservas do Estado, pelo engano aos que o servem com desinteresse, pelo afastamento dos que o defendem com patriotismo.[84]

No contexto da colonização, os indígenas viram ser destruídas as estruturas mais fundamentais de sua existência. A negação dos valores fundamentais de suas sociedades, o despojo de suas riquezas, o estupro e a morte de suas mulheres e filhas, o cativeiro e a escravidão. Diante dessa realidade, restaram somente poucas possibilidades: resistir através da guerra, abandonar seus costumes tribais e adotar um outro estilo de vivência social – regime dos povoados jesuítas ou internatos religiosos.[85]

A política colonialista tinha dois objetivos básicos. Primeiro a assimilação do indígena à sociedade e à cultura ocidental e, segundo, o extermínio do modo de viver e de ser indígena, ou seja, aquilo que Boaventura Santos chama de "epistemicídio".

> O colonialismo, para além de todas as dominações por que é conhecido, foi também uma dominação epistemológica, uma relação extremamente desigual de saber-poder que conduziu à supressão de muitas formas de saber próprias dos povos e/ou nações colonizadas.[86]

---

[84] MAIA, Álvaro, Canção de fé e esperança, p. 147.
[85] MOREIRA NETO, *Os principais grupos missionários que atuaram na Amazônia brasileira entre 1607 e 1759*, p. 68.
[86] SANTOS; MENESES, *Epistemologias do Sul – Introdução*, p. 19.

Ajuricaba escolheu resistir fazendo uso dos mesmos instrumentos de guerra dos colonizadores. Desse modo, ele se torna um modelo de masculinidade heroica de resistência, com capacidade de superação de regras culturais ocidentais e indígenas. Para Boechat, "na cultura brasileira podemos notar uma ausência grande de modelos exemplares que sirvam para a organização da consciência coletiva".[87] O heroísmo de Ajuricaba define o fim de um ciclo de resistência histórica que será retomado em outros momentos de luta pela autonomia e resistência indígena.

Nesse percurso, a resistência dos povos indígenas irá assumir um processo de mestiçagem[88] e hibridação[89] cultural que resultará na identidade das comunidades tradicionais da Amazônia. Esta foi mesclada de aspectos de negação de suas raízes históricas e culturais, buscando de maneira obsessiva modelos exógenos na cultura globalizada dos centros urbanos. Aspectos positivos desse processo são a reelaboração cultural e histórica dos aspectos impostos pela colonização com os elementos tradicionais das culturas indígenas.[90]

Para Darcy Ribeiro, esse processo histórico vai gerar na Amazônia três classes de gente: a primeira é formada pelo índio tribal que se refugia nas altas cabeceiras, procurando preservar seu estilo de vida e defender suas populações. A segunda é formada pela população urbanizada que assume o estilo de vida colonial. A terceira é formada pelo índio genérico, vindo principalmente das missões e da expansão dos catecúmenos.[91]

Padrões arquetípicos e mitológicos de Ajuricaba precisam ser resgatados e relidos na ótica das masculinidades. Sua referência como o mito do herói aponta para a compreensão de masculinidades resistentes ao poder padronizador neocolonizador, a capacidade de quebrar regras e superar tradições injustas, o amor aos laços familiares e de parentesco.

---

[87] BOECHAT, *Luzes e sombra da alma brasileira. Um país em busca de identidade*, p. 89.

[88] Para Gruzinski, mestiçagem são as misturas que ocorreram em solo americano no século XVI entre seres humanos, imaginários e formas de vida vindos dos quatro continentes (América, Europa, Ásia e África). GRUZINSKI, *O pensamento mestiço*, p. 62.

[89] Hibridação são as misturas que se desenvolvem dentro de uma mesma civilização ou de um mesmo conjunto histórico – Europa cristã, Mesoamérica – e entre tradições que muitas vezes coexistem a séculos. Ibidem, p. 62.

[90] RIBEIRO, *O povo brasileiro: a formação e o sentido do Brasil*, p. 289-290.

[91] Idem, *Os índios e a civilização*, São Paulo, Companhia das Letras, 2004, p. 20.

Na obra de Marcio Souza, *A paixão de Ajuricaba*,[92] o herói manao é apresentado com duas características fundamentais: a paixão revolucionária e a paixão amorosa por sua amante. Nesse sentido, Ajuricaba se torna um arquétipo de masculinidade que integra aspectos fundamentais da virtude humana: a revolução e o amor. Como aponta Souza:

> O homem virtuoso age corretamente, mas antes de tudo age em harmonia com suas paixões, porque ele as dominou de uma vez por todas. Não só aprendeu a agir de modo conveniente, mas a sentir o *pathos* adequado. Assim, pode-se afirmar que, através da paixão, critica-se a visão intelectualista do pensamento; com a paixão, pode-se realizar uma reflexão por inteiro, pois "corpo e espírito são uma só e mesma coisa".[93]

Um dos grandes desafios da condição masculina é o desafio de assumir as paixões, as emoções da própria condição humana. Ajuricaba vive o dilema humano da revolução e do amor.

Na compreensão das masculinidades histórico-culturais da Amazônia, é importante analisar o processo de construção das representações elaboradas principalmente pelo colonizador. As representações fazem parte de um processo de significação histórica que foi construído socialmente para legitimar e manter determinadas relações de poder. Segundo Hall, "a representação é a produção do significado do conceito em nossa mente através da linguagem".[94] A identidade é resultado de um conjunto de práticas narrativas que possibilitam que determinadas características sejam associadas a sujeitos ou grupos, frequentemente de forma generalizada e pejorativa, para explicar e definir como única a variedade de vivências e experiências que possuem.

Na perspectiva pós-colonial de Said, o colonizador possui um olhar totalizante sobre determinadas culturas, em nosso caso sobre a região norte como território e seus povos – os grupos indígenas.[95] A partir dessa ótica, se pode falar

---

[92] SOUZA, Marcio, *A paixão de Ajuricaba*, 2005.

[93] COSTA, Mariana Baldoino da, *Personagens e identidades em A Paixão de Ajuricaba, de Márcio Souza*, Dissertação (mestrado), Universidade Federal do Amazonas, Departamento do Programa Sociedade e Cultura na Amazônia, 2012, p. 40.

[94] HALL, Stuart, The work of representation. In: HALL, Stuart (org.), *Representation, Cultural representation and cultural signifying practices*, London, Sage/Open University, 1997, p. 17.

[95] SAID, Edward W., *Orientalismo*, São Paulo, Companhia de Bolso, 2015, p. 40.

da invenção do "índio", assim como foi nomeado pelos portugueses ao pensar que haviam chegado à Índia. Sua diferença inferiorizada vai ser representada de muitas formas: cartas descritivas das terras e de seus povos, nas obras artísticas e literárias (romantismo) e na visão religiosa dos missionários.

A elaboração das representações sobre os indígenas no Brasil e na Amazônia procurou definir uma diferença inferiorizada numa perspectiva essencialista, criando os estereótipos sobre os indígenas e as masculinidades de seus povos. Ocorre a elaboração de um discurso racista fundamentado em três grandes aspectos: racial/cultural, sexual e religioso. Há uma redução ao estado de natureza dos indígenas, devido a seu próprio estilo de vida de íntima relação com o mundo natural.

Na perspectiva da colonização e neocolonização, o racial cultural aponta para características relacionadas à prevalência de aspectos instintivos sobre o racional, nas manifestações abertas das emoções nas danças, rituais e companheirismo tribal. O colonizador percebe uma ausência de formas de governo hierarquizados com regras e leis para estruturas sem parâmetros definidos de comportamento social e sexual. As práticas sexuais, não possuindo uma delimitação clara, são consideradas em alguns casos como sodomitas (práticas sexuais contra a natureza). No aspecto religioso, os indígenas foram considerados adoradores do demônio, devido às práticas de rituais de invocação dos espíritos da natureza.

1.5.2 As masculinidades híbridas da Amazônia

As masculinidades mestiças e híbridas da Amazônia que queremos analisar são principalmente aquelas que resultam da interação entre os grupos indígenas com os brancos (europeus) e as populações nordestinas. Estas últimas vieram para a região durante os dois ciclos da borracha. Esse é o grupo mais populoso que atualmente habita tanto os municípios do Amazonas como de sua capital Manaus. Para a Conferência dos Bispos do Brasil, na Campanha da Fraternidade de 2007:

> Índios e caboclos se localizavam normalmente na beira dos lagos, rios, igarapés e nas terras de várzea, onde praticavam a agricultura de subsistência (cultivo da mandioca, arroz, milho e feijão), associada ao extrativismo animal (pesca e caça de animais silvestres) e vegetal (coleta de castanha, borracha, frutas etc.). Apesar do nível frugal e modesto, conseguiram viver livremente da terra e dos

bens da natureza. A esses nativos se juntaram mais tarde os mestiços pobres, dando origem a um novo grupo social: o campesinato amazônico caboclo, fruto da miscigenação entre diferentes grupos indígenas, destribalizados, escravos negros africanos e, a partir do final do século XIX, nordestinos.[96]

Segundo Arthur Reis, a história da colonização da Amazônia nasce primeiramente da interação de três grandes grupos: nativos, sertanejos e missionários. O processo de mestiçagem cultural ocorre principalmente pelo processo civilizatório estruturado pelo trabalho dos missionários e sertanejos. O objetivo era tornar os nativos "menos bárbaros", pacificando-os e civilizando-os. Para Reis, o processo civilizatório de sertanejos e missionários era um salto evolutivo para populações nativas que saíam do estado primitivo para alcançar um estágio civilizatório.[97] Esse processo fazia uso de todo o instrumental colonizador e eclesial: tropas de resgates, aldeias, missões, reduções, catequese, queima de malocas, dízimos e trabalho servil.[98]

Para Benchimol, a palavra "caá-boc" significava aquele que foi tirado ou é originário do mato. Esta representação é elaborada a partir da interação do indígena com o luso, formando o que ele nominou de "Amazônia Lusindia", com componentes mais da cultura indígena que lusa. Novos padrões culturais e espirituais são elaborados aqui para o cumprimento dos objetivos da colonização, que era de propagar a fé e expandir o poder do império lusitano. De acordo com Benchimol, o que havia de ancestral-original nos indígenas foi praticamente destruído pela imposição de novas formas de organização social, catequese, escravidão e morte. Contudo, o "holocausto étnico" e o desaparecimento do arcabouço epistemológico não são totalmente destruídos. A mestiçagem reelabora os componentes das várias tradições culturais indígenas, resistindo e se fazendo presente no mundo urbano amazônico.[99]

Nesse processo as matrizes culturais indígenas foram violentamente dando espaço para a cultura econômica dos regatões, as elaborações sincréticas e religiosas das devoções aos santos e rituais católicos. Essa elaboração receberá, com

---

[96] CONFERÊNCIA NACIONAL DOS BISPOS DO BRASIL, *Vida e missão neste chão – CF 2007*, São Paulo, Editora Salesiana, 2007, p. 31-32.
[97] REIS, Arthur Cezar Ferreira, *História do Amazonas*, Belo Horizonte, Itatiaia, 1998.
[98] BENCHIMOL, Samuel, *Amazônia: formação social e cultural*, Manaus, Valer/Universidade do Amazonas, 1999, p. 25.
[99] Ibidem, p. 25.

a vinda dos seringueiros, orientais, árabes e gaúchos, novas matizes e contribuições. "Nessa época iniciou-se, também, a migração de turcos, sírio-libaneses e judeus, que praticavam o comércio baseado na troca de mercadorias e que introduziram o sistema de regatões."[100]

Álvaro Maia, um dos escritores mais proeminentes da Amazônia, define o caboclo como uma mistura interétnica do branco com o índio, possuindo característica de anfíbio por viver tanto na terra como na água, tendo como prática principal a caça, a pesca e o extrativismo vegetal. O caboclo também é o seringueiro que resulta da fusão de ameríndios e nordestinos. Brito assim o descreve:

> Homem tremendamente tranquilo, o caboclo, cultura da diáspora, nasce e vive em uma natureza tremendamente perigosa, farta de movimentação. Traz os sinais das fornalhas tropicais: brota com a resistência do aço e, embora provindo de outros elementos étnicos além do índio, parece mais com o índio, que pouco fala e age sempre.[101]

Essa peregrinação nos entornos da história do homem da Amazônia vai repercutir significativamente no modo de viver principalmente no contexto urbano. Esses elementos constitutivos do homem amazônico, no contexto dos grandes centros urbanos, os leva a duas possibilidades. A primeira, de se tornar presa fácil do mundo das drogas, violência urbana e mão de obra barata para o mercado capitalista, em pleno processo de desenvolvimento da Amazônia. A segunda é uma busca de alternativas e resistência, principalmente das populações tradicionais, no resgate e valorização das epistemologias contextuais, no grande aprendizado de convivência com as características ecológicas e culturais desse bioma.[102]

Depois dessa trajetória de análise histórico-cultural das masculinidades da Amazônia, ficam alguns desafios importantes para aprofundamentos posteriores. Como fazer uma leitura teológica pós-colonial desse processo histórico? Tanto a definição antropológica dos nativos como a autodefinição do colonizador fizeram uso de conceitos e estratégias religiosas que legitimaram a dominação colonial. A elaboração teológica da história da América Latina, na perspectiva pós-colonial, exige um exame mais aprofundado das estruturas de poder. Estas

---

[100] CNBB, *Vida e missão neste chão – CF 2007*, p. 29.
[101] BRITO, Rosa Mendonça de, *O homem amazônico em Álvaro Maia*, Manaus, Editora Valer, 2001, p. 106.
[102] CNBB, *Vida e missão neste chão – CF 2007*, p. 76-77.

devem considerar o subalterno e elaborar uma compreensão teológica a partir da locação social das pessoas.

A tarefa de elaborar uma teologia pastoral pós-colonial das masculinidades amazônicas exigirá um processo de descolonização. As culturas locais indígenas, assim como as culturas mestiças dos centros urbanos, necessitarão, a partir de uma releitura teológica, superar a vergonha de sua arte, a inferiorização e marginalização apregoada pela cultura dominante. Descolonizar significa superação da vergonha e rejeição de suas raízes culturais, desvalorização do próprio potencial cultural, devido ao processo de inferiorização e de exclusão das populações do norte do país, indígenas ou de comunidades originárias da Amazônia.

Outra tarefa principal de uma teologia pós-colonial das masculinidades é examinar a literatura teológica escrita ao longo da ocupação colonial, para analisar criticamente o modo como foram elaboradas as representações masculinas das culturas locais e como essas são legitimadas a partir de uma compreensão bíblico-teológica. Essas representações do indígena, do caboclo, do seringueiro nordestino têm efeitos políticos e sociais, principalmente sobre a identidade e autoafirmação das pessoas e suas comunidades étnicas.

No esforço de fazer teologias pós-coloniais das masculinidades, analisamos aspectos teológicos que foram herdados da cultura religiosa colonizadora. Principalmente uma concepção masculina de Deus que pode legitimar as ações, instituições e estruturas de opressão; a superação de um binarismo colonizador que gerou modos de pensar e agir que excluem o outro-diferente. A mentalidade colonial se autodefine e se autorrepresenta principalmente no sentido religioso e teológico como boa, verdadeira, masculina, heterossexual e branca. O oposto considera o outro-excluído como mau, falso, feminino, preto, degenerado, desviante.

A representação binária e excludente recebe justificativas e legitimações teológicas. A conquista colonial é justificada teologicamente. A lógica binária do imperialismo é um desenvolvimento dessa tendência, do pensamento ocidental em geral, de ver o mundo em termos de oposições binárias que estabelecem uma relação de dominância (colonizador x colonizado; branco x preto; civilizado x primitivo, avançado x retardado; bom x mau; bonito x feio; humano x selvagem; professor x aluno). O retrato do colonizado, elaborado pelo colonizador, faz do primeiro um débil, preguiçoso, retardado e primitivo, que necessita da proteção e da contribuição do colonizador. As afirmações e elaborações teológicas são significadas de várias maneiras, como: salto evolutivo, superação da ignorância e da superstição, plenitude da revelação e da ação salvífica de Deus cumprida nas tradições religiosas locais.

As teorias pós-coloniais, aplicadas também à crítica do colonialismo teológico-religioso, apontam para um processo que é nomeado de "mímica". Essa é uma estratégia capciosa e eficaz do poder e do saber colonizador. Na "mímica" a colonização e seus pressupostos se mostram para o "outro-excluído" como algo que se pode transformar em inspiração e imitação. O colonizado, ao desenvolver o processo de imitação do colonizador, se torna uma cópia ambígua, ocorrendo a relativização da cultura subalterna.

As masculinidades colonizadas se destituem de seus próprios padrões culturais e religiosos para assumir os do colonizador: sua religião, sua compreensão de masculinidade, relações de poder com a mulher, com a natureza e com as diversidades de seu contexto.

Por outro lado, esse processo não é acabado nem definitivo. A transferência dos elementos essenciais da ocidentalização, como o cristianismo, vai sofrer as indeterminações, precariedades e improvisações. A chegada do cristianismo nessas culturas vai desencadear destruição, caos e fragmentação. O desenvolvimento da colonização e da pós-colonização pode ser compreendido a partir das misturas provocadas pelos estilhaços e fragmentos das culturas ocidentais, ameríndias e africanas.

O que acontece não é pura e simplesmente a ocidentalização da ameríndia, mas a adoção de mutações, união de concepções diversas que geram o pensamento mestiço pós-colonial e as expressões religiosas sincréticas. A teologia pós-colonial das masculinidades pretende, a partir dessas percepções, elaborar uma compreensão crítica do poder da masculinidade hegemônica colonialista. Ao mesmo tempo, também vislumbrar a construção de valores ainda a serem descobertos e compreendidos a partir da criação dos espaços, onde os "subalternos" possam ter voz, minimizando as influências negativas e excluidoras das formas colonizadoras de fazer teologia.

1.6 Violência masculina no contexto cultural-religioso da Amazônia

O itinerário que seguiremos para discutir sobre a violência no âmbito das masculinidades amazônicas pondera primeiramente sobre a relação entre violência, cultura e religião. Ou seja, começamos perguntando sobre o que caracteriza a violência no contexto da cultura. Em seguida, levanta-se a questão sobre como a violência é aprendida, de que modo as masculinidades podem se tornar violentas.

As masculinidades e as feminilidades no âmbito das culturas são intrinsecamente complexas e dinâmicas. Se levarmos em conta o dinamismo cultural, podemos dizer que os gêneros, masculino e feminino, são fluidos e diversificados porque sofrem os impactos do tempo e do espaço. Segundo suas próprias particularidades, as culturas dão relevância a componentes e aspectos das masculinidades e feminilidades, que, ao mesmo tempo que se afirmam, se tornam relevantes, também declinam em sua significância.[103]

Apesar da complexidade do gênero e devido à sua pluralidade, as representações e significados dominantes da masculinidade e da feminilidade se impõem sobre determinada sociedade e na imaginação dos indivíduos. Em cada cultura, num determinado tempo e espaço se privilegia uma forma de representação do masculino que é considerada como mais adequada, honrada e carregada de autoridade. Essa percepção determina e impõe práticas, comportamentos, atitudes, papéis sociais e até modos de expressar os sentimentos dos homens e mulheres no âmbito público e privado.

> Se ser do "sexo masculino" é biológico, a masculinidade é cultural. Na verdade, a masculinidade nunca pode voar livre da cultura: ao contrário, é filha da cultura, formada e expressa de forma diferente em tempos diferentes, em circunstâncias diferentes, em lugares diferentes, por indivíduos e grupos.[104]

Esses elementos interpretativos da masculinidade e da feminilidade podem se tornar violentos, o que, para fins de análise, chamaremos de "violência estrutural ou cultural".[105] O que se entende aqui são aspectos de uma cultura, principalmente na esfera simbólica (ideologia, religião, linguagem, arte, código moral e

---

[103] HOFSTEDE, *Masculinity and femininity: the taboo dimensions of national cultures*, p. 3-13; BURKE, *O que é história cultural*, p. 40-42.

[104] BEYNON, *Masculinities and culture*, p. 2.

[105] "Violência cultural" é aqui definida como qualquer aspecto de uma cultura que pode ser usada para legitimar a violência na sua forma direta ou estrutural. A violência simbólica, construída em uma cultura, não mata ou mutila como violência direta ou a violência inerente à estrutura. No entanto, é utilizada como legitimação. GALTUNG, *Cultural Violence*, p. 291-305.

até a ciência formal), que podem ser usados para motivar, justificar e legitimar a "violência direta" (crimes, abusos, explorações e opressões). A violência cultural, como aspecto de uma cultura, faz com que a agressividade contra o "outro-diferente" seja justificada. Nesse sentido, os estudos da violência questionam, no âmbito cultural específico, o uso da violência e sua legitimação.

Nas representações das masculinidades se privilegia um conjunto de características que compõem o que Connell chama de "masculinidade hegemônica":

> A masculinidade hegemônica foi entendida como um padrão de práticas (i.e., coisas feitas, não apenas uma série de expectativas de papéis ou uma identidade) que possibilitou que a dominação dos homens sobre as mulheres continuasse. A masculinidade hegemônica se distinguiu de outras masculinidades, especialmente das masculinidades subordinadas. A masculinidade hegemônica não se assumiu normal num sentido estatístico; apenas uma minoria dos homens talvez a adote. Mas certamente ela é normativa. Ela incorpora a forma mais honrada de ser um homem, ela exige que todos os outros homens se posicionem em relação a ela e legitima ideologicamente a subordinação global das mulheres aos homens.[106]

Dessa forma, segundo o autor, uma das características da masculinidade hegemônica é a agressividade e a violência, tanto em relação ao próprio homem como em relação aos outros modos de expressão da masculinidade e contra mulheres. Essas características são apresentadas como o modo dominante ou característico de o homem manifestar sua masculinidade. Essa pode ser uma base para legitimar e ignorar a violência estrutural e direta. "A virilidade, entendida como capacidade reprodutiva, sexual e social, mas também como aptidão ao combate e ao exercício da violência (sobretudo em caso de vingança), é, acima de tudo, uma carga."[107] Desse modo, podemos afirmar que a masculinidade hegemônica é uma forma de violência cultural.

A violência cultural da masculinidade hegemônica se legitima pela capacidade dos homens de dominar os outros usando de componentes violentos. Isso não significa que todos os homens devam agir de acordo com essas características.

---

[106] CONNELL; MESSERSCHMIDT, *Masculinidade hegemônica: repensando o conceito*, p. 245.
[107] BOURDIEU, *A dominação masculina*, p. 64.

Mas estas devem permanecer como elementos intactos, naturalizados como ideais a serem buscados. Homens são compelidos a se alinhar a essa visão, nas suas práticas, atitudes e preferências. Sem esse compromisso internalizado, eles não podem participar dos benefícios do patriarcado. Eles serão marginalizados, rotulados de anormais, deficientes, partidários do feminismo e inferiorizados.[108]

Como a violência cultural masculina é aprendida, preservada e transmitida à próxima geração? Primeiramente, é importante compreender que as culturas possuem modos mais rígidos ou mais flexíveis de construir representações e significados masculinos e femininos. Normalmente, as sociedades designam papéis estritos e separados para homens e mulheres. Nas sociedades onde prevalece uma perspectiva hegemônica da masculinidade, há uma delimitação rígida das tarefas, das posturas e comportamentos dos gêneros no âmbito público e privado.

Culturas nas quais prevalecem a masculinidade hegemônica, comportamentos e crimes relacionados a racismos, sexismos, homofobias e a desvalorização de grupos étnicos, podem ser identificadas, principalmente, pelas estatísticas. Essas violências culturais são respaldadas por justificativas provenientes tanto dos elementos básicos das culturas (mitos, símbolos e rituais) como do conjunto de valores vindos de sistemas religiosos.[109]

Nesses contextos, os indivíduos seguem modelos agressivos presentes nas expressões culturais e religiosas. Estruturas culturais, normas de punição, conteúdos educativos e representações religiosas violentas da masculinidade têm uma influência profunda nos comportamentos humanos. Crianças e jovens aprendem muito cedo, no âmbito familiar privado, assim como pelos meios de comunicação, a agressividade e a competição violenta.[110]

No aprendizado da violência cultural masculina prevalece o ideal da procriação como normativa, privilegiando e elevando a heterossexualidade e a dominação sexual da mulher. Em relação a outros homens, a masculinidade hegemônica violenta se manifesta como proteção e controle físico da mulher e da prole. A masculinidade hegemônica violenta percebe outros homens como potenciais inimigos e as mulheres como suas propriedades. Outro aspecto é a característica de provedor de bens e alimentos para a família que legitima e exclui mulheres de

---

[108] Ibidem, p. 64-65.
[109] SAFFIOTI, *Gênero, patriarcado, violência*, p. 74.
[110] BARKER, *Homens na linha de fogo*, p. 80-81.

cargos e salários iguais no âmbito do trabalho público e dos lugares de decisão. "Ele se julga mais forte, mais inteligente, mais corajoso, mais responsável, mais criativo ou mais racional. Esse mais justifica sua relação hierárquica com as mulheres, ou pelo menos com a sua."[111]

A cultura oferece respostas prontas que afetam as capacidades cognitivas e heurísticas. Estas ajudam o indivíduo a processar informações, elaborar julgamento e assumir comportamentos e atitudes. Ela regula o modo de interação entre os membros de uma sociedade. Nas situações de ambiguidade e paradoxos, prevalecem as normas definidas pela experiência e pela tradição. Geerzt explica:

> Na tentativa de lançar tal integração do lado antropológico e alcançar, assim, uma imagem mais exata do homem, quero propor duas ideias. A primeira delas é que a cultura é melhor vista não como complexos de padrões concretos de comportamento – costumes, usos, tradições, feixes de hábitos –, como tem sido caso até agora, mas como um conjunto de mecanismos de controle – planos, receitas, regras, instruções (que os engenheiros de computação chamam "programas") – para governar o comportamento. A segunda ideia é que o homem é precisamente o animal mais desesperadamente dependente de tais mecanismos de controle, extragenéticos, fora da pele, de tais programas culturais, para ordenar seu comportamento.[112]

Seguindo essa linha de pensamento de Geertz, pode-se dizer que nas culturas violentas prevalece sempre um modo de pensar rígido e linear, uma interpretação inadequada das tradições, extremismos religiosos com crenças na visão de desigualdade entre os gêneros, intolerância e competividade agressiva. Essas crenças, cosmovisões, sistemas de valores, estabelecem um modo de pensar que justifica a discriminação e o preconceito. Eles se tornam ideológicos, ou seja, desvirtuam, dissimulam e negam a realidade. Ideologias, nesse sentido, se tornam importantes facilitadores da violência masculina, diminuindo ou eliminando a responsabilidade pelas ações violentas. São capazes de justificar as expressões e comportamentos violentos sobre o pretexto de defender ideais e valores superiores. Homens normalmente, em estruturas violentas, podem torturar e matar em nome de Deus, da honra, da nação ou do grupo ao qual se identifica.

---

[111] BADINTER, *XY sobre a identidade masculina*, p. 6.
[112] GEERTZ, *A interpretação das culturas*, p. 32-33.

Essa maneira de ver a Deus não é falsa, apesar de deformada. Deus se revela ao homem naquilo que é em verdade, mesmo quando sua revelação o mostra agindo violentamente. Deus não se furta ao olhar deformado (mas único possível) do homem por amor. Aceita esse olhar deformado para transformá-lo e convertê-lo.[113]

Nessa mesma linha, dogmas e símbolos religiosos com expressões utópicas de resignação, abnegação e passividade, podem sutilmente abrir a possibilidade para autoviolência, punições, penitências, sacrifícios, aceitação da violência e agressividade de outros. Em comunidades onde prevalecem masculinidades violentas, pais, educadores e líderes religiosos são pressionados a infligir punição severa e violenta aos que se desviam dos padrões e expectativas sociais. Homens devem vigiar e punir transgressores dos ideais da masculinidade hegemônica.

Passemos agora para uma análise mais específica da violência masculina no contexto sociocultural indígena da Amazônia. Busca-se primeiramente uma análise histórica da violência feita a esses povos ao longo da colonização e da pós-colonização. Em seguida, pretende-se sondar os impactos desses processos históricos violentos sobre as masculinidades indígenas, principalmente no uso do álcool e no suicídio, que afetam principalmente os homens.

Historicamente falando, a primeira violência que afetou de modo dramático e destrutivo o *ethos* indígena foi a colonização. Como compreensão desses impactos sobre o modo de viver indígena, usaremos o conceito de "colonialidade"[114] para designar a lógica da violência, sua racionalidade no contexto interior das culturas colonizadas e pós-colonizadas. Maldonado-Torres faz a diferenciação entre colonialidade e colonialismo da seguinte maneira:

> Colonialidade é diferente do colonialismo. Colonialismo denota uma relação política e econômica em que a soberania de uma nação ou um povo repousa sobre o poder de outra nação, o que torna essa nação um império. Colonialidade, em vez disso, refere-se a padrões de longa data de poder que surgiu como resultado do colonialismo, mas que definem a cultura, o trabalho, as relações intersubjetivas,

---

[113] BINGEMER, *Violência e religião*, p. 21.
[114] Para Frantz Fanon, colonialidade são as estruturas básicas estabelecidas pela colonização para o surgimento do neocolonialismo, sob o disfarce de independência. O fim do regime imperial formal não significa o fim do imperialismo e de suas lógicas de atendimento e efeitos, pois este continua na forma de colonialidade. FANON, *The Wretched of the Earth*.

e produção de conhecimento muito além dos limites estritos de administrações coloniais. Assim, a colonialidade sobrevive ao colonialismo. Ela se mantém viva nos livros, nos critérios de desempenho acadêmico, em padrões culturais, no senso comum, na autoimagem dos povos, nas aspirações de autorrealização, e em tantos outros aspectos da nossa experiência moderna. De certa forma, como sujeitos modernos respiramos colonialidade o tempo todo e todos os dias.[115]

Dessa forma, seguindo a perspectiva de Maldonado, no fenômeno da colonialidade se encontra a origem da violência cultural (estrutural e direta) impetrada aos povos ameríndios colonizados no processo de expansão da modernidade ocidental. O que tornou a vida desses povos um inferno dantesco.

A violência da colonialidade ocorre pelo processo de imposição de uma representação desumana de raça, inserindo nessa classificação as características de selvagem e barbárica aos povos nativos. Colonialidade condiciona a pessoa colonizada a perda de sua humanidade, ou seja, de sua dignidade e valor humano. É uma humanidade diferenciada que é rejeitada, em suas diferenciações epistemológicas, modos de ser, cosmovisão e religiosidade. Quijano descreve isso da seguinte maneira:

> Na América, a ideia de raça foi uma maneira de outorgar legitimidade às relações de dominação impostas pela conquista. A posterior constituição da Europa como nova id-entidade depois da América e a expansão do colonialismo europeu ao resto do mundo conduziram à elaboração da perspectiva eurocêntrica do conhecimento e, com ela, à elaboração teórica da ideia de raça como naturalização dessas relações coloniais de dominação entre europeus e não europeus. Historicamente, isso significou uma nova maneira de legitimar as já antigas ideias e práticas de relações de superioridade/inferioridade entre dominantes e dominados. Desde então, demonstrou ser o mais eficaz e durável instrumento de dominação social universal, pois dele passou a depender outro igualmente universal, no entanto mais antigo, o intersexual ou de gênero: os povos conquistados e dominados foram postos numa situação natural de inferioridade, e consequentemente também seus traços fenotípicos, bem como suas descobertas mentais e culturais.[116]

---

[115] MALDONADO-TORRES, *On the coloniality of being*, p. 243.
[116] QUIJANO, *Colonialidade do poder, eurocentrismo e América Latina*, p. 107-108.

Certamente a colonialidade não inaugura a violência, mas funda uma nova forma de violência. As guerras intertribais sempre existiram entre grupos rivais, mas mesmo essas lutas tinham um significado cultural e religioso para esses povos. Segundo Clastres, "a troca e a guerra devem, portanto, ser pensadas, não segundo uma continuidade que permitiria passar por graus de uma à outra, mas segundo uma descontinuidade radical que é a única a manifestar a verdade da sociedade primitiva".[117] Ao contrário, as guerras da conquista colonizadora que se inicia no século XVI inauguram uma forma de violência sem precedente na vida desses povos, que repercute até os dias de hoje.[118]

Com a colonização, chega à Ameríndia não somente um sistema econômico de capital e trabalho que gerará lucros para as matrizes europeias, mas também uma ampla rede de poder estrutural, fundada principalmente por uma perspectiva hierárquica binária. Sobre a dinâmica binária hierárquica, a realidade se divide da seguinte forma: europeia – não europeia; capitalista – não capitalista; militar – desmilitarizada; cristã – pagã; patriarcal – matriarcal; heterossexual – devassos. Essa perspectiva é universalizada na colonialidade.[119]

Na violência hierárquica, o povo europeu é superior ao não europeu, o masculino ao feminino e o patriarcado judeu-cristão às outras formas de relações de gênero.[120] A violência hierárquica sexual dá privilégios e superioridade à heterossexualidade e sodomiza a homossexualidade. Importante lembrar que a maioria dos povos indígenas na Ameríndia não considerava a relação sexual entre homens uma patologia de comportamento.[121]

Na violência hierárquica espiritual ocorre a imposição da cristandade sobre as tradições religiosas nativas na primeira etapa, através da Igreja Católica e, depois, por outras correntes cristãs protestantes, evangélicas e pentecostais. Vainfas parece reconhecer isso quando observa que:

> No olhar dos colonizadores, a idolatria, como o diabo, estaria em toda parte: nos sacrifícios humanos, nas práticas antropofágicas, no culto de estátuas, na

---

[117] CLASTRES, *A sociedade contra o Estado*, p. 223-224.

[118] GALEANO, *As veias abertas da América Latina*, p. 34-35.

[119] Cf. QUIJANO, *Colonialidade do poder, eurocentrismo e América Latina*, p. 116; MIGNOLO, *A colonialidade de cabo a rabo: o hemisfério ocidental no horizonte conceitual da modernidade; perspectivas latino-americanas*, p. 33.

[120] SPIVAK, *Pode o subalterno falar?*, p. 110.

[121] TREVISAN, *Devassos no Paraíso: a homossexualidade no Brasil, da colônia à atualidade*, p. 58.

divinização de rochas ou fenômenos naturais, no canto, na dança, na música... Os missionários e eclesiásticos, em geral, em quase tudo veriam a idolatria diabólica, pois estavam habituados a conviver no seu universo cultural.[122]

A violência hierárquica epistemológica ocidental exclui e desqualifica as cosmologias e epistemologias dos povos indígenas. Ela se impõe institucionalizando o cartesianismo e a metafísica, criando um sistema universitário globalizado. Desconsidera as etnopedagogias e os etnosaberes. Esses são inferiorizados ou vistos como mera superstição em relação às epistemologias ocidentais.[123]

A violência hierárquica também despreza as concepções ecológicas nativas que consideram a natureza como Pachamama. A concepção ocidental da natureza torna-a um mero meio para atingir os fins, inaugurando o processo de violência e destruição do mundo natural indígena. A terra pode ser possuída, vendida, explorada e dominada. Segundo Avendaño:

> A natureza não foi só domesticada, mas também transformada, manipulada, urbanizada, mercantilizada. Nada escapa dos circuitos do capital: a água, as florestas, os alimentos, a vida, os genes, a atmosfera. Os processos de destruição das bases naturais são tão agressivos que se está pondo em risco a própria existência da humanidade.[124]

A violência hierárquica instaurada na Ameríndia durante a colonização constrói seu domínio a partir dos centros urbanos, desprezando as formas tribais de vida, os laços de parentescos, as trocas solidárias. Os grandes centros urbanos se tornam o espaço de aglomerados humanos, onde prevalece a mercantilização da vida em todas as suas dimensões.[125]

As consequências concretas da violência para o modo de vida indígena são catastróficas. Analisaremos mais de perto dois grandes impactos que afetam principalmente os homens indígenas: o alcoolismo e o suicídio. O consumo de bebida alcoólica no processo de colonialidade de populações indígenas é feito principalmente pelo homem. A inserção do uso de bebidas alcoólicas nas comunidades

---

[122] VAINFAS, *A heresia dos índios*, 2010, p. 26.
[123] SANTOS; MENESES, *Epistemologias do Sul – Introdução*, p. 16.
[124] AVENDAÑO, *O desafio de retomar os mitos e reencantar o mundo a partir do Sumak Kawsay*, p. 26.
[125] RIBEIRO, *Os índios e a civilização*, p. 245.

indígenas, tanto pelo colonizador como pelas atuais formas de colonização, gera um processo de desestabilização e desestruturação sociocultural.[126]

O uso de bebidas fermentadas tradicionalmente pertence às culturas indígenas. Essas são fabricadas de muitas formas e a partir de diversos frutos da floresta. Essas bebidas fermentadas eram consumidas de forma tradicional ao longo dos períodos de festas, nas práticas rituais e de forma coletiva. Beber juntos possuía uma finalidade agregadora, expressão de hospitalidade de outros grupos, reforço de laços sociais e reciprocidade entre grupos.[127]

Por que a população masculina é mais afetada pelo consumo de álcool? Qual sua relação com o aumento de violência, principalmente contra as mulheres? Na maioria das culturas indígenas, é o homem que tem o papel público de interagir com as realidades externas, fazer alianças, caçar e guerrear. A mulher indígena assume o papel no âmbito da casa, do armazenar e plantio das sementes e do cuidado com os filhos. O uso de bebidas alcoólicas atinge os homens porque foram eles que tiveram os primeiros contatos com colonizadores, garimpeiros, migrantes, missionários e o comércio de produtos industrializados.[128]

Em muitos casos o uso de bebidas alcoólicas foi usado como estratégia colonial, no intento de aliciar os homens indígenas para o uso viciante do álcool. O consumo de bebida alcoólica por parte de homens indígenas causa dependência, sendo uma das doenças trazidas pela colonização, para a qual a medicina tradicional indígena não tem um remédio eficaz. O mecanismo de controle social exercido por pajés e caciques é relativizado ou destruído pelo uso descontrolado de álcool.

Segundo a Funasa, o alcoolismo está entre as enfermidades mais comuns nos grupos indígenas e atinge principalmente a população masculina. Segundo o mesmo documentário, o alcoolismo atinge a vida dos homens muito cedo. Desse modo, eles se tornam viciados e deixam de exercer os papéis atribuídos pela cultura à identidade masculina. Esse fato é uma expressão clara de imposição cultural de uma identidade masculina ocidentalizada que se tipifica como autoviolência.[129]

---

[126] QUILES, *Mansidão de fogo; aspectos etnopsicológicos do comportamento alcoólico entre os Bororo*, p. 166-179.

[127] HEATH, *Borrachera indígena. Cambio de concepciones*, p. 171-185.

[128] COLOMA, *Processo de alcoolização no contexto das nações indígenas*, p. 127-148.

[129] FUNDAÇÃO NACIONAL DE SAÚDE, *Política nacional de atenção à saúde dos povos indígenas*, p. 33.

O uso do álcool feito por homens indígenas, sem nenhum tipo de controle social, exerce um poder destrutivo não somente na saúde e na vida desse indivíduo, mas em sua dignidade, valor e convivência comunitária.

Outro dado importante sobre o consumo de álcool por parte de homens indígenas é o aumento da violência contra a mulher indígena. É evidente que para cada grupo indígena é necessário um estudo particular sobre a questão da violência de gênero. Contudo, devido ao fato de o homem na maioria dos casos ocupar um lugar de privilégio e prestígio, o uso da violência contra mulheres é comum, em razão de uma série de questões ligadas à vida privada da casa. Com o uso do álcool ocorre um aumento da violência contra mulheres, que assumiu contornos diferenciados no contexto atual.[130]

Segundo os dados da OMS, o suicídio é responsável por vinte e quatro mortes por dia no Brasil. No âmbito mundial são três mil casos de morte por dia e sessenta mil tentativas. Registra-se também que o suicídio é a terceira causa de morte de jovens entre quinze e trinta e cinco anos, número que preocupa as instituições de saúde e seus profissionais. Segundo a mesma fonte, o número de suicídio tem crescido sessenta por cento nos últimos quarenta e cinco anos.

Os aspectos relacionados como fatores que predispõem e precipitam comportamentos suicidas são variados e inter-relacionados. Os mais citados nas fontes especializadas no fenômeno são: constituição genética, fatores demográficos (idade, sexo e situação conjugal), fatores culturais, fatores nosológicos (doenças mentais e físicas crônicas, incuráveis e causadoras de grande sofrimento), fatores psicológicos (perdas afetivas ou materiais, reais ou simbólicas), fatores sociais e ambientais (isolamento social, condições de vida extremamente adversas e importantes perdas materiais).[131]

No contexto indígena a problemática do suicídio tem crescido principalmente nas regiões norte e centro-sul (Alto Rio Negro e Mato Grosso do Sul). Na região amazônica, houve um crescimento de morte por causa de suicídio principalmente nos municípios de Tabatinga, São Gabriel da Cachoeira e Santa Isabel do Rio Negro. Segundo Souza e Orellana, em pesquisa elaborada de 2002-2007,

---

[130] LANGDON, *O que beber, como beber e quando beber: o contexto sociocultural no alcoolismo entre as populações indígenas*, p. 87.

[131] DURKHEIM, *O suicídio, estudo sociológico*, p. 77.

A taxa bruta de mortalidade por suicídio foi 16,8 por 100.000 habitantes (masc., 26,6; fem., 6,3). As taxas mais elevadas foram observadas nas faixas etárias 15-24 e 25-34 anos, com TBMS 43,1 e 30,2 por 100.000 habitantes, respectivamente. A maioria dos suicídios ocorreu entre indígenas (97,7%) do sexo masculino (81,8%) e solteiros (70,5%). Os óbitos ocorreram em sua maioria em casa (86,4%), no final de semana (59,1%) e principalmente por enforcamento (97,7%).[132]

Esse fenômeno ocorre principalmente no contexto urbano, acontecendo em menor proporção no âmbito rural. As maiores proporções de casos estão na faixa etária de homens jovens entre quinze e vinte nove anos. Em muitos casos, são jovens indígenas que vieram para o âmbito urbano para estudar ou pelo atrativo da vida na cidade. "Destaca-se, de forma preocupante, a região norte, onde os suicídios passaram de 390 para 693: aumento de 77,7%. Amazonas, Roraima, Acre e Tocantins duplicam – aproximadamente – seus quantitativos."[133]

O suicídio no contexto indígena ocorre por diversos fatores e pelo agravamento de realidades que atingem diretamente homens jovens e solteiros. Um dos fatores importantes é o consumo de bebidas alcoólicas. Outros fatores são resultado do processo histórico vivido por essas populações, como a falta de respeito aos seus direitos humanos fundamentais, que agrava essa situação. Dentre outros, podemos citar, a desapropriação de suas terras e recursos naturais.[134]

A perda do território é como a perda do vínculo sagrado com a terra, gerando uma desestruturação tanto cultural como psicológica. A invasão de terras indígenas por parte do agronegócio, madeireiros, sojeiros e migrações, expulsa os indígenas de seu hábitat para os centros urbanos. Nesse processo, ocorre um distanciamento de suas raízes culturais e destruição do seu modo de viver.

O suicídio, para muitos homens jovens, ocorre nesse contexto de crise existencial na escolha entre culturas. É necessário escolher entre seguir as tradições indígenas ou fugir para os grandes centros urbanos e ser absorvido pela sociedade de mercado competitivo. No contexto urbano, para onde são forçados a migrar,

---

[132] SOUZA; ORELLANA, *Suicide mortality in São Gabriel da Cachoeira, a predominantly indigenous Brazilian municipality*, p. 29.
[133] WAISELFISZ, *Os jovens do Brasil*, p. 98.
[134] LANGDON, *O que beber, como beber e quando beber: o contexto sociocultural no alcoolismo entre as populações indígenas*, p. 120.

normalmente vivem nas periferias das cidades, onde se tornam presas fáceis do alcoolismo, da pobreza, da violência e da discriminação, por serem indígenas. Sem oportunidade de trabalho e de representação política legítima e eficaz, essas populações, e principalmente as masculinas juvenis, vivem sem esperança e sem perspectiva de melhoramento.

Nessa análise dos impactos da violência colonial sobre os povos tradicionais da Amazônia, voltaremos nossa atenção para as populações mestiças e híbridas. Ao longo da história da pós-colonização da Amazônia, a violência sempre esteve presente. A violência estrutural se destaca como uma característica dos processos de transformação sociais dessa realidade. Primeiramente, queremos destacar a violência estrutural do Estado, principalmente na sua versão militar ditatorial, que foi a que mais atingiu a Amazônia pós-colonial. Sua base ideológica vai beber de fontes patriarcais violentas das perspectivas militares.

Concretamente, essa violência estrutural se manifesta, primeiro, na repressão militar por parte de governos militares, que impuseram sobre a Amazônia e suas populações um certo modelo de desenvolvimento. Segundo, nas disputas guerrilheiras, no poder das milícias, dos pistoleiros pagos para assassinatos de lideranças políticas populares. E, em terceiro lugar, nas suas expressões patrimonialista e coronelista.

Sob a perspectiva das teorias pós-coloniais e subalternas, nossa atenção se volta nesta etapa de nosso estudo para os grupos tradicionais da Amazônia, que expressam a cultura mestiça e híbrida. Esses grupos, além dos povos indígenas, são constituídos por populações diversificadas, com aspectos culturais próprios, mas com uma história de opressão e exploração única.[135]

Os termos usados para denominá-los expressam de modo geral, primeiramente, o imaginário colonizador, e, em segundo lugar, a reformulação de seu significado para o próprio indivíduo dentro desses grupos. Eles são chamados de caboclos, ribeirinhos, pescadores artesanais, seringueiros, colonos extrativistas

---

[135] Homi Bhabha chama a atenção para o fato de que a construção colonial do conhecimento é feita através de processos que envolveram ambos: os colonizadores e também os colonizados. Ele identifica atitudes típicas dos colonizados para manter seu próprio poder de agir dentro de uma estrutura colonial, reproduzindo o sistema colonial, enquanto eles próprios mudam e resistem a ele. Subordinados, para Bhabha, podem ser descritos, portanto, como sujeitos de sua própria dominação e resistência. Cf. BHABHA, *O local da cultura*, p. 15-17; HALL, Stuart, *A identidade cultural na pós-modernidade*, p. 25.

de vários produtos, negros quilombolas. Seu hábitat próprio são as matas, assim como o beiradão dos grandes rios e as proximidades das grandes estradas perimetrais da Amazônia.

De que modo o patriarcalismo militar da época da ditadura é uma das causas importantes da violência na Amazônia? Primeiramente, as populações tradicionais da Amazônia habitavam as terras dessa região sem títulos de propriedade, pois era raro quem os possuíam. A maioria das terras habitadas pelas populações tradicionais da Amazônia eram públicas. O projeto neocolonizador da Amazônia que se inicia nos fins dos anos 60 e se estabelece nas décadas de 70 e 80, tem como objetivo atrair grandes investimentos nacionais e internacionais.[136]

O Estado se tornou o grande protagonista desse processo de mudança. O governo militar, dentro de uma lógica do lucro, pretendeu substituir as atividades tradicionais das populações da região pelo processo de industrialização, exploração de minérios e projetos agrícolas. As formas de viver das comunidades tradicionais da Amazônia se tornaram obsoletas ou foram consideradas primitivas.

O projeto patriarcal militar transforma a natureza amazônica em objeto de compra e venda, atribuindo à terra uma concepção completamente contrária àquela dos povos tradicionais – terra como doadora de vida. O Estado militar, nesse contexto, privilegia o capital, a ideologia do desenvolvimento de mercado, excluindo as populações locais de manter seu estilo de vida e os direitos à terra e ao trabalho. Há um processo gradual e violento de transferência de terras públicas para grupos econômicos tanto nacionais como internacionais.[137]

Essa imposição de um processo de transformação, a partir de uma visão incompatível e inadequada das populações tradicionais, passa a ser geradora de conflitos e violência. Diante disso, ocorre um processo migratório para os centros urbanos, devido ao domínio de grandes extensões de terras por parte dos projetos agropecuários. Os grandes projetos de estradas, hidrelétricas, mineradoras e polo industrial se tornam um processo galopante de destruição, não somente do estilo

---

[136] BECKER, Bertha K., Geopolítica da Amazônia, *Estudos Avançados*, São Paulo, 19 (53), p. 73-74, 2005.

[137] Idem, O uso político do território: questões a partir de uma visão do terceiro mundo. In: BECKER, Bertha K.; HAESBAERT, Rogério; SILVEIRA, C. (org.), *Abordagens políticas da espacialidade*, Rio de Janeiro, UFRJ, 1983, p. 1-21.

de vida e saberes tradicionais, mas também de expulsão de grande número de populações para as periferias das cidades da Amazônia.[138]

A violência no campo e os conflitos de terra continuam a minar muitas vidas na região amazônica. No contexto atual, a violência se torna urbana e reflete tanto os problemas de um processo migratório forçado como os problemas crescentes da economia de mercado e a carência de políticas públicas. Esses fenômenos geram um ápice de marginalização e empobrecimento das populações tradicionais. Nas periferias das cidades amazônicas, onde se concentra o maior número de populações tradicionais, predomina uma cultura da violência, assumida principalmente por homens jovens. Bentes descreve essa realidade da seguinte forma:

> Quanto ao perfil da população envolvida nos crimes, dados de 2000 demonstram que os homens são os mais implicados nesse tipo de ação, correspondendo a 94,35% dos presidiários, principalmente os mais jovens, entre 18 a 21 anos (35,59%), seguidos dos que estão entre 22 e 29 anos (28,39%), e 30 e 39 anos (23,45%).[139]

Nesse contexto a violência masculina patriarcal assumiu outras características. A violência se torna delinquência e crimes sem fins ideológicos, e se articula com o mercado neoliberal de maneira indireta. A violência estrutural, nesse sentido, não é uma luta por poder político, mas por benefícios particulares e de organizações particulares do crime. Essa forma de violência estrutural compromete seriamente a paz, a governabilidade e a segurança pública. Esta se coliga com uma rede vasta que inclui diferentes formas de violência estrutural: tráfico humano, de drogas e de armas.[140]

São vários os fatores que contribuem para o aumento da violência que atinge principalmente homens jovens das periferias das cidades, apontamos apenas alguns. Primeiramente, a disponibilidade da aquisição de armas de fogo. Padrões culturais de masculinidade violenta demonstram que o imaginário de homens fortes e autoritários incentiva o uso de armas. Nesses contextos há facilidade de

---

[138] MORAES, Rosangela Dutra, *Prazer-sofrimento no trabalho com automação*, Manaus, EDUA, 2010, p. 71.

[139] BENTES, *Manaus: realidade e contrastes sociais*, p. 170.

[140] SAPORI; WANDERLEY, *A relação entre desemprego e violência na sociedade brasileira: entre o mito e a realidade*, p. 31.

acesso a armas de fogo e traficantes de drogas fazem uso de armamentos pesados e em grande quantidade, para defesa de seus territórios.

> Consolida-se, durante a década de 1990, um processo de desconcentração econômica que origina a emergência de novos polos, que atraem investimentos, trabalho e migrações. Somado a esse processo, as deficiências e insuficiências do aparelho do Estado e da Segurança Pública contribuem para a atração da criminalidade e da violência nesses novos polos.[141]

Um fator agravante são os espaços vazios da presença do Estado e as estruturas de segurança. O Estado, com seu aparato policial, não possui um monopólio legítimo de uso de força e não consegue impor-se dentro desses impérios sem lei. Nesse vazio surgem novas estruturas de violência associadas aos narcotráficos, organizações paramilitares, as galeras, grupos armados, onde é predominante o masculino violento.

O crescimento econômico nem sempre atinge todas as camadas sociais. O empobrecimento e a desigualdade econômica, combinados com outros fatores sociais e culturais, podem ser considerados fatores geradores de violência, que atinge principalmente a masculinidade. O padrão econômico da masculinidade hegemônica faz nascer um abismo entre o que se aspira como qualidade de vida e a impossibilidade de sair da situação de pobreza econômica. Para muitos homens jovens, as expectativas e padrões da masculinidade hegemônica capitalista são confrontados com a incapacidade de satisfação pelas vias das regras sociais. Essa frustração desencadeia processos de violência que se concretizam na prática do roubo ou do tráfico de droga para satisfação dos desejos do mercado capitalista.

Cada contexto sociocultural irá expressar bases e peculiaridades da violência masculina direta. Esta se manifesta nas ações violentas de indivíduos em relação a outros e contra si mesmo, ou seja, violência contra a mulher, estupro, violência contra outras formas de masculinidades, suicídio. É também a autoviolência que leva homens, principalmente mais jovens, a uma vida de risco, que consequentemente leva a uma série de acidentes e ao descaso pela saúde.[142]

Essas expressões da violência masculina estão mais presentes no contexto urbano. Apesar de violência não ser sinônimo de pobreza, porque ela também está

---

[141] WAISELFISZ, *Mapa da violência, juventude viva. Morte matada por armas de fogo*, p. 55.
[142] BENTES, *Manaus: realidade e contrastes sociais*, p. 134-163.

presente nas diversas classes econômicas, pode-se afirmar que a pobreza econômica pode ser um dos fatores que causam a violência.

No caso do contexto urbano de Manaus, verifica-se que um dos fatores geradores de violência são os processos migratórios, desencadeados principalmente nos ciclos da borracha, na construção do polo industrial.

> Assim, em busca de dias melhores, os trabalhadores do campo largam suas terras, plantações e outros tipos de atividades econômicas predominantes rurais, muitas vezes por não receberem incentivos do Estado nem valorização no mercado dos frutos de seu trabalho, além de outras dificuldades, como o escoamento da pequena produção.[143]

A maioria dessa população reside nos setores marginalizados das cidades. Esse desenraizamento cultural e social leva os indivíduos à perda dos vínculos com suas tradições de base. Aspectos da formação da identidade tradicional são substituídos por hábitos e valores urbanos baseados na competividade, individualismo e agressividade.

Homens com perfil violento normalmente estão associados ao uso de álcool e outras drogas. Nesse sentido, tanto a cultura masculina nordestina como os indígenas estiveram sempre ameaçados pelo uso descontrolado de bebida alcoólica. Os anos de opressão histórica dos povos tradicionais da Amazônia contribuem para a formação de homens com uma baixa autoestima, que também pode ser geradora de violência masculina. Outro fator é a experiência de maus-tratos, abandono dos pais ou falta da presença e carinho de familiares. Muitos homens experimentam e vivenciam situações de violência contra a própria mãe, estupro infantil e outros traumas.[144]

A masculinidade hegemônica prevalece na maioria dos sistemas culturais patriarcais, o homem vive em um constante temor de ser humilhado pelos demais, de perder o prestígio. Nesses contextos homens são socializados a reprimir suas emoções, sendo, porém, estimulados a se tornarem agressivos, como expressão masculina de sentimentos. A frustração, diante desses padrões de masculinidade, gera a falta de autocuidado, atitudes destrutivas e autodestrutivas.

---

[143] Ibidem, p. 51.
[144] Ibidem, p. 143.

1.7 O aprendizado violento da masculinidade hegemônica

Parafraseando a famosa máxima de S. Beauvoir, "não se nasce mulher, torna-se",[145] poderíamos dizer também que não se nasce homem, torna-se. Meninos e meninas nascem em contextos culturais onde há um processo explícito ou implícito do que significa ser homem ou ser mulher. Nesse sentido, a enculturação é parte do aprendizado subjetivo que cada menino deve fazer da masculinidade já padronizada em seu contexto. Segundo Miranda, enculturação "é o processo pelo qual uma pessoa é introduzida à sua cultura, processo que não se restringe às crianças, mas atinge os adultos, sempre assimilando características fundamentais de sua identidade cultural".[146]

Rituais fazem parte da história desde os primórdios. Estes são recursos culturais usados para enfrentar as situações caóticas que a vida humana e a realidade natural apresentam. Os ritos e mitos oferecem uma explicação sobre as origens e preparam para enfrentar as etapas da vida. Os ritos de passagem ou iniciação são ações simbólicas conscientes ou não, organizadas criteriosamente ou sem nenhum esquema propriamente definido, que marcam a mudança social ou o status do iniciado. Rituais de passagem são cerimônias celebradas em momentos que delimitam tempos e etapas da vida de um indivíduo, dentro de uma sociedade ou grupo. Elas são ritualizadas em nascimentos, na menarca e em outras etapas da vida, como envelhecimento, casamento e até a morte.[147]

Ao descrever os ritos de passagem, Gennep aponta para três características gerais. A primeira ele nomeia como separação ou ritos preliminares, em que os candidatos à iniciação são separados do grupo ou do âmbito familiar. A segunda é chamada de liminares (margem), que é considerada um espaço provisório (limiar), intermediário entre uma etapa e outra. Por último, pós-liminares (agregação), quando o iniciado deixa seu espaço de iniciação para ser reinserido na sociedade como alguém totalmente transformado.[148]

Os rituais de iniciação, normalmente, ocorrem, na maioria das culturas, na etapa de transição da infância para a adolescência e a maturidade. O período de iniciação para muitas culturas tradicionais é de suma importância. É o momento

---

[145] BEAUVOIR, *Segundo sexo*, p. 51.
[146] MIRANDA, *Inculturação da fé*, p. 37.
[147] ELIADE, *O sagrado e o profano: a essência das religiões*, p. 89.
[148] GENNEP, *Os ritos de passagem*, p. 30.

para um aprendizado intenso das artes e das atividades básicas para a vida da família e da sociedade como um todo. A passagem para a maturidade exige não somente o aprendizado de habilidades práticas da vida social e cultural, mas tem como objetivo engendrar no indivíduo masculino elementos do caráter e da personalidade, que incluem tanto os aspectos emotivos e afetivos como também a vida sexual.[149]

A iniciação masculina é, para o adolescente ou o jovem, uma etapa importante de seu desenvolvimento humano e social. É nesse momento que ele deixa de ser criança protegida pela família, principalmente pela mãe, para se tornar adulto e autônomo, capaz de assumir seu próprio destino. A iniciação ocorre logo quando o indivíduo apresenta sinais tangíveis de mudança, principalmente no seu corpo. "Segue-se que a puberdade dos rapazes é fixada, pela opinião comum, por ocasião do nascimento da barba, dos pelos do púbis etc."[150]

Essas mudanças são observadas e experimentadas pelo próprio indivíduo e pela comunidade. Desse modo, passar pela iniciação é experimentar uma mudança na consciência de si mesmo e do mundo ao seu redor. Nesse período, há uma tomada de consciência, dos sentidos e significados, dos valores fundamentais, dos segredos. Apropriação do conjunto de crenças, um corpo mitológico que definirá suas crenças e vivência cotidiana.

Nos estágios arcaicos da cultura, a iniciação desempenha um papel capital na formação religiosa do homem, e, sobretudo, este consiste essencialmente numa mudança no regime ontológico do neófito. Ora, esse fato se torna importante para a compreensão do homem religioso: mostra-nos que o homem das sociedades primitivas não se considera "acabado" tal como se encontra no nível natural da existência. Para se tornar um homem propriamente dito, deve morrer para esta vida primeira (natural) e renascer para uma vida superior, que é ao mesmo tempo religiosa e cultural.[151]

Por isso, ao sair da iniciação, ele abandona concepções e modos de se comportar infantis e passa a pensar e agir de outra forma. Sua nova visão e compreensão o ajudarão a enfrentar as dificuldades da vida e o exercício de sua função na sociedade.

---

[149] Ibidem, p. 73.
[150] Ibidem, p. 73.
[151] ELIADE, *O sagrado e o profano: a essência das religiões*, p. 90.

De modo geral, a primeira compreensão que o menino tem de sua masculinidade está relacionada a seu pênis. Masculinidade é a descoberta de seu órgão genital, que o diferencia do sexo oposto. A identificação da masculinidade é reduzida ao dado biológico genital. A partir da compreensão sexual do ser humano se elaborou, ao longo dos séculos e na diversidade das culturas, um padrão de vida que define o modo de ser do homem na sociedade e no grupo.[152] Esses padrões se tornam modos de comportamento e valores definitivos e absolutos que se espera que um homem manifeste em sua vida. "Assim, conforme nascemos com pênis, somos etiquetados como homens e se nos atribui um padrão de vida, um modelo socialmente definido e aceito de comportamentos, valores e expectativas para sermos homens. É a masculinidade atribuída."[153]

Ser do sexo masculino significa ter alcançado determinados padrões e assumido determinados valores. Atingir o modelo de homem significa provar com atitudes, comportamento e, principalmente nas expressões da corporeidade, os padrões e as expectativas da sociedade de modo geral. Esse quadro de valores, comportamentos e corporeidade, aplicados à condição masculina, se torna um estereótipo, um modo de medir a hombridade ou virilidade do ser masculino.

> Nas situações mais difíceis da vida, exige-se dos homens que não demonstrem fraqueza, emotividade, sensibilidade (características atribuídas ao "feminino"), mas que reajam com frieza, dureza e firmeza. A negação dos sentimentos e os fracassos transformam-se em energia que os homens liberam através de atitudes violentas: contra si mesmos, contra a própria família (violência doméstica), no trânsito, nos esportes, em brigas por motivos aparentemente insignificantes.[154]

A "masculinidade hegemônica" é o modelo básico para apresentar a masculinidade em diversas culturas. Segundo Schultz, a masculinidade hegemônica se caracteriza a partir de alguns elementos ideais: heterossexualidade, casado, bem-sucedido profissionalmente, provedor, vitorioso, forte e firme, pouca expressão afetiva, nada que possa sugerir feminilidade, controle das emoções, ser agressivo quando necessário. Essas características podem ser reduzidas a dois aspectos:

---

[152] LAQUEUR, *Inventando o sexo: corpo e gênero dos gregos a Freud*, p. 23.
[153] ARCHILA; RAJO, Re-imaginando a masculinidade: caminhos diversos para a reflexão sobre a relação de gênero entre Bíblia, gênero e masculinidade, p. 17.
[154] MUSSKOPF; HERNÁNDEZ, *Homens e ratos!*, p. 12.

dualismo hierárquico (o homem é superior, está acima de) e dominação masculina (exercer domínio – o poder sobre).[155]

O dualismo tem seu berço de elaboração na metafísica e no discurso dualista da filosofia. Essa perspectiva vai gradualmente se infiltrando no modo geral de ver e analisar a realidade. Nessa concepção o mundo está organizado a partir da divisão de pares opostos, como, por exemplo, Deus e diabo, macho e fêmea, espírito e corpo. Há distinção, separação e oposição, a mente está separada do corpo, o espírito da matéria, o masculino do feminino, a cultura da natureza. A oposição ocorre principalmente pela hierarquização desses pares, elevando um e rebaixando o outro, inferiorizando a um e tornando o outro superior, divinizando um e demonizando o outro.[156]

No caso do dualismo hierárquico da masculinidade hegemônica, o homem é superior à mulher, onde nasce a hierarquia de gênero (mulher inferior – sexo frágil). Nessa estrutura hierárquica existe primeiramente uma compreensão masculinizada de Deus e o seu representante imediato, o homem. Vindo depois mulheres, crianças, animais e a natureza. Segundo Mazzarolo, "Gn 2,4b-25; neste relato, Deus faz primeiro o ser humano e depois o resto da criação. O ser humano, do sexo masculino, é formado primeiro e dele é tirada a mulher, para uma caracterização da submissão ao homem". Esse processo de hierarquização se dá também por razões biológicas, a valorização do "falos" que se torna símbolo de superioridade.[157] A perspectiva falocêntrica, ou seja, o poder do homem centralizado em seu pênis, vê a mulher como um homem inverso, com o pênis voltado para dentro ou com o pênis retirado.

Freud pensava que esse "pênis" fosse constitucionalmente o mesmo em jovens de ambos os sexos. É esse caráter central do pênis que faz da castração masculina uma ameaça básica, e a inveja do pênis no sexo feminino como característica de seu gênero.[158]

A superioridade em relação à mulher é afirmada pela supervalorização da racionalidade em relação à afetividade e à emotividade, que se designam como coisa de mulheres. Essa perspectiva se expressa nas várias formas de superioridade

---

[155] SCHULTZ, *Isto é o meu corpo. E é corpo de homem*, p. 189.
[156] AUDI, *The Cambridge Dictionary of Philosophy*, p. 244.
[157] MAZAROLLO, *A Bíblia em suas mãos*, p. 82.
[158] MONICK, *Castração e fúria masculina*, p. 47.

masculina, como o sexismo: o homem é superior à mulher; a visão falocêntrica: o pênis como símbolo do poder do homem sobre a mulheres; e a androcêntrica: o homem é o centro da estrutura cultural, política, social e religiosa.[159]

Outra característica importante da masculinidade hegemônica é seu poder de dominação. Para Bourdieu, o poder de dominação ocorre principalmente a partir da perspectiva simbólica, ou seja, o poder sobre a mulher e o mundo se impõe a partir de significações que se autojustificam e dão legitimidade às relações de gênero. Esse poder se apresenta na ordem natural, neutra, sem necessidade de se justificar.[160]

A dominação da masculinidade hegemônica sobre a mulher e a natureza é atributo imposto desde muito cedo aos homens pelo meio sociocultural e religioso. Na maioria das culturas, a masculinidade é mais desejada que a feminilidade. Ser homem ou ter um filho do sexo masculino é fonte de orgulho. A religião, a economia, a política atribuem os valores mais importantes ao homem, deixando, assim, os cargos de liderança e de provedor social a esse gênero. Na perspectiva dualista, as qualidades e atributos do feminino são desqualificados, reduzindo a mulher à esfera do privado, da casa, excluindo-a de participações plenas em cargos de liderança, na vida política e religiosa.

A partir dos estudos sobre as masculinidades, começa-se a compreender que "ser homem" é também "tornar-se homem". Passa-se a perceber que a masculinidade como construção humana se encarna não somente nas subjetividades de cada homem, mas também possui aspectos históricos e culturais diversificados. A análise crítica da masculinidade hegemônica faz perceber os aspectos opressivos e violentos dessa visão que atinge primeiramente mulheres, depois os próprios homens em seu modo de se relacionar com eles mesmos, com as outras masculinidades e com a terra.

A busca de aprovação a partir dos parâmetros da masculinidade hegemônica leva os homens a um processo constante de frustração, porque não é possível atingir os padrões impostos por essa visão de masculinidade. Aos homens é imposto um modelo estereotipado de masculinidade que atrofia aspectos importantes da vida humana, ou seja, eles devem ser aprovados pela insensibilidade, pelo ocultamento de emoções e sentimentos e desempenho sexual. A partir desses

---

[159] BOURDIEU, *A dominação masculina*, p. 24.
[160] Ibidem, p. 18.

padrões, homens são causadores de situações sociais caóticas de violência e de guerra, descuidam de sua própria saúde e da construção de relacionamentos saudáveis, consigo mesmo e com os outros.

Os estudos das masculinidades nos ajudam a compreender o que se chama hoje "a crise da masculinidade hegemônica".[161] Segundo essas teorias, não há um modelo hegemônico e único de masculinidade. Mas o que existe são masculinidades, modelos diversos de assumir a condição masculina que desafiam os modelos tradicionais. As masculinidades procuram uma nova elaboração da condição humana que respeite a subjetividade, os processos históricos e culturais. As novas masculinidades e as suas alternativas pretendem analisar criticamente e desmascarar as situações de opressão, violência e dominação de mulheres, dando espaço para o diálogo, a interação e construção de equidade e justiça nos vários âmbitos da vivência humana.[162]

Ao finalizarmos este capítulo, ficam as possibilidades, as aberturas, as questões para um possível debate e elaboração de uma teologia pastoral das masculinidades. Dentre outras questões pretendemos lidar com algumas mais específicas: O que torna as masculinidades uma temática passível de teologização? De que maneira a leitura bíblica, as noções dogmáticas, litúrgicas e pastorais influenciam nossa compreensão das masculinidades? Como essas compreensões podem se encarnar nas diversas formas de violência presente no contexto religioso e social de nossa realidade?

Nos próximos capítulos pretendemos abordar de forma crítica as concepções de Deus masculinizado na teologia cristã e buscar uma nova compreensão teológica das múltiplas masculinidades. As teologias críticas aplicadas à leitura da Sagrada Escritura e do dogma cristão podem nos dar uma nova perspectiva para as diferentes formas de masculinidade presentes na Igreja e na sociedade. Além disso, existe uma parte da dimensão masculina que precisa ser resgatada na releitura do Deus cristão revelado pelo Cristo, o Humano em Plenitude.

---

[161] BADINTER, *XY, on Masculine Identity*, p. 45.
[162] ARCHILA; RAJO, Re-imaginando a masculinidade: caminhos diversos para a reflexão sobre a relação de gênero entre Bíblia, gênero e masculinidade, p. 17-18.

CAPÍTULO II
O Deus de Jesus Cristo e as masculinidades

No capítulo anterior fizemos um sobrevoo sobre o contexto sociocultural, histórico e religioso da Amazônia, para dar relevância a algumas características próprias das masculinidades provenientes do mundo indígena, dos processos de hibridização e do mundo ocidental no colonialismo e neocolonialismo. O que constatamos é que, de modo geral, prevalece uma masculinidade hegemônica e violenta, que normalmente, com sua mão invisível, estrutura as relações sociais de homens com mulheres, de visões políticas, da organização econômica e até das epistemologias. Uma das causas da violência se encontra nessas estruturas.

No texto que segue, nosso objetivo é elaborar uma teologia antropológica pastoral das masculinidades. Primeiramente, usando de uma hermenêutica crítica, analisaremos os esquemas interpretativos patriarcais das representações e significados masculinizados de Deus e de Cristo. Para tanto, iremos discutir a passagem de uma compreensão teológica da masculinidade hegemônica-patriarcal-colonial para uma teologia das diversidades masculinas. A elaboração de uma teologia das masculinidades exige uma nova compreensão Trinitária de Deus e uma teologia renovada do Espírito da liberdade criativa e criadora das diversidades.

O segundo passo será reinterpretar, fazer releitura das representações e significados teológicos das masculinidades, a partir da perspectiva trinitária e da kénosis de Jesus. Nossa tarefa, nesta etapa, é elaborar uma hermenêutica crítica da masculinidade encarnacional de Jesus Cristo, sua representação e o significado de Deus como "Abbá" e do seu caminho kenótico, aspectos fundamentais para a libertação e vivência cristã das masculinidades.

A releitura de aspectos bíblicos e teológicos da compreensão do ser humano, como imagem e semelhança de Deus, tem como objetivo elaborar uma antropologia bíblica que seja a base para a vivência das expressões plurais de masculinidade e nos mostre caminhos para a igualdade e justiça de gênero. Concluindo esta etapa, focaremos na relação entre corporeidade e sexualidade, como parte da teologia das masculinidades. Nesta parte final, aponta-se para a questão do pecado estrutural do patriarcalismo como gerador de violência e morte das masculinidades encarnadas em pessoas e grupos diversos.

2.1 Masculinidades no contexto teológico

A coexistência da masculinidade hegemônica, com outras expressões do "ser homem", abre a possibilidade de reconhecimento de modos diversos de vivência masculina. Na atualidade, tanto no âmbito das culturas como no sentido dinâmico das masculinidades, criam-se espaços para novas relações de equidade e autodesenvolvimento.

As masculinidades, na sua complexidade, estão relacionadas com dimensões culturais, sociais, políticas, econômicas e religiosas. Muitos homens não são reconhecidos como tais, devido à categorização social. Há uma hierarquização simbólica que utiliza critérios de classe, cor da pele, orientação sexual que determina o que é "ser homem".[1] Homens na diversidade de expressões de masculinidades podem até ser discriminados e sofrer preconceito, dentro do contexto eclesial, porque não assumem padrões associados a uma masculinidade hegemônica social e religiosa.

> Todo ser humano é mais ou menos marcado por sua educação e pelo meio no qual vive. Evidentemente, os católicos não escapam dessa constatação. Ora, em seus discurso e teologia, o Magistério católico sempre condenou, sem ambiguidade, os atos homossexuais, condenação da qual trataremos mais adiante. É, pois, algo praticamente lógico que a maioria dos católicos homossexuais que procuram viver na Igreja experimente uma desesperança, uma vergonha, uma culpa que os marca profundamente.[2]

Os estudos das masculinidades reconhecem que a experiência de ser homem não é igual para todos. Homens experimentam sua masculinidade de diferentes maneiras, em diferentes etapas de suas vidas e dentro de seus contextos sociais

---

[1] GOMES, *Sexualidade masculina e saúde do homem: proposta para uma discussão*, p. 825-829.

[2] BESSON, *Homossexuais católicos, como sair do impasse*, p. 41.

e culturais. Faz-se necessário discutir mais profundamente, no âmbito teológico pastoral, a questão da diversidade de expressões masculinas.

> Recriar relações, recriar corpos e textos "cotidianos" de homens, fazem-se tarefa permanente e contínua, que possibilite construir um novo imaginário de masculinidades, uma nova ordem simbólica, cuja coerência seja a prática cotidiana justa e inclusiva de toda a humanidade.[3]

Na perspectiva dos estudos das masculinidades, no contexto latino-americano, percebem-se contradições de poder, presentes no âmbito das diversidades de expressões das masculinidades. Sob a ótica dos comportamentos sexuais, devido à epidemia da AIDS e doenças sexualmente transmissíveis, as pesquisas sobre as masculinidades são estudadas de modo mais profundo. Nesse âmbito também se estuda e se discute a orientação sexual, as várias formas de violência masculina e a saúde dos homens.[4]

Na atualidade, o estudo das masculinidades muda de enfoque, deslocando-se dos problemas causados pelos homens para as possibilidades de prevenção e reinvenção das vivências masculinas. Homens e suas várias expressões de masculinidades podem ser sujeitos de transformação pessoal e social que promova convivência humana das diversidades. Nosso estudo sobre masculinidades se debruça principalmente na elaboração de modos diversos de convivência humana – de vivência das masculinidades no plural.[5]

Na busca dessa meta, podemos nos perguntar como uma teologia das masculinidades pode contribuir no enfrentamento das grandes questões do tempo, como a violência, o preconceito e a discriminação, em suas diversas formas, a crise ecológica e o pluralismo cultural e religioso. Estas e outras questões tornam a temática das masculinidades relevante para a teologia contemporânea.

Para teologizar masculinidades, importa perguntar se uma visão dominante e opressiva de masculinidade condiciona e influencia nosso modo de fazer teologia, de ser cristãos, e de viver relacionamentos humanos e comunitários.

---

[3] TONINI, *O sonho de José e o sonho de novas masculinidades*, p. 67.
[4] Cf. GOMES, Romeu (org.), Saúde do homem em debate; GUTMANN, Matthew (ed.), *Changing men and masculinities in Latin America*; KIMMEL, *A produção simultânea de masculinidades hegemônicas e subalternas*.
[5] SCHPUN, Masculinidades; NOLASCO, *A desconstrução do masculino*.

De que maneira uma teologia fundada na perspectiva patriarcal[6] pode promover e legitimar ações, relações e estruturas religiosas violentas?

O cristianismo como sistema religioso, assim como sua elaboração teológica, sofre influência de uma perspectiva universal ou genérica do masculino. Sua linguagem, símbolos e estruturas sociorreligiosas foram marcados pela compreensão patriarcal. A ausência de uma análise crítica, principalmente da masculinidade, reforçou a noção de que Deus é masculino.[7]

Masculinidade hegemônica religiosa se torna normativa, ou seja, um modo de ser generalizado do humano. Uma categoria que está imune à análise crítica e de desconstrução. Nosso desafio de elaboração de uma teologia das masculinidades é compreender que uma fé autenticamente cristã pode desbravar um caminho de vivência da pluralidade humana, que seja alternativa à masculinidade hegemônica violenta. A fé cristã sempre nos aponta para o grande mistério, escondido na natureza humana, da transcendência de Deus.[8]

Masculinidades, hoje, são parte de um mundo de pluralismos e diversidades. As masculinidades estão relacionadas com várias categorias sociais como raça, classe social, sexualidade e etnicidade. Nesses âmbitos, as masculinidades são defendidas, contestadas, reimaginadas pelas perspectivas cristãs. É nesse contexto que a teologia cristã precisa ler e discernir os sinais dos tempos, como parte de ser esperança em meio à angústia da humanidade. "A fé, com efeito, esclarece todas as coisas com luz nova. Manifesta o plano divino sobre a vocação integral do homem. E por isso orienta para soluções plenamente humanas."[9]

---

[6] Patriarcado significa primeiramente patrilinearidade. Logo, deve nascer um filho como "primogênito". Muitas filhas são vistas como desgraça porque o dote (*dowry*) pode lançar a família na pobreza. A consequência é o abortamento ou a matança de crianças do sexo feminino em culturas patriarcais. Patriarcado significa, ademais, que o filho mais velho deve cuidar do culto dos antepassados e é responsável pelo pacto das gerações. MOLTMANN, *Experiências de reflexão teológica*, p. 233.

[7] O sistema patriarcal pretende apresentar um modelo homogêneo do pai, como parte essencial da construção hegemônica da dominação do varão sobre a mulher. Imagem que inclui papéis, competências, hábitos, valores, formas de pensar e, inclusive, formas institucionais como leis ou normas. Construção que o sistema patriarcal faz em oposição às imagens femininas-maternas. Uma oposição que vai servir de base para a dominação patriarcal e para todas as alienações que brotam dela, ao considerar as imagens paternas como as mais importantes. ARCHILA, Meu pai e pai de vocês, Meu Deus e Deus de vocês, p. 91-92.

[8] Ibidem, p. 96.

[9] GS 11.

Uma das questões-chave que as masculinidades trazem para o fórum de debates teológicos é a figura de Jesus Cristo e a imagem masculinizada de Deus. Primeiramente, o foco se volta para a figura de Jesus Cristo que, como Filho de Deus (tanto o histórico como o querigmático), se encarna homem, revestido de uma masculinidade. A questão central é como textos, imagens, símbolos e doutrinas relacionados à masculinidade de Jesus servem de base para a construção da sua identidade masculina. Pondera-se de que modo eles podem ser usados para excluir, marginalizar e discriminar certas expressões de masculinidade. Ou, ao contrário, como podem ser uma fonte de cura e reconciliação em um mundo onde as diversidades ainda não são vistas como parte da complexidade criadora de Deus. Segundo Johnson, o problema não é que Jesus tenha se encarnado homem, mas sim o modo como sua masculinidade foi elaborada na linguagem teológica e na prática pastoral da Igreja.[10]

Outro aspecto importante é a imagem masculina e patriarcal de Deus. Diante do pluralismo de expressões da masculinidade, o melhor modelo de compreensão de Deus é o trinitário. Sob o espectro trinitário, procuramos compreender as masculinidades como parte do plano de Deus, porque nos criou com a possibilidade de diversidade cultural, religiosa, histórica e humana. Deus, criador de tudo e de todos, está presente em cada ser e é, ao mesmo tempo, totalmente transcendente. Em sua imanência habita e está ativo na pluralidade de expressões humanas, e, desse modo, nas masculinidades. Masculinidades podem então ser compreendidas como expressão da abertura humana para Deus ou os vários modos como Deus se manifesta na diversidade humana. Seu projeto misterioso se encarna, pela ação do Espírito, nos limites das vivências humanas para transcendê-las.[11]

Para a fé cristã, o Deus trinitário está presente em todas as culturas, religiões e histórias de cada ser humano. A graça foi derramada sobre todas as criaturas, culturas e experiências religiosas. "O mundo está em Deus porque, ao criar no Espírito Santo, o Criador imprimiu a marca de si mesmo em todas as coisas, de tal forma que, no mais profundo dos seres, o ser é marcado pelo dinamismo trinitário e, de algum modo, vive desse mesmo dinamismo."[12]

---

[10] JOHNSON, *The maleness of Christ*, p. 307.
[11] RAHNER, *Curso fundamental da fé: introdução ao conceito de cristianismo*, p. 31-32.
[12] FORTE, *A Trindade como história*, p. 218.

A sua manifestação está nas expressões concretas de anseio por comunhão e vida em plenitude – comunhão plena com Deus e com as suas criaturas. No derramamento pentecostal do Espírito, Deus fala todas as línguas e todos podem ouvir sua Palavra na realidade e contexto de vida em que se encontram. É o Espírito que nos livra de absolutismos e padrões de vida que nos fecham para uma solidariedade universal da humanidade, para o respeito e acolhimento do outro-diferente. Sem acolhimento da diversidade e do pluralismo das expressões humanas, não se pode concretizar a comunhão trinitária.

A pluralidade de expressões da condição humana, seja no campo cultural, religioso e de masculinidades, tem sua razão de ser no próprio querer de Deus, que exige um aprendizado de coexistência e convivência humana das diversidades. Pluralidade de expressões humanas tem sua fonte no próprio mistério de Deus e de suas manifestações nas suas criaturas. O acolhimento da pluralidade masculina, vivida concretamente por homens nos diversos contextos da realidade, abre a possibilidade de refletir criticamente e buscar caminhos alternativos aos das imagens e representações monolíticas, patriarcais e violentas de Deus.

> No entanto, não podemos desconsiderar o fato de que as principais religiões que conhecemos hoje evoluíram sob a proteção da cultura patriarcal dominante. Seja qual for a origem e propósito delas, a influência e o condicionamento da validação patriarcal incidem pesadamente em todas as religiões. O mais perturbador é que as religiões herdaram em grande medida a violência que caracteriza o patriarcado desde as suas origens.[13]

A própria revelação de Deus em Jesus Cristo nos oferece a possibilidade da não absolutização de uma imagem de Deus. Nesse sentido, nos abrirmos para uma cristologia-trinitária, uma cristologia da corporeidade, em combinação com a teologia da kénosis de Deus. Queiruga o chama de "princípio amor", que é a marca fundamental do cristianismo. Amor salvador e libertador que se torna a base da teologia da aliança do povo de Deus.[14] Esses aspectos teológicos colocam em questão a masculinidade hegemônica de Deus e nos dão a base para dialogar com a pluralidade das expressões humanas presentes na condição masculina.

---

[13] O'MURCHU, *Graça ancestral*, p. 139-140.
[14] QUEIRUGA, *Do terror de Isaac ao Abbá de Jesus*, p. 110.

2.2 Masculinidades na perspectiva da teologia trinitária

Nesta etapa, nossa meta é fundamentar uma teologia pastoral das masculinidades para enfrentar a violência que atinge homens e mulheres no contexto atual. Para esse fim, procuraremos primeiramente colher os frutos da reflexão da antropologia teológica na ótica trinitária, para assentar uma base para compreender os aspectos bíblico-teológicos relacionados às masculinidades. Em seguida, aprofundar a compreensão do ser humano como imagem e semelhança de Deus. Depois, iremos discorrer sobre a dimensão da corporeidade e da sexualidade masculina, sendo esse um dos aspectos mais nevrálgicos do debate atual das masculinidades. No debate sobre o pecado estrutural da dominação, poder e violência masculina, principalmente no contexto latino-americano, vislumbramos uma antropologia teológica da libertação masculina.

De que maneira a perspectiva trinitária nos ajuda a compreender e aprofundar a reflexão antropológica sobre as masculinidades? Quais os pressupostos mais importantes para uma antropologia trinitária libertadora das masculinidades? Para responder essas questões, precisamos primeiramente ponderar sobre alguns aspectos relevantes da teologia trinitária que oferecem uma melhor visão do ser humano e das masculinidades.

A fé no Deus Uno e Trino tem uma relação direta com a compreensão da condição humana e os processos de transformação que nela ocorrem. A teologia cristã, a cristologia e a antropologia, giram em torno de uma afirmação particular de Deus. O Deus Uno e Trino é "mistério de amor relacional, dinâmico e tripessoal".[15] Do vasto conteúdo de reflexões sobre os atributos do Deus trinitário, queremos relevar os aspectos relacional (relacionalidade) e kenótico do mistério divino. Tal ênfase deve-se às implicações tanto cristólogicas como antropológicas, para uma compreensão da masculinidade de Jesus Cristo, no mistério da encarnação, como também para a vivência das "masculinidades redimidas".

A compreensão da verdade central sobre Deus, na teologia cristã, não deve ser reduzida à análise fria de verdades teológicas sem implicações imediatas com a vida concreta e os processos humanos. Relacionar o mistério trinitário com a antropologia tem a intenção de desencadear atitudes pastorais de conversão e cuidado da criação e da vida humana, principalmente no contexto

---

[15] JOHNSON, *She who is: the mistery of God in feminist theological discourse*, p. 275.

amazônico. Esse aspecto pretende se tornar a base de uma ética da relacionalidade que gere justiça nas relações de homens e mulheres, cuidado ecológico, solidariedade com todos e valorização da pluralidade de expressões individuais e culturais. Fundamentalmente, contribuir para uma visão do ser humano como pessoa relacional, que encontra sua plenitude no modo como constrói e reconstrói relacionamentos.[16]

O aspecto constitutivo das pessoas trinitárias é a sua relacionalidade. As pessoas se tornam pessoas nas relações mútuas. A relacionalidade é o que constitui a unicidade de cada pessoa, assim como sua particularidade. O mistério de amor no interno da dinâmica trinitária é o resultado de relacionamentos mútuos. A inteligibilidade de cada pessoa está no relacionamento de umas com as outras. Relacionamento é o que dá sentido ao seu ser. Nessa perspectiva, na Trindade não há uma visão monolítica do Pai ou de subordinação das pessoas do Filho e do Espírito Santo, nem padrão de relacionamentos hierárquicos. O que caracteriza a vida intratrinitária é a relacionalidade. "No centro do mistério sagrado não existe monarquia, mas comunidade; não um soberano absoluto, mas koinonia tríplice."[17]

A fé trinitária, como base para uma antropologia, uma compreensão do ser humano e especificamente das masculinidades, é um modo de afirmação do que é mais próprio de Deus – "Deus é amor". Essa é a verdade central da fé cristã que dá sentido e dinamiza a vida em todas as suas dimensões. O amor, na medida em que se torna relacionalidade, aponta para uma dimensão essencial de Deus, assim como se reflete de modo limitado na condição humana. Como experiência humana e reflexo de Deus na estrutura humana, a essência do amor é doação – dar algo ao outro é comunicação, dar-se a si mesmo no dom.

Outro aspecto importante da relacionalidade, no Deus Uno e Trino, é sua misericórdia. Na história da salvação, o Deus da misericórdia se torna concreto em nossa realidade de sofrimento, de pecado e de possibilidade de conversão. Deus, na sua misericórdia, se abre às suas criaturas para o diálogo e a solidariedade. Misericórdia, na dinâmica da relacionalidade, é acolhimento do outro, comunicando-se a si mesmo. Essa dinâmica permite ao ser humano encontrar no coração de Deus a felicidade e realização plena de sua condição.

---

[16] GRESHAKE, *Creer en el Dios uno y trino – uma clave para entendê-lo*, p. 39-50.

[17] JOHNSON, *She who is: the mistery of God in feminist theological discourse*, p. 309-10.

Como compreender a dinâmica da relacionalidade trinitária no mistério da pessoa de Jesus Cristo? Um dos aspectos mais importantes para compreender a relacionalidade no dinamismo trinitário é o de ser pessoa. Na perspectiva de Calcedônia, a unidade do Logos e do humano de Jesus se encontra em sua relação de Filho único do Pai. Ser pessoa, no processo de aprofundamento ocorrido na fenomenologia e no personalismo, compreende a pessoalidade como abertura e relacionalidade. Ser pessoa se constitui na existência que só se pode perceber, se compreender na abertura e relação com o outro. Existir como pessoa é existência acolhedora do outro. A identidade de ser pessoa se adquire na comunicação interpessoal e na doação de si mesmo ao outro.

O ser pessoa em Jesus Cristo, na dinâmica trinitária, é constituído de relacionalidade filial. Sua relacionalidade pessoal se expressa em duas dimensões importantes. A primeira com o Pai, que é captada na história humana como autodoação, escuta atenta da vontade do Pai. A segunda com a humanidade, abrindo as portas para a chegada do Reino de Deus como novas formas de relacionamentos fundamentados no serviço, na partilha e na justiça.

A partir desses pressupostos, podemos examinar o que significa ser pessoa humana trinitária? Quais as contribuições que a perspectiva da relacionalidade trinitária oferece para uma antropologia teológica da pluralidade masculina?

A dinâmica relacional aqui usada como ferramenta para adentrar o mistério do ser de Deus e o mistério do ser humano nos oferece alguns princípios importantes para buscar alternativas ao padrão da masculinidade hegemônica e violenta. O Deus trinitário não é um ego isolado de três pessoas, mas autodoação e comunicação. Como reflexo da Trindade, o ser humano se constitui, se define na relação com o outro, que é comunicação e comunhão. Na perspectiva trinitária, na relação entre as pessoas trinitárias, não há competição, desigualdade e luta pelo poder. Desse modo, ser pessoa na perspectiva trinitária é, fundamentalmente, libertar-se de um dos traços mais determinantes da masculinidade hegemônica violenta, ou seja, a competição e a dominação. Assumir-se pessoa é expurgar toda tentativa de padronizar a pluralidade a partir dos padrões patriarcais e do autoritarismo machista. Ser pessoa, então, significa descobrir-se singularidade e individualidade no "ser com" os outros, comunicando e se autodoando, existindo para os outros. Para Boff, a perspectiva trinitária é modelo de convivência social e Evangelho para os pobres.

Não estamos condenados a viver sós e isolados uns dos outros; somos vocacionados a conviver e a entrar na comunhão trinitária. A sociedade não está definitivamente perdida em suas relações injustas e desiguais, mas convocada a se transformar à luz das relações abertas e igualitárias que vigoram na comunhão trinitária, utopia realizada de todo caminhar histórico-social. Se a Trindade é Evangelho, então o é particularmente para os oprimidos e condenados à solidão.[18]

Adentrar no mistério relacional das pessoas trinitárias aponta para o modo de interação entre a dimensão social e individual da convivência humana. Tornar-se pessoa humana significa estabelecer relações sociais de convivência que privilegiem a reciprocidade, a mutualidade e a valorização da singularidade de cada um. Somente em comunhão podemos descobrir nossa verdadeira identidade de filhos e filhas de Deus.

Em Jesus Cristo, vislumbramos o verdadeiro significado de ser filhos do Abbá, ou seja, descobrir o rosto misericordioso de Deus que abraça a todos e nos indica o caminho da misericórdia. Além disso, a relação filial de Jesus com o Pai aponta para novas relações humanas, baseadas no acolhimento do outro como filho e filha de Deus, no diálogo do outro como intercâmbio das particularidades pessoais enriquecedoras da comunhão. Em Jesus Cristo, recebemos o ser de Deus em forma humana que nos leva a ser filhos e filhas do Pai e estar em comunidade com as pluralidades individuais de irmãos e irmãs.

Parte fundamental de uma teologia pastoral das masculinidades é o mistério da morte (kénosis) e ressurreição (poder transformador) de Jesus Cristo. A história da criação-encarnação-redenção pertence à revelação do Deus trinitário. Pelo sofrimento redentor de Jesus Cristo na sua encarnação, Deus partilha do mais profundo da condição humana, para que se possa finalmente redimir a humanidade e alcançar a plenitude da vida. A kénosis trinitária no sofrimento de Jesus Cristo na cruz expressa o que há de mais autêntico em Deus e na humanidade redimida por seu Filho, a possibilidade da libertação do poder de dominação para uma vivência na comunidade de amor. Dádiva do Cristo ressuscitado, o Espírito é dado aos discípulos e discípulas para viver na comunidade de amor, onde a relacionalidade trinitária gera igualdade total, reciprocidade e respeito pelas diferenças (At 2,42-47).

---

[18] BOFF, *Trindade e sociedade*, p. 196.

A compreensão de Deus como Pai-Todo-Poderoso precisa ser superada, para dar possibilidade a novas representações e significados teológicos para as masculinidades. Nessa busca, o Deus trinitário se autorrevela como amor por toda a sua criação, que, na encarnação, manifesta vulnerabilidade, humildade e fraqueza – a kénosis divina (Fl 2,5-11). Na perspectiva de Haught, é "na obediência, na crucifixão e na morte de Jesus, que a teologia hoje, mais do que nunca, discerne a imagem do humilde autoesvaziamento de Deus, a divina *kenosis*".[19] Como desbravar uma nova compreensão teológica das masculinidades, a partir da kénosis trinitária?

O sofrimento do Deus trinitário e a teologia da cruz constituem a estrutura para elaborar uma masculinidade kenótica – redimida pela cruz. Moltmann explora a importância de uma compreensão teológica do sofrimento em Deus para a experiência humana, quando afirma,

> Um homem que experimenta a impotência, um homem que sofre porque ama, um homem que pode morrer, é, portanto, um ser mais rico que um Deus onipotente, incapaz de sofrer e de amar, imortal. Por isso, para um homem consciente da riqueza de seu próprio ser em seu amor, sofrimento, protesto e liberdade, um Deus assim não lhe é um ser necessário e supremo, até porque se pode passar muito bem sem ele, é algo supérfluo.[20]

Nesse âmbito, a cruz de Jesus se torna o aspecto central para a relação de Deus com a humanidade masculina. É nesse ponto central que se apresenta um dos pontos mais complexos da inter-relação de Deus com as masculinidades. A sociedade de mercado dá pouca importância para a humildade, a vulnerabilidade e os limites da condição humana. De fato, o mercado hoje opera a partir da força, do poder, da fama, do corpo esteticamente esculpido em academias e dietas mirabolantes.[21] O discurso da vulnerabilidade humana e da humildade de Deus é uma concepção contrária tanto ao mercado como às formas comercializadas de religião. "A religião do mercado livre que identifica o divino com o sucesso e maximização do valor fortalece esses tipos de formação de relacionamento e subjetividade e o próprio Deus torna-se parte do mercado."[22]

---

[19] HAUGHT, *Cristianismo e ciência*, p. 67.
[20] MOLTMANN, *El Dios crucificado*, p. 312.
[21] BAUDRILLARD, *A sociedade de consumo*, p. 13
[22] MÍGUEZ; RIEGER, SUNG, *Para além do império*, p. 65.

Contudo, uma reinterpretação da relação entre Deus e a criação e o mistério da encarnação do Verbo nos confronta com o mistério da fraqueza e do limite da criação e do ser humano em Deus. A fraqueza e os limites da criação e do ser humano estão em Deus, e a fraqueza de Deus como relacionalidade e comunhão está no humano e na criação.[23] O poder de Deus (onipotência) é revelado na fraqueza e sua sabedoria na "loucura" – "Porque a loucura de Deus é mais sábia do que os homens; e a fraqueza de Deus é mais forte do que os homens" (1Cor 1,25). Deus (em Jesus Cristo) realiza sua obra de criação-redenção na fraqueza. Paulo rememora esse mistério da fraqueza de Deus na condição humana, quando afirma "Basta-te a minha graça, pois é na fraqueza que a força manifesta todo o seu poder... Pois quando sou fraco, então é que sou forte" (2Cor 12,9-10).[24]

Quando a compreensão de Deus está centrada no poder divino, normalmente há uma ênfase sobre o espetacular, o grandioso, o exibicionismo da força física e a dominação opressora que estão presentes nas representações masculinas do divino. As teologias colonizadoras do passado e do presente enfatizam a força bruta física e metafísica, que apela para os narcisismos doentios e violentos. Contudo, o poder de Deus providente e onipotente se revela na fraqueza da carne (*sarx*) da condição humana, assumida pelo próprio Logos de Deus (Jo 1,4). Mas como é possível Deus possuir uma fraqueza e como ela se relaciona com as masculinidades?

> Portanto, dizer que conhecemos a Deus e o encontramos em "um" homem – o homem Jesus de Nazaré –, é o mesmo que dizer *que encontramos Deus e o conhecemos na fraqueza*. Ou seja, não se trata apenas do fato de que encontramos Deus e o conhecemos no humano, mas de que Deus (o Deus que se revelou a nós em Jesus) *somente pode ser conhecido e encontrado por nós no que há de mais fraco em nossa pobre condição humana*. De maneira cabal, isso é o que pretende dizer São Paulo ao afirmar que, contrariamente ao que esperavam os judeus e os pagãos, o Deus dos cristãos é "loucura" e "escândalo" (1Cor 1,23), algo que a mente humana não comporta. Porque "o que é loucura de Deus é mais sábio do que os homens e o que é fraqueza de Deus é mais forte do que os homens" (1Cor 1,25).[25]

---

[23] MOLTMANN, *La kenosis divina em lá creación y consumación del mundo*, p. 191-196.
[24] BABUT, *O Deus poderosamente fraco da Bíblia*, p. 97-98.
[25] CASTILLO, *Deus e nossa felicidade*, p. 34.

A afirmação paulina de que "... o que é fraqueza de Deus é mais forte do que os homens" remete à cruz de Cristo (1Cor 1,18.23-24). Jesus foi entregue à morte por homens iníquos, para que Deus o ressuscitasse em glória e se tornasse uma oferenda de salvação pelos pecados de seu povo (At 2,23). A kénosis que se manifesta na cruz lembra o modo misterioso da reconciliação que Deus realizou em Cristo, como serviço à humanidade. Moltmann afirma, "até para criar o céu e a terra, Deus se esvaziou de toda sua onipotência plena e, como criador, assumiu a forma de servo".[26]

A onipotência de Deus está na cruz e ressurreição de Jesus, que se distancia das representações do Pantokrator helenístico como poder, verdade e força-violenta, ou da Kyriarquia Romana (Império Romano) como déspota e tirana. "Na Antiguidade clássica, o kyriarcado era o governo do senhor, amo de escravos, marido, cavalheiro nascido livre, culto, dono de propriedades e pertencente à elite, a quem estavam subordinados os homens sem voz e vez e todas as mulheres."[27]

A onipotência divina está em sua revelação como Deus do amor e da misericórdia, cheio de compaixão pelos pobres e sofredores do caminho, os oprimidos e injustiçados. É sob essa égide do amor-compaixão-misericórdia que se compreende o Deus da promessa e da aliança – "Eu serei vosso Deus e vós sereis meu povo" – relacionalidade e fidelidade. É no encontro e identificação com a carência, vulnerabilidade e sofrimento da humanidade que Deus manifesta sua onipotência. Não para se conformar passivamente a ela, mas para libertá-la e elevá-la à dignidade e à justiça do Reino (Dt 10,17-19). "A kénosis nos convida a viver esse sair de si para uma vivência da alteridade, onde seja reconhecido profundamente o que não é repetível do outro, sem querer enquadrá-lo em estereótipos femininos ou masculinos que reproduzam subordinação e domínio."[28]

Na cruz de Jesus está a expressão mais evidente da kénosis de Deus. Nesta se revela a paixão e a compaixão de um Deus que sofre. A cruz, na sua ambiguidade, nos revela tanto nossa condição de vulnerabilidade, impotência e brutalidade, diante das estruturas de pecado, como é expressão última de serviço, compaixão e misericórdia, que pode redimir a humanidade.

---

[26] MOLTMANN, *God in creation*, p. 88.
[27] FIORENZA, *Caminhos da sabedoria*, p. 136.
[28] CARO, *Del Dios omnipotente a "la humildad de Dios"*, p. 129.

Lendo a Bíblia e descobrindo sua tradição viva na perspectiva dos pobres, achamos que sim existe uma dimensão "sacral" e uma experiência "religiosa" na relação com o poder dos grandes, a ordem repressiva e acumulação individualista da riqueza, essa é a experiência do sagrado negativa ou perversa: a idolatria da riqueza e as "estruturas de pecado", os deuses da opressão, "o príncipe deste mundo". São "deuses" mentirosos e mortíferos, de imediato, para as massas marginalizadas e oprimidas, mas também para as minorias dominadas. O Deus verdadeiro é o das bem-aventuranças e do *Magnificat*, o Deus do Reino oferecido aos pobres e aos que têm fome e sede de justiça, o Deus que foi crucificado pelos poderes e hierarquias sagradas deste mundo, o "Deus tudo-em-todos" da reconciliação e da fraternidade universal; em suma, o Deus da vida, da vida plena e compartilhada por todos.[29]

A teologia da ressurreição (poder transformador) revela que Deus é fiel às suas promessas e à sua aliança. A ressurreição é o protesto divino diante de todas as formas de morte, rejeição e destruição da vida. A ressurreição estabelece e afirma a vida como coragem de ser – vida de autenticidade. A esperança da ressurreição transforma a vida no já da história, em um novo modo de ser – fruto do Espírito (Gl 5) – que promove a dignidade humana, a justiça e o *shalom* do Reino.

A ressurreição é o posicionamento crítico contra toda espécie de estigmatização social, preconceito e discriminação, que apela aos crucificados deste mundo, à lamentação, mas também à resistência e à transformação de sua própria realidade. O que determina a identidade do ser humano não é a estigmatização social, mas o *charisma* – graça redentora de Deus presente na morte e ressurreição de seu Cristo. Quais as implicações da kénosis e ressurreição para uma antropologia teológica pastoral das masculinidades?

A identidade masculina patriarcal e hegemônica se estabelece, a partir de uma encarnação do poder de dominação, via representações e significados incorporados nas culturas e estruturas sociais. Essa imagem onipresente masculina se expressa nas relações sociais e no corpo masculino. A masculinidade patriarcal se legitima a partir da dominação e da busca exacerbada do poder. A maior tragédia dessa forma estrutural de masculinidade é a dificuldade que tem de experimentar a intimidade, a comunhão e a amizade. Essa condição masculina se torna um obstáculo para o crescimento espiritual e humano integral,

---

[29] MUÑOZ, *Dios Padre*, p. 536.

causando o sofrimento e a morte precoce de muitos homens. A onipotência masculina, nessa perspectiva, gira em torno de uma percepção falocêntrica, de onde emerge a cultura do estupro, da dominação e da exploração sexual em todas as suas formas.

Centralizando nossa percepção de Deus no poder do amor-kénosis que se caracteriza pela vulnerabilidade e compaixão que se revela no sofrimento e na ressurreição, abre-se a possibilidade para uma experiência autêntica de intimidade e comunhão com o sagrado e com as diversidades. A representação e o significado de Deus na encarnação de Jesus Cristo – o verbo de Deus na forma humana – incluem toda a nossa corporeidade e sexualidade. Como relacionar esse mistério da encarnação, nossa sexualidade e afetividade, com nossa busca de sentido e intimidade?

A kénosis e a ressurreição, inseridas no mistério da encarnação, expõem não somente a vulnerabilidade e os sofrimentos humanos, mas também as resistências e lutas. Oferecem um caminho de transformação nas relações de homens e mulheres, nas estruturas e no coração humano. Oferecem a possibilidade de uma compreensão-compaixão da condição humana, e, ao mesmo tempo, apelam à resistência contra toda forma de violência nos corpos encarnados de Deus presentes na vida humana e na criação. Apelam para a vivência da justiça do Reino na misericórdia que liberta. Tratam e curam através da solidariedade e da compaixão os que sofrem toda forma de estigmatização social.

> Precisamos sempre contemplar o mistério da misericórdia. É fonte de alegria, serenidade e paz. É condição da nossa salvação. Misericórdia: é a palavra que revela o mistério da Santíssima Trindade. Misericórdia: é o ato último e supremo pelo qual Deus vem ao nosso encontro. Misericórdia: é a lei fundamental que mora no coração de cada pessoa, quando vê com olhos sinceros o irmão que encontra no caminho da vida. Misericórdia: é o caminho que une Deus e o homem, porque nos abre o coração à esperança de sermos amados para sempre, apesar da limitação do nosso pecado.[30]

O rosto misericordioso de Deus convida os homens, de modo particular, a superar o medo homofóbico, que é expressão de uma identidade não alcançada, medo da intimidade e da expressão física de carinho e de amor. Superar os medos

---

[30] FRANCISCO, *Misericordiae vultus*, n. 2.

para amar mais e vivenciar uma autêntica intimidade. "No amor não há medo; ao contrário, o perfeito amor expulsa o medo, porque o medo supõe castigo. Aquele que tem medo não está aperfeiçoado no amor" (1Jo 4,18).

Masculinidades são construções sociais e culturais que se legitimam em representações e significados religiosos e teológicos, por isso podem ser reconstruídas e transformadas. Essa é a esperança que a kénosis e a ressurreição de Cristo oferecem para o ser masculino e suas diversidades de expressão, bastando saber entrar no caminho da vulnerabilidade (cruz) para nascer pelo poder ressuscitador do Espírito, que nos faz novas pessoas em Cristo.

Na correlação com o contexto amazônico, as masculinidades recebem várias tonalidades e influências provenientes das diversidades de culturas e processos históricos. A análise dos níveis de violências: de gênero, suicídio, tráfico humano e exploração sexual, leva-nos a perceber a prevalência de uma concepção de masculinidade hegemônica violenta. Essa percepção também se legitima, de modo implícito, por concepções religiosas e teológicas. A teologia pastoral das masculinidades tem como tarefa analisar criticamente essas concepções e recriar novas práticas que sejam inclusivas das masculinidades, partindo da releitura dos aspectos fundamentais de textos, dogmas e práticas rituais.

2.3 A masculinidade libertadora de Jesus Cristo

Nessa hermenêutica-pastoral, partimos da afirmação de que os homens e as masculinidades possuem representações e significados que influenciam comportamentos, modos de vida, estruturas sociais e o uso do poder. Através da linguagem e do agir, eles são a base do poder e do conhecimento. Esses aspectos nos colocam em alerta no âmbito da teologia pastoral e do cuidado que devemos prestar às vítimas da violência e seus agressores.

Nosso desafio nesta etapa de nossa reflexão é analisar criticamente as representações e significados masculinizados aplicados a Deus e Jesus Cristo. Nossa tarefa, a partir da análise crítica desses aspectos, é oferecer caminhos interpretativos das masculinidades que gerem uma convivência menos conflitiva com as diversidades de gênero. A análise crítica da imagem de Deus-Todo-Poderoso e de sua relação imediata com a masculinidade hegemônica e patriarcal pode abrir novas possibilidades dentro da hermenêutica pastoral, para uma melhor percepção das identidades masculinas.

Para adentrar na compreensão de uma masculinidade libertadora de Jesus, nosso ponto de partida é a análise das representações e significados da masculinidade patriarcal de Deus no Antigo Testamento. Nesse âmbito nos perguntaremos sobre a linguagem masculinizada aplicada a Deus. Como essas concepções são representadas? Qual sua relevância para compreender as masculinidades vividas por homens no contexto atual?

O segundo aspecto é ponderar como a masculinidade de Jesus é apresentada nos Evangelhos e como se confronta com o contexto sociocultural romano. Sobre a masculinidade de Jesus, entre tantos aspectos, iremos focar mais na sua concepção de Deus-Abbá, no caminho kenótico de sua cruz, e na sua ressurreição que assume todas as expressões da humanidade, dignidade e valor.

A imagem de Jesus Cristo e sua mensagem na teologia das masculinidades pode ser uma via para contrapor as representações e significados de dominação, poder e violência. Na vivência da masculinidade de Jesus, homens podem ser libertados de estruturas culturais ocidentais patriarcais que se tornam um peso e um obstáculo para uma vivência mais plena das masculinidades.

2.3.1 Representações e significados da masculinidade de Deus no Antigo Testamento

Na elaboração de uma teologia libertadora das masculinidades, parte de nosso trabalho procura sondar a relação entre Deus e as masculinidades nas Escrituras, tanto no Antigo Testamento como no Novo Testamento. Nesse caminho reflexivo, vamos tecendo nossa perspectiva teológica a partir de uma hermenêutica pós-colonial. Essa hermenêutica crítica nasce da teoria pós-colonial, feita por autores pioneiros como Said, Spivak, Homi Bhabha, Stuart Hall. Essa corrente tem como objetivo uma análise do fenômeno império-colonial, principalmente nos territórios de colonização.

> Império é a convergência de poderes econômicos, políticos, culturais, militares e religiosos, em um sistema de dominação que impõe o fluxo de benefícios do vulnerável ao poderoso. O império cruza todas as fronteiras, distorce identidades, subverte culturas, subordina nações-Estados e marginaliza ou coopta comunidades religiosas.[31]

---

[31] SUNG, *Para além do espírito do império*, p. 21.

O estudo bíblico-crítico pós-colonial nasce dessa confluência entre uma compreensão bíblica, a partir da perspectiva dos estudos pós-coloniais. As teorias pós-coloniais, de modo geral, procuram analisar como o fenômeno do império colonial produz as elaborações sobre o "outro-mundo" e o "deste-mundo", principalmente no capitalismo moderno da formação do Ocidente. O que o estudo bíblico-crítico faz é usar dessa perspectiva para compreender o império colonial não somente na modernidade, mas também na antiguidade bíblica do Antigo e do Novo Testamento. Sendo uma teoria crítica literária, os estudos pós-coloniais servem de ferramenta para analisar o império colonial na elaboração dos textos bíblicos.[32]

Um dos objetivos do criticismo bíblico pós-colonial é situar o colonialismo no centro das Escrituras e na sua interpretação bíblica. A literatura hermenêutica bíblica nos últimos quatrocentos anos sofre os efeitos do Iluminismo,[33] que oferece a metodologia e a lógica racionalista ocidental que dão forma ao modelo histórico-crítico de análise das Escrituras.[34] Na base desse modelo está o imperialismo colonial que dá a forma esquematizadora do estudo bíblico acadêmico. O que o estudo bíblico crítico pós-colonial faz é voltar sua atenção para as questões ligadas à expansão, à dominação e ao imperialismo, como força central que define tanto a narrativa bíblica como sua interpretação. O objetivo é dar continuidade, nos contextos de opressão e dominação, à luta por emancipação, ao desmantelamento de estruturas e instituições de dominação imperial.[35]

Os temas relevantes para esse modo de ler as Escrituras, que podem cooperar para um enriquecimento no processo de libertação, entre outros, são: raça, nação, tradição, missão, textualidade, espiritualidade, representação. Esses estudos levantam questões que ainda precisam de aprofundamento no âmbito bíblico, como aquelas relacionadas com as identidades que, no momento, se tornam relevantes: escravidão, prostituição, homossexualidade e heterossexualidade, mistura de raças. Cada um desses temas necessita de aprofundamento dentro dessa forma de leitura bíblica, mas, devido ao tempo e espaço, daremos atenção somente para a percepção imperial masculina de Deus.[36]

---

[32] SEGOVIA, *Postcolonial Biblical Criticism: Interdisciplinary Intersections*, p. 24.
[33] HOSBAWM, *A Era das Revoluções*, p. 46.
[34] PONTIFÍCIA COMISSÃO BÍBLICA, *A interpretação da Bíblia na Igreja*, p. 37.
[35] SUGIRTHARAJAH, *Postcolonial Biblical Interpretation*, p. 64-84.
[36] CARR; CONWAY, *An introduction to the Bíble*, p. 30.

Musa Dube (2000), primeiramente, afirma que a Bíblia foi escrita em um contexto imperialista e interpretada pelo imperialismo ocidental. As Escrituras foram lidas e usadas para colonizar a mente e os corpos de seus leitores. Dube aponta que a tarefa principal do criticismo bíblico é descolonizar. Nesse processo, ela enfatiza sete áreas de questionamentos e pesquisa: 1) se as terras nas Escrituras estavam vazias, desocupadas, esperando para serem ocupadas (terra); 2) se o texto dá legitimidade ao imperialismo branco e à vitimização de outras raças (raça); 3) se a Bíblia endossa desigualdade de poder e distribuição de terra baseada em nação (poder); 4) se há autoridade bíblica para a invasão ocidental para tomar terras dos não cristãos (leitores); 5) se, na compreensão atual do texto, há uma prevenção aos ocidentais de compreender o imperialismo, sua natureza e sua estrutura (conexão internacional); 6) se os textos bíblicos têm alguma relevância para o mundo político moderno (História Contemporânea e Libertação); 7) se a Bíblia imagina as mulheres sem voz e oprimidas, ou como sujeitos e protagonistas de suas próprias vidas (gênero).[37]

Levando em consideração esses aspectos metodológicos, passamos agora para um esforço hermenêutico bíblico pós-colonial, para relacionar Deus com as masculinidades. O que pretendemos é uma hermenêutica crítica que nos ajude a detectar como as representações bíblicas podem contribuir para uma leitura que dá legitimidade ao império colonial patriarcal. Nesse exercício, elegemos, das representações bíblicas do Antigo Testamento, a metáfora de Deus como rei e suas implicações para o patriarcado colonizador. Nessa representação estão embutidas as imagens de Deus como guerreiro e juiz.

As concepções bíblicas de Deus, rei e reinado, na mentalidade do médio Oriente antigo, estão intrinsecamente interligadas, a ponto de se tornar quase impossível desvinculá-las. A natureza e a extensão dessa associação de concepções das crenças da Israel antiga variam de acordo com a abordagem hermenêutica que está sendo usada. Em nosso caso, essa crença tem implicações pelo modo como foi lida pelo projeto colonizador e por suas implicações na elaboração de uma estrutura social patriarcal. Ao analisar o Salmo 2, Shwantes faz a seguinte afirmação.

> É sabido que a filiação divina do soberano é parte integrante das tradições do Antigo Oriente. Nosso Salmo participa, pois, de tradições comuns a seu

---

[37] DUBE, *Postcolonial Feminist Interpretation of the Bible*, p. 3-21.

contexto. Esta sua postura se fala da adoção, mas não da geração física do rei pelo divino. O rei é gerado no dia da entronização, isto é, em nossos termos, através da posse, é assumido e adotado como Filho de Deus.[38]

A ideia de monarquia e do império do antigo Israel foi uma tentativa de imitar os povos pagãos vizinhos, principalmente os cananeus. Isso não significa adoção da religião cananeia, apesar de esta ser sempre uma grande tentação para Israel. Essa estrutura, de alguma forma, se torna obstáculo ao projeto tribal da sociedade inicial de Abraão. "Dá-nos um rei", este é o pedido que marcará uma etapa importante da vida do povo de Israel.

> O povo quer ter reis fortes e com exércitos, como as outras nações. Mas Samuel entendia que a justificativa poderia ser justa em parte, pois o que entraria mesmo em xeque era o monoteísmo. As outras nações tinham reis fortes, deuses, ídolos, muitos escravos e muita miséria. Sustentar a nobreza de um rei seria submeter-se e submeter os filhos aos seus direitos. O rei era também um semideus que exigia tudo o que havia de melhor para ele. O profeta, mesmo inconformado, aceita a proposta do povo, mas esclarece quais seriam os *direitos do rei* (1Sm 8,10-22).[39]

Os reis de Israel, ao longo de sua história, governaram, pastorearam e guerrearam seus inimigos. Eles se sentaram em tronos nos palácios, construíram templos, julgaram disputas, foram comandantes militares, imitando de alguma forma seus vizinhos pagãos. O que era peculiar na compreensão de rei, para Israel, é que ele não possuía atributos divinos, como mediador imediato de Deus. Os reis nunca foram divinizados, nem nos cultos nem nas batalhas. Eles poderiam ou não ser guiados pelo projeto de Deus, sendo algumas vezes desafiados e julgados pelos profetas.[40]

Essas peculiaridades fizeram com que o foco da religiosidade de Israel se voltasse para o único caráter do verdadeiro rei de Israel – Yahweh. Os três componentes mais importantes que definem a metáfora de Deus como rei, que tem similaridade com as outras religiões do médio Oriente antigo, são os seguintes: Yahweh é senhor e rei do mundo; ele é um poderoso guerreiro que destrói seus

---

[38] SHWANTES, O rei-messias em Jerusalém, *Revista Caminhando*, p. 41-59.
[39] MAZZAROLO, *A Bíblia em suas mãos*, p. 35.
[40] SMITH, *O memorial de Deus*, p. 92-93.

inimigos e submete sob seu poder; ele é também juiz sobre outras nações. "Deus é o Senhor que governa acima de todas as coisas" – esta é uma das afirmações categóricas da teologia do Antigo Testamento.

Segundo Smith, há um processo de transição de uma compreensão de Deus relacionado com a família ou conselho divino, para uma deidade individual que estava por detrás da organização do universo.

> A apresentação desse Deus foi também incrivelmente ampliada pelas noções de império, graças às incursões dos assírios: como Assur e, mais tarde, Marduc, Yahweh torna-se algo como um deus imperial sobre todo o cosmo. O resultado é a redução na inteligibilidade da família divina como um conceito governante de divindade e um aumento de compreensão causado pelo monoteísmo. Assim, a família cai em desuso como um meio de conceitualizar a divindade.[41]

Martin Buber define a religião judaica como a fé no reinado de Deus, sendo este um aspecto fundamental que une o Antigo Testamento e o Novo Testamento. O anúncio do reinado de Deus é o aspecto central da pregação messiânica de Jesus, o Cristo. Este é um aspecto que veremos mais à frente.[42] Uma das palavras mais aplicadas à representação de Deus-Rei é "Senhor", que frequentemente significa domínio, poder de governança de Deus (Gn 45,8; Sl 105,21). As fórmulas, como "Senhor de toda a terra" (Js 3,11-13; Sl 97,5; Mq 4,13; Zc 4,14; 6,5), "Deus dos deuses e Senhor dos Senhores" (Dt 10,17; Sl 136,3; Dn 10,47) estão presentes nessas citações.[43]

Na visão de Isaías, Deus é identificado com o rei (meus olhos viram o rei, Yahweh dos exércitos). Ele está sentado no trono (Is 6,1). Nas orações de Israel, ocorre o uso frequente do termo "senhor", que sugere uma relação de subordinação, subalternidade, dominação do servo com seu mestre ou do escravo com seu dono. A expressão "senhor" nem sempre é designada, mas ela está sempre presente na relação de Deus com o povo.

O reinado de Yahweh se estende por toda a terra no sentido da criação. Deus reina sobre a sua criação (Sl 74,12-17; 93,2). O reinado de Deus também está acima de todos os outros deuses e as profundezas da terra estão em suas mãos, que

---

[41] Ibidem, p. 220.
[42] BUBER, *Israel and the World: Essays in a Time of Crisis*, p. 28.
[43] McKENZIE, *Dicionário Bíblico*, p. 862.

ele próprio criou (Sl 95,3-5). Deus-rei é o grande sobre toda a terra e submete os povos e nações a seus pés (Sl 47,2-3).

Uma tarefa importante do rei é estabelecer a justiça, ou seja, o monarca também é juiz. É o rei que deve julgar a iniquidade. Assentado em seu trono, ele julga com justiça (Sl 9,4; 9,7). Essa percepção resulta na compreensão de Deus como o divino governante que aplica seu julgamento contra seus inimigos e seu povo, quando se desvia de sua aliança. Deus se torna o guerreiro divino que exerce sua função de rei de toda a terra (Sl 10,16). O "Rei da guerra" é o rei glorioso e senhor todo-poderoso nas batalhas. O salmista reconhece que Deus, o rei, comandou as vitórias de Jacó (Sl 44,4-5). Yahweh, como rei, é o soberano de toda a história e sua intervenção como poderoso guerreiro ocorre no êxodo (Ex 15,3; Sl 74,12-14), demonstrando seu poder em favor de seu povo eleito e manifestando sua força de libertação dos escravos hebreus. Através de sua vitória sobre os egípcios e seus deuses, depois de uma sucessão de pragas que culminará com a morte dos primogênitos, seu governo se estabelece sobre toda a terra (Ex 15,18).[44]

Através da Aliança, Deus-rei tinha a posse desse povo, ou seja, era sua propriedade. Yahweh se torna "o grande suserano" que estabelece relações de posse, subordinação e domínio sobre esse povo. A revelação "porque tu és um povo consagrado ao Senhor, teu Deus, pois de todos os povos que existem sobre o solo, foi a ti que o Senhor escolheu para que pertença a ele como povo de sua propriedade particular" (Ex 7,6), resume a relação peculiar de Israel com Deus. A Aliança concede a Yahweh uma posição exclusiva, devido sua graça em favor desse povo que exige total devoção e obediência. O sentimento de eleição e aliança é, portanto, a chave para compreender o sentido e destino de Israel.

A aliança surge a partir da iniciativa e da eleição de Israel. Em outras passagens, a aliança do Sinai é resumida na seguinte fórmula: "Eu serei o vosso Deus e vós sereis o meu povo" (Jr 7,23; 11,4; 24,7; Ez 11,20; 14,11; Os 2,25). Talvez essa seja uma fórmula derivada dos contratos matrimoniais de Elefantina, pois tal fórmula é praticamente idêntica: "Esta é minha mulher e eu sou seu marido hoje e para sempre".[45]

O modo como foram compreendidas essas representações de Deus, levaram à construção da mentalidade do império-colonização que ainda está presente em

---

[44] Ibidem, p. 781.
[45] Ibidem, p. 25.

estruturas, instituições e hierarquias sociais e religiosas. Elas também passam a ser a base do patriarcado de dominação de culturas, etnicidades, mulheres e sexualidades. A leitura pós-colonial da Bíblia nos coloca em uma atitude de suspeita para verificar de que modo essas representações e significados teológicos justificam e legitimam o colonialismo e suas formas atuais. De que maneira argumentos e elaborações bíblico-teológicas legitimaram e se tornaram cúmplices do império e das estruturas religiosas que muitas vezes o representam. Essa dinâmica, segundo Moingt, se torna presente ao longo da história da Igreja no Ocidente.

> Menos de um século após a entrada da Igreja no império tornado oficialmente cristão, um fenômeno inverso se produziu: a realidade humana estruturada que era ou recobria o império recai sobre ela para constituir um misto político-religioso, o mundo latino ou cristão. Com efeito, quando o império do Ocidente se enfraquece e desaparece, é a Igreja que o sustenta, o substitui ou restabelece; quando as invasões bárbaras destroem a ordem social ou econômica que tinha estabelecido o império, é ela que assume o lugar ou que o reconstrói.[46]

Na elaboração de uma teologia das masculinidades, nosso principal desafio é compreender a questão do poder relacionado a certas imagens masculinas do Deus bíblico. Poder é uma das questões centrais na vida dos homens, dele deriva sua compreensão de masculinidade e de seu Deus. O poder de dominação patriarcal-imperialista ainda existe e permeia todas as estruturas e relacionamentos sociais, nos mais diversos contextos culturais e religiosos. Para Bordieu, "a força da ordem masculina pode ser aferida pelo fato de que ela não precisa de justificação: a visão androcêntrica se impõe como neutra e não tem necessidade de se enunciar, visando a sua legitimação".[47]

O patriarcalismo do império enfatiza o poder masculino, principalmente na sua versão ocidental e hegemônica, que pretende um controle normativo e hierárquico tanto no privado como no público. A vida dos homens, principalmente daqueles influenciados pelo patriarcal-imperial, se alimenta de uma forma específica de poder. O poder unilateral, ou seja, não recíproco, não relacional. Neste, o propósito do poder é o maior efeito de dominação sobre os outros. Não se permite afetar e ser sensível ao outro. A meta será sempre o controle e a dominação.

---

[46] MOINGHT, *Deus que vem ao homem*, p. 224.
[47] BOURDIEU, *Dominação masculine*, p. 18.

Nessa forma de poder não há espaço para as interdependências, para a percepção do mistério de cada um. A releitura que Musskopf e Hernández fazem de Gn 38, recontando a história dos filhos de Judá, Er, Onã e Selá, nos aponta para uma compreensão mais abrangente das masculinidades na Bíblia.

> Mesmo assim, o resgate da experiência de Er, Onã e Selá revela a resistência a esse sistema por parte dos próprios homens. Estes que, por sua experiência corporal e sexual, não preenchem, não querem preencher e/ou não podem preencher os quesitos necessários para provar e ostentar a sua masculinidade, tornam-se companheiros de muitos homens que hoje descobrem a opressão presente no sistema patriarcal e o subvertem, resistem e se libertam.[48]

Na ótica do patriarcal-imperial, Deus é todo-poderoso e imutável, com poder de dominação e controle sobre tudo e sobre todos, impedindo os processos de mudança, exigências de transformação e de novas alternativas de vida. É preciso uma crítica aos conceitos e representações de Deus que emanam da teologia bíblica patriarcal-imperial, para abrirmos a possibilidade de compreensões teológicas mais complexas e do mistério.

Na perspectiva de Gerard Huges, nós podemos construir sistemas religiosos elaborados e geniais, mas, se estes não estiverem baseados na verdade fundamental de que Deus é mistério, então nosso sistema elaborado se torna uma forma elaborada de idolatria. Somos tentados constantemente a fazer de Deus nossa imagem e semelhança. Nós queremos ter controle e domesticá-lo, talvez lhe concedendo um lugar de honra em nossos corações, lares e países, mas nós o mantemos sob nosso controle. Deus está fora de nosso controle, para além do que pensamos e imaginamos. Deus nos chama a partir de nós mesmos e para além de nós. Deus é o Deus das surpresas, sempre novo – "o Deus que é, que era e que vem" (Ap 1,8). Essa é a razão por que uma Igreja que é estática e imutável, em seu modo de ser, não pode ser um sinal efetivo da presença de Deus no mundo.[49]

A tarefa de uma teologia pós-colonial e libertadora das masculinidades é a elaboração de compreensões e representações de Deus que sejam mais relacionais (aberta às relações) e dialógicas, menos rígidas, fechadas em seus sistemas

---

[48] MUSSKOPF; HERNÁNDEZ, *Homens e ratos!*, p. 22.
[49] HUGHES, *God of surprises*, p. 31.

absolutos. Essas teologias teriam seu maior foco no agir correto (ortopráxis), mais que na formulação de "verdades" perfeitas (ortodoxia). A verdade teológica de busca estaria não tanto em processos racionalistas patriarcais-imperiais, mas na descoberta surpreendente, que é resultado de relações comunitárias-igualitárias-justas com Deus e com as pessoas em suas diversidades misteriosas. Uma verdade escatológica relacional dentro de um realismo crítico.

O homem solitário, poderoso, pode até ser uma imitação do todo-poderoso, mas somente uma comunhão humana pode ser a imagem fiel do Deus tri-uno, comunhão em que convivem umas com as outras e uma para as outras pessoas livres e iguais na diversidade de suas peculiaridades e capacidades. O pensamento trinitário ajuda-nos a buscar a presença de Deus não só nas alturas do céu acima de nós e não só nas profundezas do ser dentro de nós, mas também na comunhão entre nós, seres humanos, e entre todas as criaturas.[50]

Uma contribuição importante para a elaboração de uma teologia das masculinidades advém das teologias críticas do patriarcalismo.[51] Estas se fundamentam num processo de desconstrução, descoberta e reconstrução para uma elaboração mais inclusiva e acolhedora das diversidades humanas. A análise crítica das estruturas patriarcais, na atualidade, é fundamental para a superação de problemas sociais e ecológicos.

As análises das teologias que estudam criticamente o patriarcalismo se voltam basicamente para a afirmação de que Deus é espírito e está além de qualquer identificação masculina ou feminina. Por outro lado, a linguagem, as representações e significados presentes na pregação, nas orações litúrgicas, na catequese e nas instruções canônicas, expressam uma compreensão masculinizada e patriarcal de Deus. Na maioria dos casos, Deus é apresentado como masculino e representado,

---

[50] MOLTMANN, *Experiências de reflexão teológica*, p. 246.

[51] Althaus-Reid define a teologia queer como aquela que rompe com alguns pressupostos básicos da teologia tradicional, primeiro com a perspectiva heterossexual, que se estabelece como um modelo universal para a sexualidade e tem sido a força dominante na história do cristianismo e da teologia. Para Althaus-Reid, a teologia queer é uma disciplina emergente cujo ponto de partida radical é o assunto amplo, ainda inexplorado, da natureza da encarnação. O fato de que Deus desceu do céu e se tornou carne, vivendo nesta terra, abre novos horizontes para elaborar e compreender a teologia, que não podem ser retidos por leis e estatutos canônicos. Esse fenômeno do divino encarnado invade a diversidade e oferece inúmeros desafios para a nossa compreensão da teologia. ALTHAUS-REID, *From Feminist Theology to Indecent Theology*, p. 2.

na maioria das vezes, como homem. Na linguagem Deus é sempre Pai, Senhor, Rei, Todo-Poderoso. Termos, conceitos e metáforas carregados da perspectiva masculina que praticamente refletem uma compreensão patriarcal do Deus bíblico. Parece difícil se distanciar dessa compreensão masculina de Deus, o que torna um erro adicionar uma imagem feminina a esse Deus todo masculino. Mas, ao mesmo tempo, é necessário ultrapassar essas representações. Moltmann adverte:

> O fato de a Bíblia ter surgido no mundo do patriarcado ainda não diz nada relativamente à presença da eternidade em sua época ou ao futuro no seu passado. Contudo todas as visões históricas das tradições bíblicas enquadram-nas na sua época e descrevem as suas concepções dentro do seu próprio mundo. Esta época e este mundo não são mais nossa época nem nosso mundo. Ninguém lê a Bíblia para assumir uma visão de mundo ultrapassada. Ninguém é obrigado a assumir as concepções sociais e as hierarquias sexuais patriarcais da Bíblia. Se fosse, seria preciso reintroduzir no cristianismo, por razões bíblicas, a escravidão e, em lugar da democracia, retornar à monarquia e assim por diante.[52]

A primeira tarefa crítica é expor, esclarecer as suposições escondidas na teologia patriarcal, que se torna um aspecto opressivo tanto para homens como para mulheres. É necessário partir da experiência concreta de homens e mulheres, para que sejam possíveis uma releitura e a adoção de uma compreensão mais inclusiva de Deus. A compreensão de um Deus como "matrix-primeval" proveniente do ecofeminismo ou "o grande útero" como fundamento do ser (Tillich).[53]

Na leitura bíblica do Êxodo, que descreve Yahweh libertando o povo da escravidão, não se percebe a imagem de um Deus que escuta o lamento, que chora como uma mulher em parto em Isaías (Is 42,14-16). Uma representação pouco aprofundada de Deus é da imagem da Sabedoria que instrui os homens nos mistérios divinos (Sb 8,2-4). No Antigo Testamento, as imagens enfáticas de um Deus da guerra deixam de perceber um Deus que liberta e nutre, que é sabedoria que guia. Para Fiorenza, "a Divina Sabedoria-Hokmá-Sofia-Sapientia desempenha um papel importante na teologia ortodoxa, mas menos importante na teologia ocidental".[54]

---

[52] MOLTMANN, *Experiências de reflexão teológica*, p. 236.
[53] RUETHER, *Goddesses and the Divine Feminine: A Western Religious History*, p. 80-82.
[54] FIORENZA, *Caminhos da Sabedoria*, p. 37.

Um dos mandamentos mais exigentes do Antigo Testamento é a proibição da idolatria, isso significa que não se pode fazer da imagem masculina de Deus um absoluto – sugerindo que Deus seja um homem. Precisamos de um Deus mais imanente, não como um rei-juiz sentado no trono eterno rodeado de seres celestiais. Um Deus que não está separado de sua criação, mas que está nela e além dela no futuro escatológico. Um Deus que sustenta e nutre sua criação, mas que não pode intervir por respeito a um mundo em evolução e à liberdade humana. Para além de representações de Deus como Pai e Mãe, que podem ser termos suspeitos e demasiadamente sufocantes, por não serem capazes de incluir a diversidade de expressões da vida humana, melhor seria compreender Deus a partir de sua ação criadora, redentora e libertadora.

Seguindo os caminhos desbravados pelas teologias críticas do patriarcado oferece-se sua contribuição para a teologia das masculinidades principalmente no campo da sexualidade. A hermenêutica bíblica fundamentada na heteronormatividade tem sido usada para aterrorizar e fazer violência a pessoas homossexuais e suas diversidades, enfatizando o estado pecaminoso e antinatural dessas expressões da sexualidade humana. Primeiramente, é preciso reler os textos de Sodoma e Gomorra,[55] assim como os textos das leis do Levítico e do Deuteronômio, a partir de uma hermenêutica da suspeita, e perguntar a homens gays como eles leem e se sentem ao escutar esses textos.

> A perspectiva que o AT abre, mesmo em suas severas proibições das relações entre pessoas do mesmo sexo no Levítico, tem de ser uma palavra de desafio a todos os fiéis. Nesse sentido, a Bíblia precisa funcionar como uma espécie de "terreno comum" tanto para liberais como para conservadores. A Igreja, especialmente seus mestres, precisa escutar ativamente a própria articulação de sua experiência sexual pela comunidade gay. Precisa ouvir como gays e lésbicas veem a expressão de sua sexualidade a serviço de objetivos sociais específicos e concretos.[56]

---

[55] O produto central das narrativas não está ligado à orientação sexual, e sim a uma agressão sexual que enfatiza a dureza das pessoas de Sodoma e Gabaá, assim como sua recusa de hospitalidade ao estrangeiro. BESSON, *Homossexuais católicos*, p. 63.

[56] VITO, *Interrogações sobre a construção da (homos)sexualidade: relações entre pessoas do mesmo sexo na Bíblia hebraica*, p. 161-162.

O propósito dessa releitura não é primeiramente dar legitimidade à homossexualidade, mas principalmente acolher, se solidarizar, consolar a dor e o sofrimento de todos que são marginalizados, discriminados e sofreram violência física ou simbólica, recuperando uma vida de dignidade. Uma teologia do cuidado pastoral das diversidades sexuais procura entender esses textos a partir de seus contextos culturais e históricos, fazendo uma ponte com a vida e as experiências de pessoas homossexuais hoje, na busca de uma vivência religiosa fora de uma perspectiva heterossexista e homofóbica que gera culpa e violência nas sexualidades não hegemônicas. Mas que, por outro lado, exige compromisso, responsabilidade e principalmente capacidade para aprender a amar seu companheiro ou sua companheira.[57]

Ao considerar a homossexualidade e suas expressões nas Escrituras, a teologia pastoral das diversidades procura ir além da leitura legalista, se articulando na experiência mais fundamental de Israel – o êxodo. Nessa experiência, Deus se coloca em favor dos mais fracos, oprimidos e explorados. O atributo mais fundamental desse Deus é libertação da opressão. Nesse ato libertador está, primeiramente, a identificação de Deus com o sofrimento e seu anseio de dar liberdade, reconciliar todas as coisas consigo. Sob essa luz de compaixão incondicional, qualquer que seja a compreensão que se tenha sobre a homossexualidade e suas expressões, o imperativo será sempre de amar, cuidar, se identificar e promover libertação – vida digna e cidadania.

Para Emmanuel Lartey, a criação possui em si uma expressão de diversidade e pluralidade. Em sua perspectiva, no capítulo onze de Gênesis, Deus se compromete com a diversidade e a pluralidade. Deus, na perspectiva pós-colonial e nas suas expressões teológicas, tem uma clara opção pelos oprimidos na construção da nova humanidade. Esse Deus não compactua, de nenhuma forma, com sistemas de exploração, hierarquias e opressão, elementos característicos do projeto colonial e imperial. O pós-colonial, na perspectiva teológica, pretende ser uma expressão renovadora da *Huah* – Sabedoria divina que destrona os poderosos e afirma todas as pessoas como criadas à semelhança divina.[58]

---

[57] GUMBLETON, *Uma conclamação à escuta: a resposta pastoral e teológica da Igreja a gays e lésbicas*, p. 47.
[58] LARTEY, *Postcolonializing God: New Perspectives on Pastoral and Practical Theology*, p. 124-125.

2.3.2 A masculinidade de Jesus no contexto do Novo Testamento

O trabalho teológico desta etapa é buscar uma compreensão de Jesus Cristo que seja libertadora das masculinidades e que ajude a superar as dinâmicas da violência intrínseca da condição patriarcal, imperial e hegemônica da masculinidade ocidental. Jesus Cristo é apresentado como aquele que pode curar e transformar as estruturas de violência presentes na vivência das masculinidades. Refletir sobre a masculinidade jesuânica na ótica libertadora pode nos oferecer uma base para criticar a violência contra as mulheres e as diversidades masculinas, tanto no âmbito eclesial como nas estruturas sociais. Quais as implicações de uma compreensão da masculinidade de Jesus e quais suas implicações para a vivência e cuidado pastoral que valoriza e cuida das diversidades de expressões da condição humana?

Na abordagem crítica sobre a masculinidade de Jesus, um primeiro passo é verificar de que modo os textos, imagens, símbolos e doutrinas relacionados com Jesus Cristo (histórico e querigmático) funcionam na construção da masculinidade hegemônica patriarcal e em sua relação com as diversidades. Um segundo passo é analisar criticamente essas representações e significados que são geradores da desigualdade e injustiça de gênero.

O estudo sobre a masculinidade de Jesus está carregado de ambiguidades e tabus religiosos, principalmente na sua condição de corpo e sexualidade masculina. Devido a um maior esforço para compreender a condição divina de Jesus, sua natureza humana masculina e sua corporeidade se tornam uma questão problemática, complexa e ambígua na reflexão teológica.[59]

Como ponto de partida, é importante perscrutar o modo como a masculinidade foi elaborada e compreendida pelos cristãos do primeiro século. Um aspecto fundamental é a análise do contexto judaico e greco-romano da masculinidade, diante da vivência masculina de Jesus, assim como é descrita nos Evangelhos e nas cartas apostólicas. No estudo de Conway verifica-se como os escritores do Novo Testamento construíram e exploraram a masculinidade de Jesus. O que eles dizem sobre Jesus revela muito sobre suas preocupações com as compreensões masculinas do mundo greco-romano. Além disso, mostram também detalhes

---

[59] Cf. LOUGHLIN, *Refiguring Masculinity in Christ*, p. 405-414; WARD, *Theology and Masculinity*, p. 281-286; WARD, *Bodies: The Displaced Body of Jesus Christ*, p. 163-181.

sociais e culturais importantes sobre a relação entre as representações da masculinidade de Jesus e da sociedade mais ampla. Conway argumenta que o Novo Testamento está impregnado de respostas às ideias greco-romanas da masculinidade e ela explora essa tese ao examinar os Evangelhos, as epístolas paulinas e o livro do Apocalipse. Nas entrelinhas, de acordo com Conway, subjaz nos textos o modo como os escritores do Novo Testamento trataram as ideias culturais de masculinidade e responderam a estas, de maneira que ajudaram a moldar o desenvolvimento de visões, não só sobre Jesus, mas também sobre o cristianismo.[60]

Como a condição masculina de Jesus Cristo foi representada nos escritos do Novo Testamento e o que não foi dito, mas ficou somente nas entrelinhas dos textos? Para enfrentar esses questionamentos pretendemos seguir o seguinte percurso reflexivo: primeiramente, contextualizar a problemática sobre a masculinidade de Jesus tanto no contexto judaico de seu tempo (Evangelhos) como na realidade sociocultural greco-romana das primeiras comunidades cristãs (cartas de Paulo). Em segundo lugar, analisar por que o masculino de Jesus pode ser captado e compreendido em seus relacionamentos – relacionalidade com mulheres e homens de seu tempo. O terceiro aspecto que queremos estudar é a relação do aspecto central da mensagem de Jesus – o Reino de Deus com as masculinidades, enfatizando principalmente as características da justiça e da compaixão da prática jesuânica.

Antes de adentrar na pesquisa sobre a masculinidade judaica, é importante ponderar sobre alguns aspectos metodológicos. Sociólogos e antropólogos falam de "mitos" que estão na base das estruturas sociais. A dominação masculina também repousa sobre um mito. O "mito social" é um complexo de valores, crenças, práticas e percepções populares que guiam uma sociedade. Usamos a palavra "mito" aqui no sentido técnico. Mitos oferecem um sistema compartilhado de elementos semânticos estruturados predominantes, de uma cultura específica, que permitem que seus membros possam entender uns aos outros e lidar com o desconhecido.[61] Mitos expressam os componentes mais fortes dos sistemas semânticos.

O "mito" da superioridade masculina é subjacente à grande parte do pensamento cultural da Bíblia. Deus Pai é sempre representado como uma pessoa do sexo masculino (Gn 18,1-2; Is 6,1-3; Dn 7,9). Deus submete a mulher na criação

---

[60] CONWAY, *Behold the Man! Jesus and Greco-Roman Masculinity*, p. 45-49.
[61] MARANDA, *Mythology, Select Readings*, p. 12.

(Gn 3,16; 1Cor 11,3; Ef 5,23). O homem é entendido como superior à mulher e é chefe da família (Eclo 25,13-24; Ef 5,21-23; Col 3,18). Quando o Filho de Deus assumiu a natureza humana, ele se tornou um homem, não uma mulher (Jo 1,13-14). Cristo escolheu apenas homens para serem seus apóstolos (Mt 10,24). Mesmo Maria não foi eleita para se tornar apóstolo ou nomeadamente discípula (Lc 1,47-48). O Cristo tinha que ser uma pessoa do sexo masculino, porque ele é o esposo da Igreja (2Cor 11,2; Ef 5,27; Ap 21,9). Paulo ensinou que as mulheres devem ficar em silêncio na Igreja (1Cor 13,34; 1Tm 2,9-15). Analisando os argumentos acima, pode-se entrever três questões fundacionais que precisam ser respondidas: É a pessoa do sexo masculino, por conta de sua natureza, a melhor imagem da divindade? É esse o motivo pelo qual se fala de Deus como um homem? É por isso que Jesus era um homem? É a sujeição social da mulher ao homem a vontade expressa de Deus revelada nas Escrituras? Será que essa sujeição é válida para todas as realidades e tempos? É o sacerdócio de Cristo incompatível com a natureza de mulher?[62]

O homem Jesus, sendo parte de uma cultura patriarcal, se pode dizer, de modo geral, que se adaptou à concepção masculina de seu tempo devido a quatro razões básicas: ele fez uso da imagem judaica de um "pai"; ele aceitou o papel judaico do marido, do noivo; considera a compreensão judaica do masculino; ele teve de lidar com o papel secundário desempenhado pelas mulheres na religião.[63]

Para os judeus, o homem era o chefe indiscutível da família. Todos os relacionamentos estavam centrados em volta dele. Seus bens mais preciosos eram sua esposa e seus filhos (especialmente os filhos) (Sl 128,3). Era o pai que tinha autoridade absoluta sobre seus filhos e poderia decidir sobre o seu futuro (Gn 43,1-15; 2Sm 13,23-27). As propriedades da família eram herdadas pelos homens e não por mulheres. Apenas se nenhum herdeiro homem fosse deixado, essas propriedades poderiam ser herdadas por uma filha (Nm 27,1-11; 36,1-12). Era o pai que, como único proprietário da propriedade da família, podia distribuí-la aos seus filhos (Dt 21,15-17). A autoridade de um pai e a diferença de tratamento dos filhos e filhas de uma família são bem ilustradas pelo seguinte conselho.[64]

---

[62] SATLOW, *"Try to be a man": the rabbinic construction of masculinity*; BROD, Harry, *Circumcision and the erection of patriarchy*, p. 9.
[63] FREDRIKSEN, *Jesus of Nazareth – King of the Jews*, p. 165; JEREMIAS, *Jerusalem in the time of Jesus*, p. 352.
[64] MACKENZIE, *Dicionário da Bíblia – Pai*, p. 677.

Tens filhas? Cuida dos seus corpos e a elas não mostres face indulgente. Casa tua filha e terás concluído uma grande tarefa, mas entrega-a a homem sensato. Tens mulher segundo o teu coração? Não a repudies; contudo, se não a amas, nela não confies (Eclo 7,24-26).

Nos tempos do Novo Testamento a posição jurídica do homem como chefe de família não tinha mudado. O próprio Jesus pressupõe isso de forma clara e aceita como um fato. Na parábola do filho pródigo (Lc 15,11-32), é o pai que distribui a propriedade entre seus filhos. Na parábola do filho voluntarioso e o preguiçoso, a cada um é dado o seu trabalho por seu pai (Mt 21,28-31). Jesus pressupõe claramente o papel da autoridade judaica do pai, quando ele diz aos fariseus: "O diabo é o vosso pai e vos quereis realizar o que ele quer" (Jo 8,44).[65]

Em todas as suas parábolas, Jesus está de acordo com a ideia judaica, segundo a qual o homem era o centro da família. O "dono da casa" (Lc 22,11) é sempre um homem. Ele é o homem que constrói a casa (Mt 7,24-27). É o homem que defende sua casa contra intrusos (Mt 12,29) e permanece acordado durante a noite para pegar um ladrão (Mt 24,43). É o homem que administra a propriedade (Mc 25,14-30), que tem autoridade sobre os servos (Mt 24,45-51) e que controla os negócios da família (Mt 13,52).[66]

De acordo com a percepção judaica, a mulher era como que uma propriedade de seu marido. Ele tinha os direitos de propriedade sobre ela. "Uma boa esposa é o melhor dos bens" (Eclo 26,3). "Ela está muito além do preço das pérolas" (Pr 31,10). Nos dez mandamentos a esposa é mencionada como uma das posses que devem ser respeitadas: "Não cobiçarás a mulher do teu próximo, nem seu escravo, nem a sua serva, nem o seu boi, nem o seu jumento, nem coisa alguma que lhe pertença" (Ex 20,17). "Parece que em geral as mulheres não tomavam as refeições junto com os homens (Gn 18,9; Rt 2,14)." [67]

O Cântico dos Cânticos, para Mazzarolo, ao mesmo tempo que expressa poeticamente o amor erótico entre o casal, denuncia também a exploração e opressão de mulheres como objeto de troca e venda.[68] No entanto, os direitos de propriedade de um marido sobre sua esposa permaneceram o fundamento

---

[65] MALINA, *The New Testament World: Insights from Cultural Anthropology*, p. 134-136.
[66] JOACHIM, *The parables of Jesus*, p. 96.
[67] MACKENZIE, *Dicionário da Bíblia*, "Mulher", p. 635.
[68] MAZZAROLO, *A Bíblia em suas mãos*, 2012, p. 79-80.

jurídico em que o vínculo matrimonial foi feito. O marido praticamente podia dissolver o vínculo à vontade (Gn 16,1-6; Dt 24,1-4).[69] Em casos extremos, ele poderia entregá-la como o levita, que, sob pressão, deu sua esposa para o povo da cidade de Gibeá para o seu prazer. Quando a pobre mulher morreu, devido ao tratamento que recebeu, os habitantes da cidade foram condenados por sua injustiça (Jz 19,1-30).[70]

Ao falar sobre o casamento, Jesus aceita o conceito judeu centrado no homem. Ele fala de um rei que arranja um casamento para seu filho, sem nunca mencionar a rainha (Mt 22,1-14). Nas bodas, não é a noiva, mas o noivo que é comemorado. Os convidados do casamento são chamados de "os amigos do noivo" (Mt 9,15). As dez virgens não estão esperando pela noiva, mas pelo noivo. É ele que exclui os tolos da festa (Mt 25,1-13). Em uma passagem, Jesus faz menção de esposa e filhos de um homem sendo vendidos como escravos para saldar sua dívida (Mt 18,25) e enumera a esposa e os filhos, entre outros bens, que ele convida seus seguidores mais próximos para deixar por causa do Reino dos céus (Lc 18,29). Segundo Conway, a figura masculina que permeia as parábolas do Jesus de Mateus é muitas vezes de reis, donos de propriedades, mestres, ou seja, homens no poder – que expressam sua força sob seus subordinados. Esses personagens das parábolas não têm uma correspondência imediata com Jesus ou seu Deus e, por isso, podem não se referir diretamente à sua personalidade.[71]

Os apóstolos, também, presumiram que o homem, marido e pai de família, exercia a autoridade máxima dentro da família. Os maridos deviam ter consideração e respeito por suas esposas (1Pd 3,7). Um marido deve amar a sua esposa, alimentá-la e cuidar bem dela (Ef 5,21-33). Mas a mulher é "a parceira mais fraca". Ela deve ser obediente ao marido, fiel e conscienciosa (1Pd 3,1-7). A esposa deve dar lugar a seu marido (Cl 3,18), estar sujeita a ele (Ef 5,22). Embora a posição da mulher como filha de Deus seja reconhecida em alguns textos (Gl 3,28), as implicações sociais dessa doutrina ainda não haviam sido bem compreendidas.

Jesus, é claro, se diferenciou dessa mentalidade por suas próprias ideias e atitudes. Ele mostrou em seu ministério uma grande abertura pessoal para as mulheres. Mulheres e homens entrarão no Reino de igual para igual. As atitudes

---

[69] JEREMIAS, *Jerusalem in the time of Jesus*, p. 367.
[70] WESTERMANN, *Genesis 12–36 – Continental Commentaries*, p. 297.
[71] CONWAY, *Behold the Man: Jesus and Greco Roman Masculinity*, p. 115-116.

de Jesus com relação às mulheres continham os germes do seu futuro ministério, como Lucas prescreve no seu Evangelho (Lc 8,1-3).

> Lucas é o evangelista da promoção humana e do resgate dos valores fundamentais da vida. Ele enfatiza a experiência de diaconia da mulher antes de enfatizar o ministério apostólico dos homens (9,1-6). O episódio da pecadora com Simão (7,36-50) confronta os abertos à misericórdia com os que se consideram não necessitados de perdão. As diaconisas (diaconisas 8,3) eram mulheres que haviam experienciado a graça da cura e libertação de seus males. Elas estão ao lado dos discípulos, de cuja vida interior não se fala. Aparece aqui outra vez a pedagogia da inclusão, com a presença de mulheres de situações diferentes. No mesmo grupo, na mesma família e na mesma comunidade, estão mulheres que antes eram pecadoras e, do outro, mulheres que antes eram de classes nobres.[72]

Certamente Jesus teve de se confrontar com as mentalidades de seu tempo. Ele não podia trazer uma revolução social imediata. Quais são esses aspectos peculiares da masculinidade de Jesus que criam uma abertura para novas relações entre homens e mulheres? Principalmente no Evangelho de Lucas, Jesus parece estabelecer um relacionamento peculiar com as mulheres. Em seu Evangelho, Jesus sempre age em pares, ou seja, ele trata tanto com homens quanto com mulheres. Jesus, por exemplo, ressuscita o filho da viúva de Naim (Lc 7,11-17), mas também restabelece a vida da filha de Jairo (Lc 8,41-46). Como também está registrado em outros Evangelhos, Jesus tem mulheres no grupo de seus discípulos (Lc 8,1-3; Mc 15,41; Mt 20,20), permitindo que elas deixem suas casas para segui-lo. Mulheres não são somente discípulas, elas contribuem financeiramente para o sustento de seu ministério. Mulheres se tornam as testemunhas-chaves da crucificação e ressurreição de Jesus.

Um critério fundamental para explorar a masculinidade libertadora de Jesus pode ser encontrado na sua pregação do Reino de Deus. O Deus desse Reino não é um senhor dominante, mas um Deus de compaixão, de solidariedade com o escravo, o pobre, o pecador, os marginalizados. Na perspectiva de Jon Sobrino,

> Desde el reino de Dios aparece la ultimidad de la voluntad de Dios, su designio, su trascendencia; y también, su contenido como lo sumamente bueno: el amor

---

[72] MAZZAROLO, *Lucas – a antropologia da salvação*, p. 124.

y la ternura. A ese Dios le llama la teología de la liberación el Dios de vida. Por la propia naturaleza del reino, Dios no aparece como un Dios celoso del bien de los hombres; más bien, su gloria consiste en la vida de los pobres. Pero sí es celoso de los otros ídolos, de los ídolos con los que está en estricta contradicción. Por ello el amor de Dios puede denominarse como justicia, el amor en contra de la muerte que propician otros dioses. Dios se hace el Dios de las víctimas de este mundo y esa solidaridad llega hasta los extremos de la cruz, de modo que tiene sentido la mención de un Dios crucificado. Pero ese Dios sigue siendo afirmado como el que – gratuita y definitivamente – será capaz de sacar vida de donde no la hay, de hacer surgir un reino definitivo en medio del antirreino de la historia.[73]

Essa perspectiva é colocada nos lábios de Maria, quando ela canta alegremente o seu *Magnificat*: "Depôs os poderosos de seus tronos e exaltou os humildes; Encheu os famintos de alimentos e despediu os ricos de mãos vazias" (Lc 1,52-53), tudo isso em cumprimento de uma antiga promessa de misericórdia. O Reino de Deus não se estabelece por relações de dominação, mas por um novo tipo de comunidade onde os últimos são os primeiros e onde aqueles que são considerados primeiros devem se converter, ou seja, se voltar para o "menor destes, meus irmãos e irmãs" (Mt 25,40).

Os primeiros escritores cristãos aceitaram os ideais hegemônicos da masculinidade greco-romana, até mesmo imitando-os, a fim de promover o cristianismo. Por outro lado, também se opuseram a eles. Uma das maneiras que o cristianismo nascente encontrou para se legitimar, foi imitando as ideias culturais dominantes de masculinidade, ocasionalmente suavizando as disparidades entre o cristianismo e a cultura greco-romana, outras vezes mostrando resistência e subversão à cultura dominante. Nesse contexto se compreende que as hierarquias de gênero são construídas, que há desconexão entre biologia e gênero. Na antiguidade, a masculinidade era "aprendida", era um treino de si mesmo para se tornar homem, em vez de ter nascido assim.

O apóstolo Paulo, por exemplo, superou a crucificação potencialmente humilhante de Jesus, enfatizando como Jesus foi de bom grado até sua morte, tornando esta bravura voluntária a marca de um verdadeiro homem. Ao fazê-lo, Paulo ajudou a transformar a morte de Jesus em um ato de heroísmo

---

[73] SOBRINO, *Centralidad del Reino de Dios en la Teología de la Liberación*, p. 506.

masculino. Jesus foi retratado como o homem ideal e representante de uma masculinidade superior em relação a outros homens, embora permanecesse subordinado a Deus.

Uma exceção, podemos encontrar no livro de Apocalipse: o uso de imagens do poder militar ao retratar Jesus, que se desvia de ideias convencionais de masculinidade, como a ênfase na vingança violenta, o que contraria as noções de autocontrole disciplinado (Ap 6,1.3.5.7). O que todos os textos têm em comum, porém, é que eles fazem um uso consciente da masculinidade hegemônica como uma maneira de lidar com a Roma imperial e de afirmar uma imagem de Jesus tanto como um novo homem quanto como um homem romano. Jesus parece, algumas vezes, imitar ou refletir os valores da masculinidade greco-romana. Em outras vezes, subverte por completo esses ideais e valores (Ap 21,4-5).

O pesquisador da Universidade de Yale, Mathew Kuefler, descreve a construção da masculinidade no Novo Testamento como uma subversão cristã do homem ideal no Império Romano. Kuefler afirma que a masculinidade, como categoria e conceito, era parte integrante da busca intelectual da antiguidade tardia, e isso se tornou crucial no desenvolvimento do ideal cristão. Na perspectiva de Kuefler, ocorre uma mudança importante na dinâmica do ideal masculino. O ideal antigo vai deixando espaço para o estabelecimento de uma nova masculinidade cristã. O ideal da masculinidade cristã se distancia de uma compreensão subordinada para uma posição de masculinidade hegemônica baseada na virilidade.[74]

Sua pesquisa se localiza principalmente na Antiguidade tardia (200-450), quando se estabelece a masculinidade cristã greco-romana com as seguintes características: 1) o modelo militar romano foi transformado no paradigma do "soldado de Cristo" e de guerra espiritual contra demônios e o diabo; 2) a estrutura política romana é transferida para o ministério eclesiástico; 3) o modelo romano masculino sexualmente agressivo e procriador é reelaborado, emergindo o casamento cristão atrelado à abstinência sexual; 4) o ideal de vida masculina cristã é representado pelo eunuco, que se torna um importante símbolo religioso de masculinidade; 5) nesse novo ideal, as mulheres são excluídas de qualquer poder social e político.

---

[74] KUEFLER, *The Manly Eunuch – Masculinity, Gender Ambiguity, and Christian Ideology in Late Antiquity*, p. 50.

Fazendo uma leitura a partir da teologia pós-patriarcal das masculinidades, percebe-se que o afeto de Jesus por seus discípulos e amigos é explícito. No episódio do homem rico, Jesus primeiramente o trata rispidamente, mas depois ele o "olha com amor" (Mc 10,21). A multidão se surpreende quando Jesus chora por seu amigo Lázaro, que, segundo a multidão, tinha um grande amor por ele (Jo 11,36). Um personagem masculino importante para o qual Jesus expressa amor explícito é o discípulo amado. Os textos do Evangelho de João parecem expressar uma proximidade íntima entre Jesus e esse discípulo. Na última ceia, ele se inclina sobre seu peito para perguntar quem o iria trair (Jo 13,23-25). As expressões de amor para com seus discípulos se manifestam por último, nas perguntas que Jesus faz a Pedro: "Tu me amas mais que estes outros?" (Jo 21,15-17).

Nos Evangelhos estão presentes outras expressões de sensualidade e sensibilidade de Jesus direcionadas aos discípulos, que, mais que servos, os considera amigos. Tomé é convidado a colocar seu dedo nas feridas de seu corpo ressuscitado (Jo 20,24). Jesus molha o pão e o entrega a Judas (Jo 20,24). No horto, Jesus recebe um beijo de Judas como sinal para identificá-lo no momento de sua prisão, que, mesmo assim, é chamado de amigo (Mt 26,48-50; Lc 22,7-48, Mc 14,45). Em outra circunstância, mesmo que Jesus tenha deixado seus pés serem banhados por uma mulher, é ele, na última ceia, que se despe e, com uma toalha, lava os pés de seus discípulos, dando atenção especial a Pedro (Jo 13,1-11). Em contraste, quando Maria quer abraçá-lo na ressurreição, ele não se deixa tocar por ela (Jo 20,17), isso parece ressoar no *noli tangere* da versão paulina: "É melhor para um homem não tocar uma mulher" (1Cor 7,1).

Essa leitura dos gestos e atitudes de Jesus para com seus amigos aponta para a intensidade do amor por aqueles que lhe eram próximos. Podemos ver nessas expressões de amor uma espiritualidade das relações masculinas de amizade, carregadas de sensibilidade e sensualidade. Jesus parece não temer um contato corporal com os outros, principalmente com seus discípulos homens. De qualquer forma, ele apresenta uma forma de masculinidade "anormal", ou seja, que foge dos padrões da masculinidade hegemônica. Também é possível dizer que ele não se encaixa no padrão gay de expressão. No fim, sua maneira de ser está mais para um modo peculiar de vivência de sua masculinidade, ou seja, fora das padronizações.

2.3.3 A representação de Deus como Pai, o "Abbá" de Jesus Cristo

Para adentrar na compreensão de Deus como "Pai" na experiência de Jesus, pretendemos primeiramente levantar alguns aspectos hermenêuticos que nos ajudem a balizar nosso caminho de reflexão. Um segundo passo será explorar as perspectivas da compreensão de Deus como Pai no Antigo e no Novo Testamento. Em seguida, analisaremos a experiência do Deus-Abbá de Jesus e seus aspectos mais relevantes. Concluindo esse trajeto, buscaremos delinear a relação Pai-filho e a elaboração de Deus Pai livre do patriarcalismo como caminho para uma teologia das masculinidades.

A paternidade está diretamente relacionada com a masculinidade. Todavia, assim como a masculinidade se encarna nas culturas e nas subjetividades dos homens, da mesma forma a paternidade. As imagens da paternidade estão presentes na vida de cada ser humano e se expressam nos simbolismos religiosos e culturais, assim como na elaboração dos papéis e expectativas. Desse modo, paternidade não é somente um fato biológico que o homem realiza ao gerar um filho, mas um conjunto de papéis e expectativas elaborados em cada sociedade e cultura. Parseval, colhendo a diversidade de experiência de paternidade das culturas ao redor do mundo, define paternidade da seguinte maneira:

> O(s) genitor(es); o amante oficial; o protetor da mulher durante a gravidez; aquele que pratica o resguardo (pré ou pós-natal); aquele que desempenha um papel no parto ou durante o pós-parto; o marido da mãe (principal ou secundário); o(s) irmão(s) da mãe (tios maternos); o(s) irmão(s) do pai (tios paternos); o avô; um homem da mesma linhagem; um homem pertencente ao mesmo clã; aquele que cria a criança; aquele que dá sobrenome ou que adota; aquele que reconhece a criança, legal e ritualmente; aquele que transmite uma semelhança; um velho considerado impotente; um solteiro; uma mulher estéril; um homem considerado estéril; Deus.[75]

O sistema patriarcal-imperial trazido e desenvolvido pelo Ocidente no processo de colonização elabora e impõe um modelo de paternidade. O patriarcado, que em si mesmo significa a autoridade ou o governo do pai, além de expressar

---

[75] PARSEVAL, *A parte do pai*, p. 46-47.

características de proteção, provisão e segurança para o núcleo familiar, implica também a manifestação do poder e da autoridade sobre os membros da família.[76] Esse modelo e estrutura de paternidade resultam em graves consequências, gerando a desigualdade e injustiça de gênero, violência, proibição, ameaça e medo. Aos meninos é imposto um modelo de masculinidade e paternidade que hierarquiza as diversidades sexuais e oprime mulheres.[77]

Esse modelo patriarcal de paternidade-imperial implica uma tragédia ainda maior para muitos homens e suas famílias – a ausência e o sacrifício. A estrutura patriarcal exige da paternidade ser o único provedor dos recursos necessários para a vida da casa, tornando o espaço público mais próprio para o homem. O papel de provedor patriarcal o retira do âmbito familiar, das relações de proximidade afetivas e intimidades mais profundas. Esse sacrifício o torna presa fácil para todo tipo de problemáticas sociais e de saúde.[78]

Para as sociedades e culturas onde prevaleceu o cristianismo ocidental, a imagem de Deus está diretamente relacionada com o Pai. Todo o sistema religioso, assim como suas expressões mais solenes nas liturgias e orações expressam e afirmam um Deus que é Pai Todo-Poderoso, caracterizado principalmente por ser ausente, controlador, branco, autoritário, com força e poder, protetor e juiz, senhor e rei. No ritual da Eucaristia, nos domingos e festividades se aclama: "Glória a Deus nas alturas. E paz na terra, aos homens por ele amados. Senhor Deus, rei dos céus, Deus Pai Todo-Poderoso".[79] Nesses atributos de Deus como Pai, estão presentes os anseios e as necessidades humanas mais profundos de segurança e proteção, mas, ao mesmo tempo, eles se tornam a origem de conflitos, decepções, angústias e medos interiores.

Diante dessa problemática, podemos nos perguntar: é possível libertar-nos dos padrões patriarcais e hegemônicos da paternidade? Como libertar homens e mulheres de um modelo de paternidade que oprime e explora mulheres e se torna obstáculo para a diversidade de expressões de outras paternidades? Como a releitura da experiência de Deus-Abbá de Jesus de Nazaré pode nos ajudar nesse processo de rupturas de modelos opressivos de masculinidade e na elaboração de novas alternativas de convivência familiar?

---

[76] JOHNSON, *The gender knot: unraveling our patriarchal legacy*, p. 49.
[77] BADINTER, *Sobre a identidade masculina*, p. 13-15.
[78] GOMES, Romeu, *Sexualidade masculina, gênero e saúde*, p. 7-8.
[79] MISSAL ROMANO, São Paulo, Paulus, 2015, p. 398.

Nesse processo de desconstrução e reconstrução, o mais importante é descobrir e se relacionar com novas imagens divinas que contribuam para elaborar novas práticas e a valorização das diversidades masculinas de paternidade. A teologia feminista, com uma hermenêutica bíblica da suspeita e da emancipação de mulheres, procurou recuperar e detectar nos textos das Escrituras características maternas e de sabedoria em Deus.[80] Na construção de uma teologia das masculinidades, uma de suas tarefas será também recuperar e recriar imagens e atributos de Deus como Pai que ajudem principalmente os homens a se libertar do patriarcalismo imperial e curar as masculinidades do seu potencial violento e autoritário. Paternidades que contribuam para uma sociedade e uma Igreja de igualdade de gênero, que celebrem as diversidades sexuais e étnicas, transformem o pensamento hierárquico-binário que inferioriza e que exclui uma grande parte de seres humanos.[81]

No Antigo Testamento, Deus se apresenta como Pai de um povo (Is 63,15; 64,7) e não de um indivíduo em particular, a não ser quando o rei é designado como Filho, que representa a comunidade. A paternidade divina no AT se manifesta claramente em três expressões da ação de Deus em relação ao seu povo: libertar da escravidão (Ex 4,21b-23), educar para a liberdade de filhos e filhas (Pr 1,8; 2,1; 3,1; 8,1-6) e no perdão de suas faltas (Jr 31,9.20).

> Embora não se utilize muito a noção de pai para falar de Deus no AT, isso não nega a possibilidade de atribuir a Deus no Antigo Testamento outras atitudes e funções consideradas dentro da cultura hebraica-judaica como "paternas" ou "masculinas". Tampouco se pode afirmar que as imagens "masculinas" sejam as únicas; também encontramos imagens que fazem referência a atitudes ou a funções consideradas culturalmente como femininas (Os 11,8; Dt 33,12; Is 49,15).[82]

No Novo Testamento o termo pai é muitas vezes encontrado. A expressão é usada para designar Deus como Pai (245 vezes) e para descrever o pai biológico

---

[80] JOHNSON, Elizabeth A. *She Who Is, the mystery of god in feminist theological discourse*, New York: Crossroad, 1992; FIORENZA, Elizabeth Schussler, *In memory of her: A feminist theological reconstruction of Christian origins*, New York, Crossroad, 1992.

[81] BOYD, Stephen Blake, *The men we long to be: beyond domination to a new Christian understanding of manhood*, San Francisco: Harper, 1995; REYES, Francisco, *Otra masculinidad posible*, Bogotá, Dimension Educativa, 2003.

[82] ARCHILA, Meu pai e pai de vocês, meu Deus e Deus de vocês, p. 91.

(157 vezes). Jesus certamente nomeou Deus de Pai, mas ele pode ter feito menos do que é descrito nos Evangelhos. Os sinóticos, principalmente Marcos e Lucas, são os que menos mencionam a expressão pai na boca de Jesus. Enquanto Mateus faz mais uso da expressão.[83]

O Evangelho que faz maior uso da expressão pai é o de João, por várias razões. Primeiramente, porque sua comunidade parece ser caracterizada por um discipulado de iguais, onde todos são filhos e filhas amados do Pai e onde também se percebe o protagonismo de figuras femininas como Maria Madalena.[84] Uma segunda razão é que o Evangelho de João procura ser uma narrativa teológica da vida de Jesus. A expressão pai-filho caracteriza o relacionamento íntimo de Jesus com Deus, expressando as bases para a compreensão de uma teologia de sua natureza divina. "O fundamento da obra joanina está na sua tese cristológica: Jesus é o Cristo desde sempre, porque estava junto do Pai e era como o Pai (Deus)."[85] Em terceiro lugar, se suspeita também da influência da cultura e da filosofia greco-romana, que também designa Deus como pai e criador do universo, com características patriarcais do ambiente cultural dessa época.[86]

Uma das expressões mais surpreendentes para designar Deus, colocada na boca de Jesus, é Ab, em hebraico bíblico, ou Abbá, em aramaico. Esta última era como as crianças pequenas aprendiam a chamar seus pais na tenra idade. Essa expressão também começou a ser usada popularmente pelos filhos adultos ao se dirigir a seus pais, no tempo de Jesus. Pensa-se que, na literatura devocional do judaísmo antigo, pouco se usa a expressão para se dirigir a Deus. Enquanto Jesus faz uso da expressão Abbá, em momentos fortes de oração (Mc 14,36),[87] Paulo também a usa para expressar, na vida cristã, a mesma experiência filial de Cristo (Rm 8,15).

A expressão "Abbá" para nomear Deus brota nos lábios de Jesus proveniente de sua experiência fundamental com ele. É uma expressão de profunda intimidade filial, expressando ternura, confiança e carinho para com Deus. Sendo uma expressão própria das crianças, nela está incluída a exigência para entrar

---

[83] Ibidem, p. 99.
[84] FIORENZA, *In Memory of Her: A Feminist Theological Reconstruction of Christian Origins*, p. 332.
[85] MAZZAROLO, *A Bíblia em suas mãos*, p. 139.
[86] ARCHILA, Meu pai e pai de vocês, meu Deus e Deus de vocês, p. 99.
[87] MAZZAROLO, *Evangelho de Marcos*, p. 308.

na mesma experiência do Deus do Reino (Mt 18) – tornar-se como crianças (os pequenos). Somente as crianças e os que são como elas podem receber a revelação do Abbá e tecer uma relação de intimidade amorosa e carinhosa com ele. O Deus-Abbá é o pai dos pequenos (Lc 12,32; Mt 18,6.14), são estes que clamam Abbá-Pai por proteção e dignidade. Nas primeiras comunidades cristãs havia muitos "apátridas" sociais (sem pai) – ovelhas sem pastor. O Deus-Abbá é um pai compassivo para os "apátridas", que se torna próximo, terno, solidário, sensível e amigo.[88]

A criança, como figura-chave da compreensão do Abbá de Jesus, se torna a base do discipulado. A criança é aquela que é mais capacitada para aprender do Pai e imitá-lo. Para pronunciar verdadeiramente o Abbá de Jesus, é necessário ser educado pelo Pai, tornar-se imagem de um Deus que é um pai de bondade. Ao entrar na experiência do Abbá de Jesus nos tornamos filhos, guiados por seu Espírito e livres da lei (Gl 5,1). Nessa relação de pai-filho-filha, não prevalece o poder de dominação e subordinação, mas de sensibilidade, compaixão, empatia, filiação e comunhão. Essa relação íntima de Jesus com seu Abbá, que passa a fazer parte da experiência dos primeiros cristãos, torna-se uma crítica ou uma contraproposta ao modelo pai de família (*oikodespotês*), que se considera um pequeno imperador, prepotente e autoritário, que exige submissão e se torna a base para as várias formas de violência masculina.[89]

A partir dessa análise, que princípios podemos derivar para uma teologia pastoral das masculinidades? Primeiramente, precisamos desconstruir a patriarcalização da imagem de Deus-Pai-Abbá de Jesus, que se tornou a base para empobrecimento do relacionamento filial comunitário dos cristãos e cristãs. O poder e o governo do pai-adulto militarizado, colonizador, chefe da família, negam a imagem do Deus-bom-Pai de Jesus. Essa imagem patriarcal, ainda bastante presente nas sociedades e modelos de igrejas neocoloniais, está apegada ao poder de dominação, ao legalismo, à ordem, a machismos e autoritarismos que esvaziam o coração da misericórdia, da compaixão e da justiça.

Para redimir masculinidades na experiência do Abbá, é necessário o resgate do contexto de onde Jesus elabora sua compreensão: 1) da vivência abraâmica de Deus, que nos abre o horizonte para novas possibilidades de vivência da fé; 2)

---

[88] ARCHILA, Meu pai e pai de vocês, meu Deus e Deus de vocês, p. 102.
[89] CONWAY, *Behold the Man! Jesus and Greco-Roman Masculinity*, p. 15-20.

da fé de Moisés que engendra o projeto de libertação da escravidão de um povo a caminho de uma terra prometida; 3) da experiência de Maria que encarna a vivência das mulheres da história da salvação, como caminho de libertação para hoje e amanhã no cotidiano da vida; 4) dos profetas que experimentam Deus como esperança e utopia sempre renovada. Acima de tudo, falar da imagem de Deus como Pai-Abbá não é um absoluto, mas uma entre tantas formas simbólicas para adentrar no mistério transformador de seu amor.[90]

2.4 Imagem e semelhança de Deus, aspectos bíblico-antropológicos

Os processos interpretativos emancipatórios buscam desenvolver novas formas de ler e interpretar a Bíblia (e outros textos teológicos-doutrinais culturalmente influentes), para evitar que o conhecimento bíblico continue sendo produzido no interesse da dominação e da injustiça.[91] A hermenêutica bíblica, nessa perspectiva, compreende que o Antigo Testamento ensina que homens e mulheres são criados igualmente à imagem de Deus (Gn 1,26-28; 5,1-2) e que é impreciso descrever o Deus do Antigo Testamento como completamente masculino. O homem e a mulher não somente representam Deus, mas também recebem a tarefa do cuidado. De acordo com o ensinamento de Paulo, nessa discussão sobre a imagem de Deus, homens e mulheres estão conformados à imagem de Cristo (Rm 8,29; 2Cor 3,18; 4,10-11; Gl 4,19). Contudo, segundo Paulo, Cristo é a imagem de Deus, que é, por sua vez, a cabeça da Igreja, sua noiva. Nessa lógica, o homem se torna a cabeça da mulher que assume uma condição de subordinação totalmente contrária à intenção do texto de Gn 1.

Embora a história bíblica da salvação seja principalmente contada a partir do ponto de vista masculino e com referência a um Deus masculino, a maioria dos teólogos concorda que Deus não é nem homem nem mulher. Chamar Deus de Pai não significa dizer que Deus é uma pessoa do sexo masculino.

> Precisamos levar a sério essas contribuições da teologia feminista para recriar (reconstruir) o mais original e autêntico da experiência de Deus Pai, sabendo

---

[90] ARCHILA, Meu pai e pai de vocês, meu Deus e Deus de vocês, p. 101.
[91] FIORENZA, *Caminhos de sabedoria*, p. 189.

que não podemos reduzir o "paterno" de Deus ao que se considera culturalmente como masculino.[92]

Deus, na sua autorrevelação, usa a linguagem humana e cultural para se desvelar para a humanidade. Ao usar a imagem de um pai do antigo Israel, somos levados a intuir sobre a natureza de Deus. Como uma categoria ontológica, sexo é um atributo da ordem criada e, portanto, não é atribuível à natureza de Deus. Da mesma forma, o gênero masculino é exclusivamente da natureza humana de Cristo e não da sua natureza divina.[93] Desse modo, em Gn 1,1–2,4a, a autoridade espiritual não está fundamentada numa masculinidade patriarcal. Na perspectiva de Mazzarolo:

> Nesta narrativa Deus não age, apenas ordena pela Palavra, e tudo acontece. Esta corrige os aspectos androcêntricos da primeira (observe que está na segunda posição na Bíblia), colocando homem e mulher em igualdade, pois ambos são a imagem e semelhança de Deus.[94]

Desse modo, tanto homens como mulheres receberam autoridade para governar sobre a terra. Não há desigualdade que possa estar baseada nas diferenças biológicas. Além disso, há instruções no Novo Testamento a todos os crentes para que se relacionem entre si, com humildade, respeito, e para que se submetam uns aos outros como servos uns dos outros e não se preocupem com posições de status e autoridade. Essas passagens exortam os cristãos a tratar uns aos outros como eles e elas gostariam de ser tratados (cf. Lc 22,25-27; Mt 7,12; 20,25-28; 23,8-12; Rm 12,3-10; Fl 2,2-5).

Na nova aliança, não há mais qualquer distinção entre judeus e gentios, escravos e pessoas livres, homem e mulher (Gl 3,26-28). Assim, cada crente é um filho e uma filha adotivos de Deus, um herdeiro e herdeira de Deus e co-herdeiro(a) com Jesus Cristo (Rm 8,15-17). Maridos e esposas são herdeiros iguais de todas as dádivas do Deus da vida (1Pd 3,7). Como herdeiros, homens e mulheres são iguais em direitos e responsabilidades, têm o mesmo acesso e direito de representar o Pai, e ambos devem obedecer aos seus mandamentos.

---

[92] ARCHILA, Meu pai e pai de vocês, meu Deus e Deus de vocês – A imagem de Deus Pai nos evangelhos, p. 94-95.
[93] TAYLOR, *Redimindo Cristo: imitação ou (re)citação?*, p. 145.
[94] MAZAROLLO, *A Bíblia em suas mãos*, p. 82.

Todos os crentes são cheios do Espírito Santo e abençoados com seus dons, sem discriminação em razão da idade, raça, status social ou sexo (At 2,17-18). Qualquer um que recebeu um dom deve usá-lo para o bem dos outros, com responsabilidade e sem restrição. Em Cristo, como nosso sumo sacerdote (1Tm 2,5), somos também chamados a ser sacerdotes e sacerdotisas de Deus (1Pd 2,5-9), e todos nós somos representantes de Deus na Igreja e no mundo (2Cor 5,20).

> Uma Igreja com menos estruturas hierárquicas envolveria os cristãos muito mais profundamente numa vida de contemplação e ao mesmo tempo de protesto no mundo. O anseio de mulheres por uma Igreja de igualdade e libertação seria encontrado em comunidades de igualdade e discipulado. Aqui os dons individuais, tanto das mulheres quanto dos homens, brilharão sem impedimento. O papel das mulheres será reconhecido e valorizado. A autoridade na Igreja servirá aos marginalizados e oprimidos. A competição por posições de poder dará lugar ao serviço e os líderes proclamarão a mensagem do Evangelho.[95]

Todos os batizados recebem o ministério sacerdotal de Cristo, representando na Igreja e no mundo essa imagem, e são diretamente responsáveis perante Deus. Esses exemplos da Escritura mostram que, nas suas relações com os seres humanos, Deus e Cristo não favorecem o gênero de um sobre o outro e, como um seguidor e seguidora de Cristo, filho e filha de Deus, é preciso fazer o mesmo (Tg 2,9; At 10,34-35).

Tudo isso, no entanto, não significa que homens e mulheres são idênticos e indiferenciados, mas que os homens e as mulheres de Deus estão destinados a crescer até a maturidade de Cristo, o verdadeiro humano. Jesus Cristo se torna paradigma de uma humanidade liberta, não propriamente por sua masculinidade, mas por sua busca da justiça do Reino. Nesse sentido, a comunidade cristã é imitadora da humanidade de Cristo, e a masculinidade de Cristo é significativa principalmente por rejeitar o patriarcado cultural e religioso de seu tempo.[96]

Por outro lado, compreendemos que a leitura da Bíblia em chave de gênero, para promover a igualdade e o valor intrínseco de homens e mulheres, é em si mesma um grande desafio. Como foi mostrado acima, a Bíblia tem algo a dizer sobre a igualdade de gênero. No entanto, isso não é suficiente. Para muitas

---

[95] TITTON, *Gênero e eclesiologia: autoridade, estruturas, ministério*, p. 124 [548].
[96] TAYLOR, *Redimindo Cristo: imitação ou (re)citação*, p. 157.

questões sobre gênero, a Bíblia não oferece respostas claras. Ainda existe uma tensão nas Escrituras em relação às questões de gênero. Certas passagens, quando tomadas sem contextualização e atualização, podem inferiorizar e fazer violência às mulheres, ao invés de valorizá-las. Na Bíblia, não há um ensinamento definido que elabore, de modo consistente, o gênero na sua totalidade. Seguindo a perspectiva de leitura bíblica, elaborada por Fiorenza, e da Teologia da Libertação, o melhor é começar pela leitura da história e da narrativa de vida dos pobres.

> Uma interpretação crítica em prol da libertação não começa pelo texto e não coloca a Bíblia no centro da atenção. Em vez disso, começa com uma reflexão sobre sua própria experiência e lugar sociopolítico e religioso. Para isso, utiliza uma análise sistêmica crítica das estruturas kyriarcais de opressão que configuram nossas vidas e que estão inscritas nos textos e nas interpretações da Bíblia. Insisto em afirmar que precisamos assumir uma "postura feminista" na leitura de textos bíblicos, juntamente com mulheres que lutam na base da pirâmide kyriarcal de dominação e exploração, porque suas lutas revelam tanto o fulcro da opressão desumanizadora que ameaça toda mulher como também o poder da Divina Sabedoria que está ativa em nosso meio.[97]

A partir dessa metodologia de leitura bíblica, começamos a perceber o modo como Jesus interagiu com as mulheres. Ele respeitava e cuidava das mulheres, falando livremente com elas em público, em um contexto onde os homens não eram autorizados a fazer. Além disso, seu ponto de vista positivo sobre as mulheres é consistente em todo o Novo Testamento e até mesmo ao incluí-las e considerá-las dignas de serem membros do grupo mais íntimo. Esses textos devem ser considerados ao lado daqueles que refletem pontos de vista aparentemente injustos e discriminatórios contra as mulheres. O contexto patriarcal não apaga visões negativas, de discriminação e violência contra as mulheres na Bíblia.[98]

Dentro da perspectiva de uma antropologia teológica crítica, levanta-se a questão sobre a compreensão da expressão "imagem e semelhança de Deus" na humanidade feminina e masculina. Como entender essa afirmação, para melhor compreender o sentido de igualdade, justiça e amor nas relações entre mulheres e homens?

---

[97] FIORENZA, *Caminhos de Sabedoria*, p. 107.
[98] FISCHER, *"Vai e sujeita-te!" disse o anjo a Agar*, p. 111 [269].

Na perspectiva bíblico-teológica do Antigo Testamento sobre a questão relacionada à "imagem e semelhança" da humanidade com Deus, atenção é dada ao texto de Gn 1,26-28.[99] Nesses dois versículos busca-se uma compreensão dos termos: nossa, imagem, macho e fêmea. Para o uso do termo "nossa", várias interpretações são dadas. Para a compreensão linguística, o termo "nossa" é usado no plural da linguagem da realeza, juntamente com a palavra "Elohim" (nome de Deus) em hebraico, que é plural para mostrar a amplitude do poder divino. Outra interpretação compreende o "nossa" como resquício das concepções politeístas da elaboração do monoteísmo. Para outras compreensões, o "nossa" nada mais é que um termo retórico.

A expressão "imagem" tem um significado importante principalmente para a teologia cristã, que percebe nessa palavra uma referência à "alma". Para a perspectiva judaica, essa interpretação não tem esse sentido porque para a língua hebraica não existe um termo para alma. Alma e corpo são um dualismo proveniente das concepções antropológicas gregas, que, inseridas na teologia cristã, contribuíram para dar essa interpretação do texto de Gênesis.

> A "imagem" devia ser o representante do rei naquela região. Se aplicarmos isso ao Gênesis, ser criado à imagem de Deus é ser representante de Deus na terra, o que é salientado pela sentença seguinte do v. 26, onde é concedido à humanidade o domínio sobre a terra. Como Deus é soberano do reino celeste, assim a humanidade, como representante de Deus, é soberana do reino terrestre. É uma visão bastante enaltecedora da humanidade.[100]

Para Westermann, há várias possíveis interpretações para a metáfora "imagem e semelhança". Para ele, esta pode designar capacidades espirituais (alma, intelecto, vontade). Pode significar ter uma forma corpórea ou ambas as características (corporais e espirituais). Poderia significar ser um representante de Deus na terra com a capacidade de entrar em contato com Deus. Baseada na teologia da realeza, a humanidade seria, nesses termos, como um administrador ou vice-rei de Deus.[101]

---

[99] Gn 1,26-27: "Então Deus disse: 'Façamos o homem à nossa imagem e semelhança. Que ele reine sobre os peixes do mar, sobre as aves dos céus, sobre os animais domésticos e sobre toda a terra, e sobre todos os répteis que se arrastem sobre a terra. Deus criou o homem à sua imagem; criou-o à imagem de Deus, criou o homem e a mulher'".

[100] VIVIANO, *Gênesis*, p. 58-59.

[101] WESTERMANN, *Genesis 1-11: a continental commentary*, p. 107.

Contudo, Westermann afirma que essa passagem, quando se refere à imagem de Deus, não tem como intenção fazer uma afirmação geral e universal válida sobre a natureza da humanidade. A ênfase está sobre a ação de Deus como criador da humanidade. É nesse aspecto que tem sentido falar da imagem e semelhança de Deus.[102]

O primeiro ser humano, "adam", que, no hebraico, é o termo para designar "humanidade", traz em si mesmo uma conotação coletiva, uma tonalidade de "gênero-inclusiva". Apesar de ser feito da terra, sua semelhança é com Deus. Um aspecto importante é designar o humano a partir de sua sexualidade "macho e fêmea" no ato da criação, referência que pertence à imagem de Deus e não de imediato à capacidade procriadora. Somente aos humanos é designado o cuidado sobre a terra, e isso lhe é comunicado diretamente. Desse modo, "macho e fêmea" correspondem à imagem de Deus.

> Em hebraico "adam", assim, o texto de 1,27 pode ser traduzido: "Deus criou a humanidade à sua imagem... criou-os macho e fêmea". A humanidade não foi criada como um tipo de ser andrógino; consiste, isso sim, no macho e na fêmea. Juntos, homem e mulher constituem a humanidade.[103]

A humanidade (*hã-adám*) é constituída de duas criaturas (macho e fêmea). Desde o início da humanidade existiram duas criaturas, vivendo em unidade, diferenciada sexualmente, distinção na harmonia. A humanidade, como "macho e fêmea" pode ser interpretada como base para uma relação igualitária e não hierárquica entre os sexos. O que parece exclusivo da passagem é que a humanidade "macho e fêmea" é criada como imagem e semelhança de Deus. Essas características revelam e concebem algo tanto da natureza de Deus como da natureza da humanidade.

Se a compreensão do ser humano como "imagem e semelhança" no Antigo Testamento se entende a partir da ação criadora de Deus, no Novo Testamento essa compreensão está ligada ao ser e ao fazer de Cristo. Está relacionada com sua imagem de Filho de Deus e seu modo de ser Filho no anúncio e vivência do Reino. A fé em Jesus Cristo e no seu Evangelho leva quem crê à vivência do ser e do fazer messiânico, não importando seu gênero. A vivência desse caminho

---

[102] Ibidem, p. 107.
[103] VIVIANO, *Gênesis*, p. 59.

progressivo de assumir a imagem e semelhança de Cristo em sua própria vida leva os indivíduos a se relacionar uns com os outros com humildade, vivendo como servos uns dos outros, sem pretender posições de status, privilégios e autoridade. Prevalece a lei de ouro que resume a Lei e os profetas, tratar os outros como gostaríamos de ser tratados (Lc 22,25-27; Mt 7,12).

Gebara sustenta uma antropologia teológica unificada.[104] Para ela, a antropologia teológica tradicional sofre de um dualismo que divide o divino do humano, o macho da fêmea, o racional do emocional, o humano do não humano, o indivíduo da comunidade. A partir da escuta e da resposta, das experiências concretas de sofrimento e do mal, se experimenta a salvação. Contudo, há o desafio de superar os dualismos, enfatizando que o mal e a salvação são experiências que fazem parte da vida cotidiana. A ambiguidade da vida é a base para a compreensão do mal e da salvação. Uma visão mais complexa ajuda a superar as distorções dualistas que transformam o bem e o mal em categorias absolutas e opostas.

> A divisão, própria do nosso pensamento, entre o bem e o mal, como a afirmação clara do que é o bem, tornou esse dualismo ainda mais nítido. O lado feminino sempre foi visto como obscuro, inferior, menos dotado, ou como o mais próximo da matéria. O lado masculino foi considerado como superior, claro, e, portanto, mais próximo do espírito, em última análise mais apto a representar Deus. Isso manifesta a íntima conexão entre as questões epistemológicas, as questões éticas e as questões de GÊNERO.[105]

Gebara coloca as experiências das mulheres no centro de seu trabalho, criticando as doutrinas tradicionais do mal e da salvação em suas construções distorcidas e opressivas ao longo da história, como a leitura da figura de Eva e da transmissão do pecado original.

Desse modo, a antropologia teológica está diretamente relacionada com a imagem que temos de Deus e em como esta imagem é refletida na humanidade. Uma compreensão adequada da imagem de Deus no ser humano deveria conferir-lhe capacidade para amar, agir justamente e cuidar do jardim da criação. Incluir a perspectiva de gênero nesta etapa de nossa reflexão significa repensar a imagem de Deus, que inclui mulheres e o feminino. Significa analisar

---

[104] GEBARA, *Rompendo o silêncio*, 2000.
[105] Ibidem, p. 117.

criticamente as relações de poder e hierarquização dos gêneros que ainda são apresentadas como naturais ou naturalizadas.

Partindo de uma compreensão trinitária da imagem de Deus, o ser humano mulher e homem estão destinados a se tornar expressão da relacionalidade e graça que se expressa na vida de comunhão. O ser humano se realiza na comunhão com os outros, na igualdade de dignidade e valor. A graça não deve ser vista como submissão à vontade do outro, mas, pela perspectiva do Reino, como justiça e amor vividos na comunidade. Para Boff, cada pessoa humana, nas suas três dimensões: mistério, inteligência e amor, é, ao mesmo tempo, unidade e diversidade, imagem e semelhança de Deus, que é Pai, Filho e Espírito Santo.[106]

2.5 Corporeidade e sexualidade – antropologia teológica dos corpos e sexualidades masculinas

> Corpos são acontecimentos. Aparecem e desaparecem em um determinado espaço de tempo. Eles mudam com o tempo, adaptando-se aos processos históricos e à sociedade em que estão inseridos. Há um processo de incorporação social, processo de formar o corpo para as exigências sociais.[107]

> O corpo é o lugar privilegiado da experiência humana. O corpo é realidade simbólica. O símbolo expressa experiências humanas que as palavras não conseguem explicar. Corpo, símbolo, falam profundamente, são linguagem que expressa o que a palavra falada e escrita muitas vezes não consegue comunicar. Corpo é linguagem. Corpo é relação. Corpo é metáfora.[108]

Na elaboração teológica da corporeidade masculina, um aspecto basilar da relação do ser humano com Deus é a percepção corporal. As concepções de Deus, elaboradas pelos homens, são inseparáveis de seus corpos, e a corporeidade masculina dá forma e transforma suas percepções do sagrado. A experiência do corpo masculino conduz a um conjunto de significados e representações que se transforma em percepção religiosa. Desse modo, pode-se compreender as experiências do corpo como fonte legítima e importante de elaboração teológica. Essas experiências também se tornam fontes de significados e visão de mundo.

---

[106] BOFF, *A Santíssima Trindade é a melhor comunidade*, p. 100.
[107] CONNELL, *Gender*, p. 47-50.
[108] FRIGÉRIO, *Corpo... Corpo... Corpo... Hermenêutica*, p. 9-10.

Outro aspecto dessa elaboração teológica é compreender que a corporeidade e a sexualidade são uma das bases mais importantes para compreender a relação do divino com o humano. O corpo é também território do sagrado e a própria fonte da vida.[109] Ao longo da história da teologia, não temos dado atenção suficiente ao corpo como uma fonte de conhecimento, de poder e de violência. Somente na atualidade, começamos a entender que os corpos são territórios do privado e do político. É sobre os corpos que se exerce a opressão racial, de gênero e de classe.

Corpo é diálogo e relação. Desse modo, a metodologia da teologia da corporeidade será basicamente dialógica e relacional. Uma das consequências da prática patriarcal foi tornar o corpo masculino insensível e invisível para os próprios homens. A insensibilidade corporal do masculino gera a dominação do outro, resultando em violência contra a mulher, entre homens e sobre eles próprios.

> Um dos fatores que ajuda a reduzir os anos de vida dos homens é a violência. Nas páginas dos jornais, vê-se claramente como a violência tem um rosto masculino. Essa situação está intimamente ligada com a identidade masculina e em como ela toma forma no corpo dos homens. Nas situações difíceis da vida, exige-se dos homens que não demonstrem fraqueza, emotividade, sensibilidade (características atribuídas ao "feminino"). Exige-se que reajam com frieza, dureza e firmeza. A negação dos sentimentos e os fracassos transformam-se em energia que os homens liberam através de atitudes violentas: contra si mesmos, contra a própria família (violência doméstica), no trânsito, nos esportes, em brigas por motivos aparentemente insignificantes.[110]

Nossa existência no corpo nunca deveria ser um obstáculo à intimidade com Deus. Ao contrário, a afirmação da bondade encarnada na criação pelo próprio Deus – que viu que tudo era bom –, a corporeidade de Jesus Cristo, o Verbo que habitou em nossa carne, sua experiência da ressurreição no corpo, fazem com que a fé cristã seja em si mesma fundada sobre a corporeidade. A vivência cristã valoriza e tem seu sentido mais profundo na vivência do corpo.

Corpo e sexualidade foram pouco aprofundados e explorados como caminho espiritual e fonte da experiência de Deus. A teologia patriarcal ocidental está muito mais centrada no espírito e na mente, não tendo nenhuma relação com

---

[109] MIRANDA, *Corpo, território do sagrado*, p. 19-20.
[110] MUSSKOPF; HERNÁNDEZ, *Homens e ratos!*, p. 14.

o corpo e suas intuições. Parte dessa compreensão é proveniente do dualismo clássico grego: corpo e alma – corpo como prisão da alma. Para Gebara, "este (dualismo) foi a base de construção das teologias oficiais".[111]

Teologia da corporeidade é necessária para que seja possível uma compreensão mais complexa e positiva das masculinidades. Para esse fim, é preciso retornar a uma antropologia na qual Deus habita e não somente se encarna na humanidade. É através da inabitação do Espírito Santo que, quando derrama seus dons e virtudes, ele pode levar os humanos a viver uma vida de maior qualidade, dignidade e sentido. A perspectiva da ressurreição da carne deve adquirir um novo sentido que promova vida (saúde) masculina de qualidade. Masculinidade como corporeidade teológica nos desafia cada vez mais a superar aspectos violentos e destrutivos dos homens.

Para a elaboração de uma teologia da corporeidade que contribua pastoralmente na transformação da masculinidade, do seu potencial violento para um *ethos* de paz, é necessário adotar uma perspectiva antropológica mais complexa da tradição bíblica. A perspectiva da complexidade passa a ser uma das pressuposições centrais dessa análise. Segundo Edgar Morin, "se o *homo* é, ao mesmo tempo, *sapiens* e *demens*, afetivo e lúdico, imaginário, poético, prosaico, se é um animal histérico, possuído por seus sonhos e, contudo, capaz de objetividade, de cálculo, de racionalidade, é por ser *homo complexus*".[112] O ser humano, sendo um nó de relações, precisa ser compreendido nas várias dimensões e níveis de interligações e inter-relações.

A visão dualista do corpo contra a alma, e vice-versa, ainda prevalece, devido à forte influência do estoicismo, neoplatonismo, na tradição patrística e na espiritualidade cristã. "De maneira diversa, essas correntes de pensamento insistirão na oposição entre espírito e matéria, alma e corpo, razão e sentidos, liberdade e paixões."[113] Para a maioria dos estudiosos da Bíblia, o Antigo Testamento e também o Novo Testamento apresentam um modelo mais complexo da pessoa humana. O ser humano é primariamente corpo, unidade existencial composta de diferentes estruturas. Estas definem ou descrevem o ser humano como uma unidade complexa e dinâmica. Essas estruturas interagem umas em relação com as outras.

---

[111] GEBARA, *Rompendo o silêncio*, p. 118.
[112] MORIN, *O método 5: a humanidade da humanidade: a identidade humana*, p. 140.
[113] SALVATI, *Lexicon: Dicionário teológico enciclopédico*, p. 216.

A Bíblia não tem um termo definitivo para essa unidade dinâmica. Ela faz uso de vários termos para designar as partes do corpo existencial e para enfatizar diferentes aspectos da totalidade humana em sua relação com Deus. A revelação de Deus na Bíblia tem um interesse primordial de dar vida em plenitude ao ser humano em todas as suas dimensões e em sua relação pessoal com Deus. Sobre corporeidade bíblica masculina, pode-se perguntar: como superar o dualismo e a perspectiva hegemônica que prevalecem na construção de corpos masculinos? Como construir relações novas com as diversidades de corpos de outras masculinidades?

> Ideias assim como heranças de tradições dualistas, que hoje são substituídas por outros padrões de vida e de pensamento: pela ideia de processo (*Whitehead*), que compreende corpo e espírito como um processo vivo, pelo conceito da forma ou *Gestalt (Moltmann)*, que considera o corpo como expressão da vida, pela Teologia da Libertação (*Alves*), que, nos corpos dos que sofrem e no sorrir e chorar das crianças, redescobre Deus e o espírito, e pela orientação (clínica) psicoterápica (direção espiritual), onde se pretendem curar as divisões entre corpo e alma. Ligando-se a novas e velhas tradições como uma visão favorável do corpo, ampliadas pelas experiências da mulher, cristãs e cristãos podem partir para novas reflexões sobre a esperança na ressurreição do corpo.[114]

Um dos termos mais importantes na antropologia veterotestamentária é *néfesh*, que aparece 755 vezes no Antigo Testamento. *Néfesh* pode significar garganta, pescoço, anelo, alma, vida, pessoa ou pronome. É o contexto que determina o significado apropriado para o termo. Na narrativa da criação, o ser humano é descrito como *néfesh*, que não é simplesmente alma, mas a totalidade do ser humano. O ser humano não possui uma *néfesh*, mas é *néfesh*. Esse ser humano feito do pó da terra, sem vida, tem seu princípio de vida no hálito, no sopro de Deus.[115]

Essa antropologia bíblica do ser humano como *néfesh* é reafirmada no Novo Testamento (*psyché*), principalmente na doutrina paulina sobre a ressurreição dos mortos. Paulo reage contra os gnósticos antimaterialistas que ensinavam que a existência humana corporal era intrinsecamente má, proibindo as pessoas de se

---

[114] MOLTMANN-WENDEL; PRAETORIUS, *Corpo da mulher/corporalidade*, p. 65-66.
[115] WOLFF, *Antropologia do Antigo Testamento*, p. 52.

casarem e terem relações sexuais. Em 1Cor 6–7, Paulo afirma que Cristo veio para salvar o ser humano na totalidade de sua existência no corpo. A ressurreição, nessa perspectiva, assume o corpo em todas as suas dimensões. O plano de Deus para a criação e a humanidade é de levar a totalidade da vida à sua plenitude em Cristo. Essa é a obra do Espírito Santo que tudo renova, habitando no templo do corpo humano (1Cor 6,19).[116]

O que se percebe nessa rápida incursão na antropologia bíblica é que o dualismo e a teoria das duas substâncias são inadequados para uma compreensão do ser humano na sua totalidade. Rejeita-se, assim, certo idealismo que vê o eu pessoal como distinto e separado do corpo, mas, ao mesmo tempo, não se pode reduzir tudo ao corpo (materialismo). Em Mt 10,28, Jesus diz que se deve temer não aqueles que matam o corpo, mas quem pode matar o espírito. O espiritual não pode ser completamente definido porque inclui um estado de vivência que inclui uma complexidade de dimensões.

> Segundo a doutrina cristã, nunca o espírito (pelo menos o espírito finito) pode ser considerado de tal modo que, para ser plenamente perfeito, deva apartar-se da matéria, ou então, de tal modo que seu total aperfeiçoamento deva crescer na proporção de seu afastamento das coisas materiais. Esta é uma tentação platônica, que acusa uma falsa interpretação do Cristianismo. Muito ao contrário disto, a perfeição do espírito exige que ele se procure e se encontre a si mesmo mediante o aperfeiçoamento da matéria.[117]

Nesse contexto se enfrenta o desafio de transformar as intuições da antropologia bíblica em termos pastorais para uma vivência das masculinidades cristãs. Como esses aspectos poderiam ser traduzidos?

Para ser uma pessoa humana, na perspectiva de uma antropologia bíblica, é necessário tornar-se corpo espiritualizado ou um espírito incorporado. Paulo usa o termo "pnêuma" que parece ser a tradução para a *rûach* (hebraico). Viver no pnêuma significa viver em consonância com a vontade de Deus. O termo "pnêuma" não é o que é contrário ao corpo (ser humano), mas à carne, que, na percepção paulina, é a tendência ao pecado. Esse termo é usado por Paulo para contrapor a *sarx*. A pessoa humana está aberta para a *rûach* – docilidade à ação do

---

[116] WÉNIN, *Alma (teologia bíblica)*, p. 95.
[117] RAHNER, *A antropologia: problema teológico*, p. 56.

Espírito. Habitado pela *rûach* de Deus, o homem pode, então, orar como filho, unir sua vida a Cristo e formar com ele uma comunhão (1Cor 6,17).[118] Nesse sentido, a sexualidade é parte intrínseca da vida no Espírito no corpo, que anseia por comunhão, intimidade e é geradora de vida.

O pnêuma ou a vida no Espírito não é algo que se tem, mas uma qualidade, um dinamismo que nos leva a experimentar a vida como possibilidade de plenitude e realização que decorre nessa rede de relações. O pnêuma também pode ser compreendido como identidade coletiva presente em nosso corpo e no dinamismo da vida como um todo – relações humanas, família, comunidade e sociedade. O pnêuma reflete a energia que emana das redes de relações naturais e sociais, das forças espirituais que estão presentes nessas inter-relações que resultam em qualidade de vida.

Corpos masculinos não são armas de guerra, nem objetos de consumo, mercadorias e nem são corpos divinizados. Para a vivência de uma espiritualidade das masculinidades que leve em conta a totalidade da vida humana, é preciso caminhar em direção a uma compreensão mais aprofundada da identidade masculina, de sua sexualidade e de suas expressões diversificadas, como carismas do Espírito. É necessário uma crítica adequada à teologia falocêntrica, patriarcal e ao espiritualismo dualista que impede a ação transformadora da *rûach*, que leva o ser humano a experimentar a realidade corporal como habitação do Espírito.

Em tudo isso a própria *rûach* não se deixa definir, o que é descrito é apenas seu agir. Dessa forma, ninguém sabe donde ela vem nem para onde vai; *rûach* não é apreensível. Nesse sentido, Jo 3,8 ainda é concebido plenamente no estilo veterotestamentário, quando o evangelista faz Jesus dizer: "O πνευμα sopra onde quer; ouves a sua voz mas não sabe de onde vem nem para onde vai". João escreve, a partir de uma tradição bíblica, que a *rûach* é sempre transformadora, sempre vivifica e renova, infunde coragem e novas possibilidades de vida.[119]

O ponto de partida nesse caminho espiritual das masculinidades é tornar-se cada vez mais consciente da vulnerabilidade da vida dos corpos. Antes de os homens se tornarem "João de ferro", caracterizados pela estrutura muscular, atléticos, eretos, provedores e competitivos, eles devem experimentar que é "João de corpo". Eles deveriam aproximar-se mais da realidade do corpo, ou seja, da

---

[118] GOZZELINO, *Il mistero dell'uomo in Cristo. Saggio di protologia*, p. 19-85.
[119] SCHUNGEL-STRAUMAM, *Espírito*, p. 155.

coceira, do envelhecer, do fluir, do ferir-se, do sofrer, do amar, do morrer, do feder, do rezar, do paternal, do engordar, do adoecer e outros.[120]

Outro aspecto a adicionar na vulnerabilidade do corpo das masculinidades é a autojustificação. Homens não precisam estar continuamente produzindo ou fazendo alguma coisa para se sentirem aceitos e de bem consigo mesmos. Nesse sentido, é preciso desaprender, descolonizar-se de pretensões hierárquicas e complexos de superioridade. Distanciar-se de perspectivas alienantes que pretendem privilegiar certas masculinidades em detrimento da inferiorização ou demonização de outras, como o sexismo, heterossexismo, homofobia, racismos e violências nas diversas formas. Masculinidades precisam ser inseridas em Cristo, que veio para reconciliar todas as coisas e todos os seres com Deus. Para tornar-se verdadeiramente um novo homem em Cristo, é preciso abandonar toda a ansiedade de autojustificação e, por outro lado, de autocondenação. Viver na graça ou na gratuidade amorosa de Deus.

Esse processo implica uma profunda compaixão e solidariedade com as expressões diversas das masculinidades. Muitos homens em seus corpos, ansiosamente, buscam se autoafirmar porque se sentem longe de uma vida plena e de sentido. Eles sentem a necessidade de ser afirmados em seus corpos, pelo acolhimento, pelo abraço e pela solidariedade de outros homens irmãos, de uma comunidade, de uma família, de uma Igreja. Não ser tocado, abraçado, acarinhado por outras pessoas, seja por homens ou mulheres, é privar o corpo de um alimento essencial – o afeto.[121] Separar-se ou esquecer-se do corpo é uma das mais degradantes ignorâncias. Pelos caminhos do corpo se pode encontrar a sabedoria.[122]

Passemos agora para o segundo aspecto dessa antropologia pastoral das masculinidades, voltando nossa atenção para a sexualidade masculina. Nossa abordagem é primeiramente crítica da compreensão patriarcal da sexualidade masculina. Nesse contexto, nos perguntamos: como a visão patriarcal distorce e se torna obstáculo para a intimidade e a maturidade sexual masculina? O segundo aspecto procura caminhos de sabedoria para uma vivência nos corpos de homens, de uma sexualidade madura que seja a base para um encontro autêntico

---

[120] KRONDORFER, *Men's Bodies, Men's Gods*, p. 16.
[121] SHINYASHIKI, *A carícia essencial*, p. 56.
[122] BOYD, *The men we long to be: beyond lonely warriors and desperate lovers*, p. 154.

com Deus. Como adquirir uma autêntica vivência dos valores da sexualidade nas diversidades de expressões da masculinidade?

Sexualidade na cultura ocidental colonizadora pode ser percebida como um dos aspectos centrais do poder e da violência do masculino, principalmente no âmbito das relações sexuais abusivas de homens com mulheres e de homens com homens. A soma da masculinidade hegemônica patriarcal com o poder sexual resulta em dominação e violência. Essa perspectiva tem, inevitavelmente, influenciado homens a desenvolver uma sexualidade agressiva e de dominação. O abuso do poder hierárquico de gênero que se manifesta na sexualidade dos homens resulta em consequências negativas, principalmente na perda da dignidade humana, tanto do agressor como da vítima, em interações sexuais agressivas.

> Mas a área que mais define a corporeidade masculina é a sexualidade. É através do exercício da sexualidade, de uma forma determinada, que, desde a adolescência, o homem atualiza as características do modelo de masculinidade e prova que é "um homem de verdade". Se a identidade masculina e a sua corporeidade são definidas pela força e competividade, também a sexualidade masculina apresenta essas características. Isso se expressa na liberdade que os homens têm com relação à quantidade e ao tipo de parceiras, à forma como se relacionam com elas e aos frutos que se esperam dessas relações. Essas situações não são apenas "liberdades", mas acabam tornando-se exigências e atestados de masculinidade.[123]

Na perspectiva patriarcal ocidental, que se concretiza numa tentativa de padronização da masculinidade, principalmente no aspecto da sexualidade, ocorre um processo dialético entre a erótica e a ética. A erótica é um impulso para a vida, o desejo inato de sentir-se bem, sentir prazer erótico sexual. A ética, que é o agir corretamente, inclui compromisso e fidelidade a valores e ideais que se transformam em atitudes e comportamentos coerentes. A erótica se manifesta principalmente nas sensações físico-corporais, no prazer, nos sentimentos e nas emoções, enquanto a ética é o elemento regulador, espiritual das manifestações e ações do corpo, alimentado pelos ideais, valores e projetos de vida. Para Merlau-Ponty (1999),

---

[123] MUSSKOPF; HERNÁNDEZ, *Homens e ratos!*, p. 14.

> é preciso que exista um Eros ou uma libido que animem um mundo original, deem valor ou significação sexuais aos estímulos exteriores e esbocem, para cada sujeito, o uso que ele fará de seu corpo objetivo. [...] A percepção erótica não é uma *cogitatio* que visa a um *cogitatum*; através de um corpo, ela visa um outro corpo, ela se faz no mundo e não em uma consciência.[124]

Na sociedade patriarcal, os homens são obrigatoriamente levados a aprender a fazer o que é certo, de acordo com os padrões, valores e normas patriarcais. No âmbito da sexualidade, o patriarcalismo estabelece recompensas e punições às respostas e expectativas do papel de gênero no sexo. O patriarcal estabelece o que é correto ao homem fazer tanto no âmbito público como no privado das relações sexuais.

A identidade masculina patriarcal está diretamente relacionada com a sexualidade no âmbito do desempenho sexual. Quando os homens têm relações sexuais, confirma-se ou se fracassa sua construção social de identidade de gênero. As relações sexuais, que se tornam o ápice da sexualidade masculina, são a base do poder e do controle patriarcal. É por quem eles se sentem sexualmente atraídos, como realizam o ato sexual e como se sentem depois disso que se confirma o poder e o controle masculino. "Por outro lado, a sexualidade do homem é centralizada nos genitais. O pênis define a sua sexualidade e o homem precisa sempre 'estar pronto' para a relação sexual."[125]

Sexo masculino vai além da anatomia e da fisiologia. O verdadeiro homem, no sentido patriarcal, define-se no seu desempenho sexual e na procriação. Sexo, na perspectiva patriarcal, reforça o sentimento profundo de superioridade masculina, que, depois, é somatizado e se manifesta na visão da superioridade social. A estrutura básica da prática sexual patriarcal é a habilidade que o homem tem de realizar o ato sexual (penetração). Não ser capaz ou rejeitar uma oportunidade pode ser visto como uma virilidade ambígua e duvidosa.

A tensão sobre essas expectativas sexuais pode levar muitos homens à ansiedade (ejaculação precoce) e a outros problemas na expressão de sua sexualidade. As tensões sobre a sexualidade masculina, que vão desde o tamanho do pênis até a quantidade de relações sexuais, podem trazer dúvidas sobre si mesmos,

---

[124] MERLEAU-PONTY, *Fenomenologia da percepção*, p. 216-217.
[125] Cf. MUSSKOPF; HERNÁNDEZ, *Homens e ratos!*, p. 14; REBELLO; GOMES, *Iniciação sexual, masculinidade e saúde: narrativas de homens jovens universitários*, p. 653-660.

problemáticas existenciais que irão definir relacionamentos e encontros com pessoas de várias orientações sexuais e com o mundo. Segundo Louro,

> Nenhuma identidade sexual é automática, autêntica, facilmente assumida, e existe sem negociação ou construção; toda a identidade sexual é um construto estável, mutável e volátil. Não existe uma identidade heterossexual lá fora, pronta, acabada, esperando para ser assumida, e, de outra, uma identidade homossexual instável.[126]

A sexualidade masculina condicionada pelos padrões patriarcais, a heteronormatividade e o falocêntrismo, erotizam a desigualdade do poder. Relações de dominação e subordinação se tornam eroticamente excitantes nas expressões abusivas e violentas das relações sexuais, sejam hetero ou homossexuais. O mercado pornográfico, o tráfico humano de pessoas para fins de exploração sexual e a prostituição, exaltam o poder falocêntrico, a agressividade física de dominação e subordinação ao masculino hegemônico. Nesses âmbitos a injustiça de gênero, a perda da dignidade humana, o valor da sexualidade como realização humana e espiritual prevalecem, e são sutilmente considerados como expressão da liberdade sexual da sociedade pós-moderna. Há um processo de normatização dessa realidade que leva as pessoas a se sentirem confortáveis ou insensíveis diante da falta de dignidade humana e da opressão social presente nessas expressões destrutivas da sexualidade.[127]

A partir desses dados, podemos dizer que existe uma correlação entre o que acontece na ordem social em termos de raça, gênero e outras formas de opressão, com o que ocorre com as pessoas na sua intimidade sexual. A sexualidade é construída através do gênero e confirmada na prática sexual. Homens que experimentam sua sexualidade fora dos padrões patriarcais, como falta de ereção, ejaculação precoce, desejo sexual fraco e homoerotismo, tendem a definir seus problemas em termos de falta de masculinidade. Eles interpretam seus problemas como fracasso, pecado, desvio, incapacidade, impotência. Não são considerados homens de verdades, e mesmo sua dignidade é vista como inferior.[128]

---

[126] LOURO, *Gênero, sexualidade e educação: uma perspectiva pós-estruturalista*, p. 27.
[127] SAFFIOTI, *Gênero, patriarcado e violência*, p. 22.
[128] NOLASCO, *O mito da masculinidade*, p. 67.

No contexto atual da globalização, caracterizada por um conjunto de mudanças rápidas na esfera social, econômica e cultural, a sexualidade é um dos aspectos centrais da vivência humana. Segundo essa mentalidade, divulgada pelos meios de comunicação e mercado, viver plenamente feliz significa primeiramente ser sexy, ter uma vida sexual ativa, resolver os problemas no campo sexual afetivo, ter uma companheira que lhe satisfaça sexualmente. Nessa absolutização da vida erótica sexual, uma grande maioria de homens jovens não sabe diferenciar entre o que é sexo e o que é amor, intimidade e relação sexual. No contexto atual, sexualidade é o que define, de alguma forma, a identidade humana, a chave para a felicidade, cada pessoa individualmente.

No contexto cristão, a sexualidade vai além do ato sexual que conduz à ejaculação e ao orgasmo. Sexualidade é uma parte constitutiva da estrutura psíquica e espiritual da pessoa. Nela a pessoa expressa sua vulnerabilidade, assim como sua paixão, amor e anseio de profunda comunhão. Porém, essa perspectiva da sexualidade se confronta com o processo de banalização do sexo. No contexto atual, a ética sexual pastoral exige discussão e debate para salvaguardar a dignidade humana e os valores da vida.

O propósito estrutural da sexualidade deve ser respeitado como forma de valorização e expressão da comunhão íntima de pessoas. Uma compreensão complexa da natureza humana no âmbito das expressões sexuais precisa ser melhor compreendida e respeitada. Contudo, sexo não deveria ser reduzido nem a um mero ato físico nem a um ato de exploração e dominação do outro. O amor verdadeiro que se expressa no ato sexual entre pessoas que se amam, tem como meta primeira a felicidade e realização da outra pessoa na totalidade de sua existência (Eros e ágape), para que se torne procriação.

No âmbito das masculinidades, as expressões de sexualidade são variadas, principalmente no que concerne às homossexualidades, à bissexualidade e transexualidade. Nesse contexto, mantém-se a perspectiva da relacionalidade,[129] onde cada pessoa possui um valor e uma dignidade intrínsecos, que devem ser partilhados e respeitados. Porém, afirmam-se e celebram-se as diferenças de expressões da sexualidade como algo constitutivo das pessoas. Em uma única natureza humana, presente em cada pessoa, como imagem e semelhança de Deus,

---

[129] "A relacionalidade, tal como a concebemos, quer dizer a reciprocidade, a conexão, a relação, a interdependência que existe entre todas as coisas." GEBARA, *Rompendo o silêncio*, p. 189.

se celebra uma interdependência de múltiplas diferenças sexuais. No âmbito das masculinidades, é necessário reconhecer que corporeidades e sexualidades são constituídas de inúmeras influências antropológicas. Essas combinações complexas se condicionam mutuamente e constituem a humanidade de cada pessoa. Nas palavras de Louro, "é preciso abandonar qualquer pressuposto de um sujeito unificado que se vá desenvolvendo de modo linear e progressivo".[130]

Homens gays, de diversas maneiras, procuram resistir a uma masculinidade hegemônica e alcançar sua identidade sexual na relação com os outros, nos grupos, na comunidade e na sociedade. Esses homens e suas expressões sexuais precisam ser reconhecidos para que sejam capazes de conhecer e fazer uma experiência mais profunda de si mesmos e de Deus, que é o criador de todos e a todos chama à comunhão. Negligenciar, rejeitar e desrespeitar outras formas de sexualidade ou de relacionamento amoroso/sexual, que vão além da relação binária e hierárquica do masculino com o feminino, é desvirtuar o elemento de comunhão/relacionalidade em Deus e a dignidade humana.

No âmbito das expressões da sexualidade gay, homens precisam ser acompanhados pastoral e espiritualmente nas passagens e vivências, que, de fato, possam gerar maturidade humana e intimidade profunda entre seres humanos como expressão do Deus trinitário. É necessário afirmar uma ética sexual gay cristã que assume, valoriza e realiza uma releitura dos dogmatismos e moralismos que fazem violência aos corpos e à sexualidade, próprios desses homens.

2.6 O pecado estrutural do poder e violência masculina

Um dos aspectos importantes da antropologia teológica é compreender o ser humano como pecador, mas também aberto à graça salvífica de Deus. O pecado é uma realidade que não pode ser ignorada ou minimizada. Este é resultado tanto da alienação da humanidade do projeto de Deus como da fragmentação do mundo e da sociedade, tornando-se também uma realidade estrutural e institucional. No sentido teológico, o pecado é culpa perante Deus. Trata-se de uma realidade antiga e plenamente atual. Devido às limitações do ser humano, assim como à necessária luta pela vida na sociedade, e, sobretudo, às paixões internas

---

[130] LOURO, *Um corpo estranho: ensaios sobre sexualidade e teoria queer*, p. 12.

e aos condicionamentos sociais em que ele vive, a realidade do pecado se torna presente em todos os aspectos da vida. Segundo Garcia Rubio,

> o pecado que trata Gn 3 é paradigmático. Todo pecado tem a mesma estrutura básica apresentada nesse relato. Quando o ser humano é chamado a escolher a orientação fundamental para a própria vida, não aceita o convite-interpelação de Deus, não coloca nele a sua confiança, mas opta pelo caminho da tola autossuficiência, rejeitando a relação dialógica com Deus e com os irmãos, bem como deturpando o relacionamento com a natureza. Tudo isto na tentativa de ocupar o lugar de Deus.[131]

Quando o ser humano consegue viver em sua autêntica dimensão humana, sua existência se volta na busca do bem supremo e na superação de todas as formas de alienação para a construção da comunidade geradora de vida para todos e todas. É essa a meta última de sua vida, que determina também o sentido último da vida humana. Esta busca significa abrir-se para viver na graça, voltados para Deus ou, de outro modo, para fechar-se à bondade e ao amor, o que é comumente chamado de pecado mortal. Pecado é quando o ser humano deixa de ter Deus como fim último da vida, desprezando seu amor universal e absoluto para voltar-se para si mesmo, passando a ser o ídolo de seu próprio ser. O pecado, nessa ordem, é destruidor da possibilidade de comunhão entre o homem e a mulher, o cosmo e o próprio Deus.[132]

Pecado é, também, o rompimento da Aliança, traição ao compromisso com Deus e a ruptura de seus mandamentos de justiça e amor. O remédio que os profetas propõem para o pecado é a conversão. Trata-se de uma mudança do coração, uma transformação no mais profundo da pessoa, que deixa o que é transitório para ter Deus como meta e fim. Rahner fala da conversão como resposta ao chamado de Deus, que só é possível devido à sua graça.[133]

O ponto culminante da conversão implica sempre um encontro com Deus, um restabelecimento de um relacionamento quebrado, que não é obra unilateral do ser humano, pois pressupõe a aceitação de sua misericórdia e perdão. O Deus da Aliança é aquele que ama seu povo e o chama à reconciliação (Lm 5,21-22;

---

[131] RUBIO, *Unidade na pluralidade – O ser humano à luz da fé e da reflexão cristãs*, p. 625.
[132] GONZÁLEZ FAUS, *Pecado*, p. 98.
[133] RAHNER, *Conversion*, p. 292.

Ez 34,11-15; Jr 31,3). É o próprio Deus que transforma o coração do ser humano e o arranca das raízes do pecado (Dt 30,3-6; Sl 51,3). Na mensagem do profeta Isaías, segundo a análise de Sicre, a conversão significa o "restabelecimento da relação correta do ser humano com Deus, restaurando um equilíbrio que se havia quebrado".[134]

Para o discípulo e discípula cristãos, Jesus Cristo representa a meta de sua vida. É nele que se pode compreender a intenção de Deus para a humanidade. A imagem de Cristo dignifica nossa carne e nossa fragilidade, subverte nossas noções de poder e governo e desafia o cristão a interpretar os sinais dos tempos. A escuta e a atenção à prática de Jesus nos levam a reconhecer nosso fracasso em ser o que Deus quer. A luz de Cristo oferece, a todos os que partilham de sua humanidade, reconciliação e comunhão. Sua luz ilumina a realidade de pecado e nos dá uma via de salvação.

Falar da imagem de Deus na humanidade é também mencionar a imagem desfigurada do ser humano. Relacionar-se com Deus em Cristo é amor, verdade e justiça; distanciar-se dessa relação resulta em agressão, exploração, mentira, injustiça e violência. A conversão, na prática, ocorre por um processo de engajamento pessoal e coletivo nas lutas históricas por justiça e solidariedade, e não somente por uma transformação pessoal interior.

> O Reino não permanece apenas como inaudita esperança; ele já se concretiza na prática de Jesus. Seus milagres e curas, além de documentarem a divindade de Jesus, visam mostrar que seu anúncio libertador já se historiza entre os oprimidos, interlocutores privilegiados de sua pregação e primeiros beneficiários de sua prática. O Reino é dom de Deus oferecido gratuitamente a todos. Mas que entra no ser humano mediante o processo de conversão. A conversão exigida por Jesus não significa apenas uma mudança de convicções (teoria), mas principalmente uma troca de atitudes (prática) com referência a todas as relações pessoais, sociais e religiosas que a pessoa entretém.[135]

A reflexão sobre o pecado, por um longo período, deu maior ênfase na dimensão pessoal, a casuística e a penitência. Segundo Moser, já na época dos Penitenciais e dos Manuais da neoescolástica, havia uma concepção dualista e

---

[134] SICRE, *Profetismo em Israel, o profeta, os profetas, a mensagem*, p. 275.
[135] BOFF; BOFF, *Como fazer Teologia da libertação*, p. 77-78.

pessimista da natureza humana. A materialidade da vida humana tornou o corpo e a sexualidade revestidos de um sentido negativo. A preocupação com a conversão pessoal não percebia a dimensão social e estrutural do pecado.[136]

É somente nos últimos anos e no contexto latino-americano que se começa a perceber, mais claramente, a dimensão social ou estrutural do pecado.

> Mas, por essa mesma razão, a convivência e as estruturas da comunidade podem mais facilmente criar uma série de situações que se tornam comportamentos necessários (e, portanto, aparentemente razoáveis) que promovam a própria ganância, mas ferem a vida e a dignidade de muitos outros. Por isso o mal, semelhante aos seres humanos, nunca é meramente pessoal, mesmo sendo também pessoal. E, por isso também, sendo o homem pessoalmente pecador é, ao mesmo tempo, responsável e vítima.[137]

Esse deslocamento ocorre principalmente devido ao avanço das ciências sociais, uma compreensão bíblica da mensagem dos profetas e um deslocamento das preocupações pastorais da Igreja para as grandes questões sociais do tempo. Conclui-se, a partir dessas perspectivas, que a dimensão do pecado parece inundar tudo: o interior do humano, com sua agressividade, com suas frustrações, com seus egoísmos e sadismos, e o exterior, com a competição impiedosa e com os controles do poder e a busca insaciável da riqueza.

Hoje, a forma mais impressionante de pecado é a que se manifesta nas estruturas e instituições sociais. Trata-se de uma acumulação estrutural da injustiça e da dominação que foi sendo construída de geração em geração. No presente, sofrem-se as consequências de uma predisposição para o mal que passa a fazer parte da condição humana. Essa predisposição se objetifica e entra no *ethos* das estruturas históricas que violentam a vida de muitos homens e mulheres. Concretamente, está presente hoje na trágica divisão entre o mundo dos que têm riqueza e o mundo dos empobrecidos que vivem em condições desumanas. Nas palavras do teólogo latino-americano Hernandez Pico, a realidade continental de pecado estrutural pode ser descrita da seguinte forma:

> A violência é uma realidade ainda mais conflitiva que a revolução. Entre nossos povos latino-americanos, ela se experimenta, sobretudo, no ar que respiramos,

---

[136] MOSER, *Teologia moral*, p. 59.
[137] GONZÁLEZ FAUS, *Pecado*, p. 98.

no pão que não se pode levar à boca dos filhos, no ócio imposto pelo desemprego nas casas de papelão ou de lata que desmorona a cada chuva nova e torrencial, nos corpos nus e sardentos das nossas crianças, no desespero de viver sem saúde, na ordem institucional que violenta a vida e tira a alegria do futuro. Trata-se da violência institucionalizada que é a garantia da morte em vida, para a maioria.[138]

Hoje, a história pode ser concebida como uma luta contra o pecado que se manifesta nas consciências individuais e nas estruturas sociais. A fé cristã não procura despertar a consciência do pecado para levar o ser humano à libertação e à redenção. Para a fé, o pecado possui uma dimensão religiosa transcendente: o mal do pecado não atinge somente a vida humana e sua vivência social, mas também a criação. O plano de levar toda a criação à plenitude é impedido pelo pecado. Na recente encíclica do Papa Francisco sobre ecologia, ele aponta as possibilidades da liberdade humana. Para ele, "a liberdade humana pode prestar a sua contribuição inteligente para uma evolução positiva, como também pode acrescentar novos males, novas causas de sofrimento e verdadeiros atrasos".[139]

Dando um passo a mais nessa reflexão sobre o pecado, pretendemos, neste ponto, voltar nossa atenção a uma compreensão do pecado estrutural da masculinidade patriarcal e pós-colonial. Para isso, fazemos algumas perguntas: de que modo o pecado estrutural está presente na expressão patriarcal da masculinidade, principalmente no contexto latino-americano? Quais as consequências dessa estrutura de pecado masculino? Quais os nomes que podemos dar a esses pecados? Quais as consequências específicas para homens e mulheres diversos na realização do projeto de vida em abundância do Reino, anunciada por Jesus, o Cristo?

Para a teóloga feminista Rosemary R. Ruether (2009), o propósito da teologia feminista é dar um nome correto para o mal. Seu objetivo é desmascarar as vítimas-culpas das ideologias pecaminosas. O patriarcalismo, na sua percepção, é nomeado como o mal que se torna um sistema que justifica o poder agressivo e a dominação de mulheres e todas as pessoas subjugadas pelo seu poder. Seres humanos sofrem influência dessas estruturas no contexto onde vivem. Esse contexto é um mundo institucionalizado e organizado sistemicamente na injustiça e

---

[138] HERNANDEZ PICO, *Revolución, violencia y paz*, p. 603.
[139] FRANCISCO, *Laudato Si'*, p. 52.

na violência. Relações de gênero de dominação e violência não são algo que pode ser confinado ao âmbito da casa e do privado de homens e mulheres, mas são antes uma estrutura sistêmica do mal.[140]

A elaboração teológica do Ocidente tem sofrido forte influência de concepções filosóficas vinculadas aos poderes coloniais e imperiais do patriarcado. Um processo de desconstrução dessa estrutura teológica se tornou uma das tarefas das teologias feministas e pós-coloniais. "Nessa luta emerge a imaginação transcendental de uma sociedade onde todos os corpos saciam a fome e outros direitos e convivem em amizade, respeitando as diversidades e pluralidades."[141] A opção pelos pobres e o processo reinocêntrico de libertação, desbravado principalmente pela teologia da libertação, se tornou o ponto de partida para elaborar uma perspectiva teológica que valorize as lutas sociais e epistemologias elaboradas pelos subalternos que tenham como meta a descolonização.

> Na linguagem da tradição bíblico-cristã, podemos dizer que o Reino de Deus – a nossa imaginação transcendental em linguagem religiosa – está no meio de nós (cf. Lc 17,21), ao mesmo tempo que está à nossa "frente" como o horizonte utópico no qual apostamos a nossa vida (fé) e como objeto de esperança. Se o reinado de Deus ocorre no meio de nós porque nos tornamos mais humanos no amor, na solidariedade, no diálogo e no respeito mútuos, podemos dizer que Deus está no meio de nós.[142]

Outro aspecto importante na linha da descolonização e elaboração de teologias pós-coloniais é o pensamento social da Igreja, definida principalmente no Concílio Vaticano II, na GS, n. 1,[143] onde se convida a comunidade cristã a se inserir nas realidades de esperanças e angústias da humanidade. É a partir dessa base que a teologia e o magistério latino-americano realizarão três conferências que elaboram uma teologia mais adequada e própria para essa realidade

---

[140] RUETHER, *Christianity and Social Systems: Historical Constructions and Ethical Challenges*, p. 25-40.

[141] SUNG, *Para além do espírito do Império*, p. 188-189.

[142] Ibidem, p. 189.

[143] "[...] Não há realidade alguma verdadeiramente humana que não encontre eco no seu coração. Porque a sua comunidade é formada por homens, que, reunidos em Cristo, são guiados pelo Espírito Santo na sua peregrinação para o Reino do Pai, e receberam a mensagem da salvação para comunicá-la a todos. Por este motivo, a Igreja sente-se real e intimamente ligada ao gênero humano e à sua história" (GS 1).

continental. Em Medellín, o pecado social é chamado de "injustiça institucionalizada".[144] Em Puebla, essa situação de pecado social é nomeada como pobreza e marginalização. "Adquire na vida real rostos concretos onde deveríamos reconhecer o Cristo sofredor."[145]

Nesse contexto, perguntamos: como o pecado estrutural da dominação, poder e violência se estabelece no contexto latino-americano, elaborando principalmente representações de masculinidade patriarcal? A partir da colonização e da construção da nação-estado, se estabelece na Ameríndia uma sociedade que está centrada na autoridade patriarcal cristã, na família nuclear e na heteronormatividade. A escravidão, tanto indígena como afro, muda a compreensão de raça e produz uma compreensão tanto do índio como do negro como seres humanos inferiores. Desse modo, as masculinidades, a partir da colonização até os dias de hoje, é configurada por uma elaboração sistemática do discurso racista. Segundo Hall, a experiência de raça nas colônias influenciou relações de classe e identidade nas metrópoles e são essas representações que influenciam a periferia.[146]

O colonialismo e o neocolonialismo só podem ser entendidos nessa inter-relação de raça, gênero e classe. Estes não são campos isolados, mas são construídos, existem e subsistem inter-relacionados uns pelos outros. Essa inter-relação é fundamental para a construção do imperialismo ocidental.

As masculinidades das culturas e das sociedades subalternas da América Latina foram essencializadas e afastadas para a periferia. A colonização e a neocolonização procuram essencializar as masculinidades, invisibilizando a diversidade e a pluralidade de vidas masculinas desse contexto sociocultural. Esse processo institucionalizador do patriarcado traz consequências dramáticas para os homens e a diversidade de suas vidas.

As histórias de homens violentos evidenciam vidas masculinas que foram feridas, envergonhadas, rejeitadas, amedrontadas, fracassadas, impotentes, humilhadas, muitas vezes construídas em ambientes cheios de ódio pela própria condição. A violência, em muitas vidas masculinas, esconde uma reação à dor de não se enquadrar a um sistema, a uma representação e a um esquema de masculinidade.

---

[144] MEDELLÍN, *Pobreza da Igreja*, n. 1.
[145] PUEBLA, n. 487.
[146] HALL, *New Ethnicities*, p. 442-449.

Em outras palavras, os meninos não nascem violentos – eles aprendem a ser violentos. E o aprendem, quase sempre, ao ver outros meninos e homens usarem de violência, ao testemunharem atos violentos, ao se tornarem eles próprios vítimas da violência em casa, na escola, em seus bairros ou comunidades e, por fim, ao verem na violência um meio efetivo de ganhar dinheiro, poder e conquistar o respeito e atenção das mulheres.[147]

A estrutura patriarcal, ao atingir a vida dos homens, destrói aos poucos a vitalidade de suas vidas, por impor uma perspectiva laboral, determinar as formas de relacionamentos entre homens e com as mulheres. Esse processo, que se encaixa nessa representação de dominação, normalmente, leva os homens a vidas solitárias, perdendo o senso de direção e sentido da vida. A luta incessante é ser "um homem de verdade", que ironicamente nunca é alcançada. Ao contrário, é insatisfatória por alienar os homens de aspectos fundamentais de realização humana. A estrutura econômica patriarcal adiciona novos medos, na medida em que o mercado, em rápida mudança, lhe faz exigências cada vez maiores. Nessa armadilha, muitos homens jovens são aliciados pelo tráfico de drogas, pela prostituição, ou se tornam mão de obra barata não qualificada.[148]

A carga de exigências patriarcais que atualmente atinge a vida de muitos homens jovens e de condições subalternas torna esses indivíduos potentes suicidas e homicidas. Eles são completamente desconectados de sua identidade mais autêntica, de uma vida interior que os ajude a reconhecer sua dignidade, seu valor e suas fragilidades. "Jovens demais estão morrendo para se tornarem homens – morrendo por efeito da violência, da AIDS, de acidentes de carro e de outras causas que têm pouco a ver com questões genéticas e biológicas e muito com a maneira como são socializados."[149]

Homens, nas estruturas patriarcais, se tornam basicamente competidores e guerreiros – basta pensar na representação dos corpos de lutadores de MMA.[150] Nesses contextos, os outros homens são competidores em potenciais que devem ser sobrepujados, dominados e inferiorizados. Raramente homens se voltam para

---

[147] BARKER, *Homens na linha de fogo*, p. 93.
[148] SAPORI; SOARES, *Por que cresce a violência no Brasil?*, p. 70-71.
[149] BARKER, *Homens na linha de fogo*, p. 201.
[150] AWI, *Filho teu não foge à luta: como os lutadores brasileiros transformaram o MMA em um fenômeno mundial*, p. 33-34.

seus semelhantes para se fortalecerem, já que homens raramente conversam sobre suas dores e fragilidades. Eles vivem dores que não podem expressar, porque foram ensinados que homens adultos não choram nem expressam emoções. Não aceitando suas fragilidades e sofrimentos, estes se transformam em comportamentos abusivos. Atos de violência se voltam principalmente para os que estão mais próximos, mulheres e crianças. Sem um enfrentamento sério com as estruturas de dominação patriarcal, feito por todos os setores sociais, culturais e religiosos, uma grande porcentagem de problemas não poderá ser transformada.

O pecado estrutural do patriarcado, que se torna violência contra mulheres e outras expressões de masculinidade, também está presente na instituição religiosa. Esse pecado estrutural, podemos chamar de desigualdade de gênero, que foi socialmente construído e legitimado pela religião. A maioria dos homens, dentro do contexto religioso, são socializados nessa perspectiva hierárquica religiosa. A principal virtude dessa ordem é a obediência, sobre a qual se assenta a religião patriarcal.

> Gostaria de deter-me primeiramente num ponto essencial da vida de fé. Trata-se da construção dos símbolos religiosos. Com efeito, os símbolos, especialmente os símbolos antropológicos do cristianismo, são prioritariamente masculinos. Convém imitar a vida de Jesus, dos apóstolos, e ser perfeito como Deus Pai. Somos obrigadas a obedecer aos pais, aos padres, aos bispos e, finalmente, ao papa. Os símbolos de amor e de poder são sempre símbolos masculinos e ligados à obediência, a certos poderes masculinos.[151]

Homens violentos são subprodutos dessa estrutura, sutilmente engendrados nas representações divulgadas pelas estruturas sociais, culturais e religiosas. Estas perpetuam não somente a dominação de mulheres, crianças e masculinidades diversas, mas são promotoras de outras formas de opressão como racismos, classicismos, heterossexismos e a irresponsabilidade com a mãe terra.

A dominação masculina como estrutura de pecado que produz desigualdade e injustiça de gênero, ocorre principalmente pela redução do cuidado primário infantil às mulheres. A maternidade é reduzida à servidão de cuidar de filhos, manter-se no âmbito do privado da casa e não ter responsabilidades sociais, não possuir poder e autoridade no âmbito das estruturas sociais, políticas,

---

[151] GEBARA, *Rompendo silêncio*, p. 157.

econômicas e religiosas. Enquanto essa percepção não mudar, a dominação masculina continuará.

A casa, a Igreja, a sociedade política, a economia, são espaços onde todos podem participar. O trabalho de cuidar de filhos e filhas, da casa, da alimentação e de outras tarefas designadas para mulheres, deve ser compartilhado por homens. A experiência de compartilhar o cuidado dos filhos e das tarefas domésticas pode ajudar os homens no processo de individuação e maturidade humana que os livre de representações estereotipadas de suas masculinidades.

Para se desenvolverem identidades plurais e enriquecedoras das masculinidades que os livrem das estruturas patriarcais, é necessário uma verdadeira conversão que inclua uma compreensão mais complexa da realidade humana e masculina. Isso significa sair da "normose"[152] e aprender a desbravar novas possibilidades de vida e convivência, tendo como meta uma sociedade de justiça e paz.

A construção de estruturas de paz exige discutir diferenças e diversidades, tendo como objetivo a superação de relações injustas e de poder de dominação. Exige explorar visões e perspectivas que forneçam critérios e princípios de aceitação e celebração das diferenças, rejeitando imagens e representações estereotipadas da masculinidade e da feminilidade. Exige também estar aberto para as contribuições provenientes das diversidades, etnicidades, orientações sexuais e culturas. Revisar nossa compreensão de poder e superar a dominação hierárquica para repensar o bem comum que nos conduza para uma ética comunitária e ecológica que alimente hábitos e tradições pacíficos, de convivência com as diversidades humanas e a criação.

Nossa incursão nos imensos âmbitos da antropologia teológica pastoral teve como objetivo o levantamento de alguns aspectos-chaves para a elaboração de uma teologia das masculinidades, libertadas e redimidas da violência e promotoras de vida plena. Assumindo a perspectiva trinitária e kenótica, podemos dizer que uma antropologia teológica pastoral das masculinidades terá necessariamente, no contexto atual marcado pela diversidade, que fazer algumas passagens. Essas passagens incluem o que se tem de melhor nas representações bíblico-teológicas:

---

[152] A normose nos impede de sermos quem realmente somos. O consenso e a conformidade impedem o encaminhamento do desejo no nosso interior. Tornar-se uma pessoa é um caminho. Por intermédio de cada um, o desejo continua sua rota. Trata-se de ir ao encontro da identidade transpessoal. WEIL; LELOUP; CREMA, *Normose, a patologia da normalidade*, p. 23.

êxodo, páscoa, kénosis, morte e ressurreição – da escravidão para a liberdade de filhos e filhas, da morte para a vida em plenitude.

Ao longo dessa etapa de nossa reflexão, fica claro que, para entrar nessas passagens, precisamos analisar criticamente o poder patriarcal-imperial que define a masculinidade como força bruta, dominação e controle. É necessário se reconectar com uma imagem de Deus que manifesta o seu poder no amor como vulnerabilidade, sofrimento e coragem. Essa imagem de Deus nos é revelada no caminho kenótico da morte e ressurreição de Jesus. Esse mistério de sua vida se torna fonte para uma vivência autêntica da masculinidade como intimidade e vitalidade.

Na dinâmica de sua morte e ressurreição – caminho kenótico –, os homens podem ser libertados e redimidos da mentalidade de guerra, poder e controle. Na força do Espírito criador e criativo, as masculinidades são motivadas a viver na esperança do reinado de Deus, que é kénosis do amor, a serviço dos pobres, bem como na promoção de relações ecológicas – relacionalidade vital com todos e todas.

A imagem de Cristo morto e ressuscitado serve como representação e significado normativo crítico para as imagens do patriarcalismo imperial colonizador. Essa imagem é a base para transcender o abuso do poder – é a contraimagem para favorecer um melhor relacionamento com um Deus amigo e íntimo companheiro.

No próximo capítulo, nossa tarefa será profundar, a partir dos aspectos aqui levantados, uma espiritualidade pastoral das masculinidades que leve em conta os contextos culturais e sociais e possa contribuir para a vivência masculina, nas suas diversas formas, o mistério kenótico de redenção e libertação de Jesus Cristo.

CAPÍTULO III

Da práxis pastoral: "o cuidado das masculinidades" na Amazônia

Em mais uma imersão na teologia pastoral das masculinidades, acolhendo as questões levantadas pelo contexto cultural religioso da Amazônia e a releitura crítica da teologia patriarcal, pretendemos, nesta etapa, elaborar um conjunto de princípios pastorais para melhor cuidar das masculinidades. Tendo por base a "práxis interpretativa"[1] da realidade e das representações e significados teológicos, pretende-se a elaboração de um projeto pastoral para cuidar das feridas resultantes da violência masculina patriarcal colonial e oferecer possibilidades de uma vivência cristã no âmbito pessoal e comunitário. Nossa base teórica recebe contribuições das teologias contextuais pós-coloniais, teologia feminista e outras afins.

Na primeira parte deste terceiro capítulo, nos empenharemos primeiramente em compreender a "práxis", ou seja, articular as bases teológicas desse conceito. A práxis libertadora se articula na busca de uma consciência que contribui para um posicionamento ético e político diante dos desafios históricos de dominação, opressão e exploração.

Na segunda etapa, buscam-se definir os marcos teológicos para a compreensão da masculinidade redimida. O primeiro marco teológico para a práxis pastoral é a "kénosis" de Jesus Cristo. Esse aspecto exigirá um aprofundamento do sentido kenótico da vida de Jesus de Nazaré, bem como assumir o caminho iniciático trilhado por ele. Sobre esses marcos teológicos se assenta o processo de iniciação masculina que pretende fazer a passagem da estatura de guerreiros (violência masculina) para a estatura de sábios (vivência sob a orientação da *Ruah*). Para compreender esse processo, recorre-se primeiramente a uma abordagem

---

[1] KORTNER, *Introdução à hermenêutica teológica*, p. 7.

antropológica cultural da iniciação masculina que irá convergir numa teologia pastoral que oferece um itinerário redentor para as masculinidades. O processo de iniciação cultural e cristã pretende delinear aspectos de uma identidade cristã masculina que seja capaz de viver as exigências do Reino, redimindo os efeitos violentos da masculinidade patriarcal-colonial.

A reflexão sobre a iniciação à vida cristã de homens focalizará dois aspectos importantes. Primeiramente, a pessoa como unidade e pluralidade, corporeidade e espiritualidade, história subjetiva e processo cultural. Porém, o projeto iniciático de se tornar pessoa só se define completamente no encontro com o outro--diverso, crescendo na comunicação, na intimidade e comunhão. Nos processos iniciáticos, os homens procuram adquirir uma compreensão mais profunda de sua ferida interior, proveniente da violência masculina hegemônica e colonial, para crescer em maturidade humana e afetiva, ou seja, viver a intimidade e a comunhão com o outro.

Sociedades, culturas e religiões patriarcais engendram homens com raiva de seus corpos, de seus sentimentos e de suas fraquezas. Esses contextos doentios geram homens com uma "masculinidade tóxica". Caminhos iniciáticos podem oferecer redenção aos homens nessas estruturas violentas, gerando perdão e amizade, libertando-os dos protótipos e padronizações, assumindo o caminho da masculinidade redimida.

O segundo aspecto gira em torno da iniciação à vida cristã de homens dentro da comunidade. Para gerar homens redimidos na comunidade, a teologia da iniciação à vida cristã deve analisar criticamente e ressignificar a compreensão de poder e autoridade. Esse processo significa refletir criticamente sobre as relações de poder relacionadas aos papéis padronizados pela masculinidade hegemônica e colonial. Sociedades profundamente colonizadas, a partir do autoritarismo e da violência masculina, são condicionadas ou se construíram na expectativa de que homens podem exercer poder sobre outros, poder de dominação baseado na riqueza e no consumo, que se torna a base destrutiva da vida de muitas pessoas.

É preciso passar de um poder ameaçador para um poder integrador que gera vida na comunidade, pela partilha e pelo serviço. Homens devem desintoxicar seus corpos e seus espíritos do peso da masculinidade tóxica que ameaça a vida principalmente de mulheres, crianças e outras masculinidades.

No caminho iniciático de homens em processo de redenção, entra-se no aprendizado de elaboração de alternativas ao poder de dominação patriarcal e colonizador. Eles devem aprender o "poder com" que contribui para o desenvolvimento de uma noção de justiça que enfatiza mutualidade, responsabilidade e cuidado. Elaborar o "poder interior", que é uma sabedoria interna, intuição, autoestima, centelha do divino acessada pela meditação e a oração que conduz a atos de resistência contra a violência, maus-tratos e a escravidão. Educar-se através do "poder com" que busca afirmar a soberania do poder interior do Eu–*self* e do outro, luta pela mutualidade, mais que pelo controle, que opera pela negociação e o consenso. Irão procurar o "poder para" como um legítimo exercício de autoridade, responsabilidade, cuidado e serviço, que tem como objetivo a construção de um mundo mais justo, de justiça. E, acima de tudo, conservarão sempre o "poder em comunidade" que assegura a individualidade (poder interior) e a relacionalidade (poder-com) e transforma-os em direção mais ampla da harmonia das coisas (Reino de Deus).

A espiritualidade e o misticismo amazônico possuem uma rica compreensão feminina de Deus. Nesse ponto, intitulado o rosto materno de Deus na Amazônia, será apontado o resultado da pesquisa sobre as devoções marianas da Amazônia, para que seja feita uma releitura dos símbolos da maternidade de Deus a partir do contexto cultural-religioso. Pergunta-se, então: como as devoções religiosas marianas podem contribuir para uma vivência redimida das masculinidades na Amazônia?

Nesse âmbito, far-se-á uma releitura das representações e dos significados das imagens e das devoções religiosas marianas para fundamentar as novas relações de gênero e de diversidade masculina.

No processo de contextualização da práxis pastoral, pretende-se elaborar uma compreensão das masculinidades redimidas na Amazônia. O que se deseja é fazer uma aplicação concreta das redefinições teológicas relacionadas às masculinidades, na vivência cristã de homens no cotidiano da vida na Amazônia. Primeiramente, atuar no contexto doméstico, onde as masculinidades se definem mais como presença amorosa, serviço e cuidado com as diversidades de expressão em meninos e meninas.

No contexto amazônico, bebendo de tradições culturais diversas, as masculinidades podem desenvolver sua dimensão ecológica. Partindo das intuições ecofeministas e dos povos indígenas da Amazônia, as masculinidades se reelaboram como cuidadoras da natureza. Sua tarefa é superar a violência ecológica e de gênero, que partilha do mesmo princípio de dominação e exploração.

A partir das concepções indígenas, masculinidades se redimem, aprendendo as interconexões da natureza para a manutenção da vida no planeta. Segundo os povos indígenas, a terra é nossa casa, é corpo, é organismo. A casa, para esses povos, é vista como espaço simbólico – pedaço do planeta sob meus cuidados. Para essa casa, corpo, organismo se manter vivo, o grande desafio é rever nossa relação com a natureza a partir dos saberes das culturas indígenas.

A elaboração de uma teologia contextual pós-colonial pretende se elaborar a partir da valorização das sabedorias teológicas e dos processos culturais locais. Procura-se responder ao seguinte questionamento: o que significa elaborar uma teologia da práxis contextual pós-colonial?

Significa dar espaço e voz para que os eventos da cultura e da história da Amazônia se tornem verdadeiras fontes de reflexão teológica, ao lado e em condições iguais às da tradição cristã. Ambos os polos, experiência humana cultural histórica e tradição cristã, precisam ser lidos juntos e dialeticamente.

A tarefa dessa teologia é gerar espaço e voz para que o subalterno possa se expressar, aprofundando os elementos constitutivos da cultura e da história da Amazônia, dialogando com a tradição cristã, descolonizando a teologia. Teologia, nessa perspectiva, nunca pode ser entendida como um produto acabado. A teologia é algo que o subalterno vive, narra e reflete. É um diálogo no respeito mútuo entre quem fala e quem ouve.

Alguns elementos-chaves serão importantes para a elaboração dessa teologia pastoral contextual e pós-colonial das masculinidades. Dentre outros, escolhemos figuras masculinas da cultura e da história da Amazônia. Primeiramente, o pajé e sua prática de pajelança. Sua compreensão nos dará uma pauta para uma cristologia amazônica e será base para pensar masculinidades contextuais e pós-coloniais. Nessa figura cultural indígena pode-se compreender melhor os aspectos terapêuticos, comunitários e ecológicos das masculinidades amazônicas.

O terceiro aspecto, mais que uma figura, é um princípio cunhado aqui mesmo na Amazônia, chamado de "florestania". Esse princípio quer defender os direitos da floresta e daqueles que dependem diretamente dela. Essa é uma luta de resistência presente em todas as etapas da história da Amazônia. Aqui refletiremos sobre a vida de Ajuricaba e Chico Mendes, como modelos de resistência masculina que assume a defesa da natureza com sua própria vida.

3.1 Da práxis pastoral: marcos teológicos

Para descrever a práxis pastoral, é importante nesta primeira etapa esclarecer o que entendemos por "práxis" e como essa perspectiva se torna dinamizadora da vivência pastoral da comunidade cristã. Práxis representa a base para a elaboração de uma perspectiva antropológica e ética, que, para nossa compreensão teológica, consiste na elaboração de um projeto de vivência de masculinidades redimidas. O ser humano, dentro dessa práxis, se confronta com as estruturas hegemônicas, patriarcais e colonizadoras, buscando transformá-las, reinventá-las, criando novos modos de vivência da sua condição humana. A práxis define o ser humano pela sua ação fundamentada em princípios éticos que o ajudam a transformar seu presente diante de um projeto utópico histórico.

Essa práxis libertadora se caracteriza pela transformação das estruturas sociais e comunitárias fundamentadas na opção pelos pobres e pela dinâmica do Reino de Deus.[2] A Igreja, a partir de Aparecida e do Papa Francisco, fala de uma "conversão pastoral" onde os aspectos estruturais e institucionais paroquiais necessitam se transformar em comunidades fundadas na relacionalidade trinitária e em vivências dos valores do Evangelho do Reino. Papa Francisco assim define essa exigência:

> Quanto à conversão pastoral, quero lembrar que "pastoral" nada mais é que o exercício da maternidade da Igreja. Ela gera, amamenta, faz crescer, corrige, alimenta, conduz pela mão... por isso, faz falta uma Igreja capaz de redescobrir as entranhas da misericórdia. Sem a misericórdia, poucas possibilidades temos hoje de inserir-nos em um mundo de "feridos", que têm necessidade de compreensão, de perdão, de amor.[3]

A práxis pastoral inclui a perspectiva do cuidado em sua dimensão pessoal, comunitária e ecológica. Isso significa criar perspectivas de relacionamento com o eu-pessoal, construir e nutrir um novo modo de experimentar e se relacionar com Deus, nas diversas relações comunitárias e no exercício do poder e na construção de uma nova relação com a natureza como espaço de vida. Para Boff, "cuidar é mais que um ato; é uma atitude. Portanto, abrange mais que um momento de

---

[2] GUTIÉRREZ, *A força histórica dos pobres*, p. 36.
[3] FRANCISCO, *Mensagens e homilias*, p. 69.

atenção, de zelo e de desvelo. Representa uma atitude de ocupação, preocupação, de responsabilização e de envolvimento afetivo com o outro".⁴

A partir desses pressupostos, como definir a práxis pastoral das masculinidades, se o cuidado pastoral das masculinidades pretende ser um processo de transformação dos corações e mentes dos membros da comunidade de fé, exigindo uma autêntica inserção no contexto que determina e hegemoniza a vida de homens e mulheres? Definindo o ponto de partida como a vida concreta das pessoas, suas culturas e estruturas sociais, a teologia se torna contextual, rejeitando um processo abstrato de especulações dogmáticas e verticais. Nesse sentido, a teologia que tem seu ponto de partida na práxis, não começa nos livros, mas na contemplação da realidade, na experiência narrada e vivida pelos indivíduos inseridos em contextos comunitários e culturais próprios. Segundo Kortner, uma teologia hermenêutica se caracteriza por uma "hermenêutica soteriológica da realidade... cuja necessidade de redenção articula essa à luz da realidade salvífica do testemunho bíblico".⁵

O material para a elaboração teológica é a própria vida das pessoas. É sobre esse conteúdo existencial, vivencial que adequadamente se pode reler as Escrituras e a Tradição e promover processos de transformação. A teologia da práxis pastoral inicia seu processo dialético pela escuta das questões e problemáticas que emergem dos contextos socioculturais onde seres humanos e comunidades cristãs se localizam. Essas questões e experiências de vida são levadas a sério e se tornam a pauta sobre a qual a teologia se elabora. Importante mencionar aqui as palavras da Constituição Pastoral *Gaudium et Spes,* ao afirmar que:

> As alegrias e as esperanças, as tristezas e as angústias dos homens de hoje, sobretudo dos pobres e de todos aqueles que sofrem, são também as alegrias e as esperanças, as tristezas e as angústias dos discípulos de Cristo; e não há realidade alguma verdadeiramente humana que não encontre eco no seu coração. Porque a sua comunidade é formada por homens, que, reunidos em Cristo, são guiados pelo Espírito Santo na sua peregrinação em demanda do Reino do Pai, e receberam a mensagem da salvação para a comunicar a todos. Por este motivo, a Igreja sente-se real e intimamente ligada ao gênero humano e à sua história.⁶

---

4   BOFF, *Saber cuidar: ética do humano – compaixão pela terra*, p. 33.
5   KORTNER, *Introdução à hermenêutica teológica*, p. 7.
6   GS, n. 1.

Nesse sentido, uma teologia da práxis pastoral das masculinidades se situa dentro de questões, problemáticas e conteúdos próprios do contexto Amazônico. Na inserção e na interação entre contexto cultural amazônico e tradição cristã, pretende-se elaborar princípios para uma teologia pastoral das masculinidades.

O marco teológico que define a "masculinidade redimida" é, primeiramente, a kénosis de Jesus Cristo, fundada sobre o mistério de sua encarnação, em uma corporeidade masculina. Os pressupostos bíblico-teológicos dessa perspectiva têm seus fundamentos na releitura de Jo 1,14 – "e o verbo se fez carne" que assume uma corporeidade masculina. A corporeidade da encarnação nos leva a compreender a masculinidade de Jesus vivida existencialmente em um corpo que tem gênero e se concretiza na vida de um homem judeu. A compreensão da masculinidade redimida, assim como é vivida por Jesus de Nazaré, exige um retorno ao seu corpo plasmado pela ação do Espírito no útero virginal de Maria, na circuncisão, na transfiguração, nas curas e milagres, nos gestos e nas expressões simbólicas de sua pessoa, apresentada de muitas formas nos Evangelhos.

> O *Logos,* mais precisamente o Filho preexistente de Deus que vive em unidade com o Pai e é o mediador da criação, assume a carne (1,14). Ele tem um nome, Jesus de Nazaré, e uma história, a que vai ser contada no Evangelho. Na pessoa de Cristo, Deus se faz proximidade amorosa e presença no seio da criação e da humanidade. Jesus é a Palavra de Deus feita carne. A história toda do homem Jesus – suas palavras, seus atos, sua vida, sua morte – deve ser lida da perspectiva dessa afirmação primeira.[7]

No Evangelho de Lucas, a kénosis se apresenta principalmente pelo sentimento de compaixão e solidariedade com o sofrimento alheio. O verbo "splangxnizomai", que significa mover-se, ser movido de compaixão, caracteriza seus gestos de cura e sua masculinidade encarnada no sofrimento humano. Jesus é um homem capaz de comover-se pelo sofrimento alheio, como no caso da viúva de Naim (Lc 7,13). Na parábola do bom samaritano o sentimento de compaixão o leva a solidarizar-se com o homem assaltado pelo caminho. O sentimento de compaixão se expressa de modo claro no pai do filho mais novo que retorna a casa e é recebido com festa. A compaixão é o sentimento que caracteriza não somente a

---

[7] ZUMSTEIN, *O Evangelho segundo João*, p. 462-463.

masculinidade redimida de Jesus, mas propriamente o sentimento de Deus na carne do Homem-Divino Jesus.[8]

A comunidade de Marcos apresenta um dos aspectos mais controversos da práxis jesuânica, sua atitude de serviço aos mais pobres e desprezados. No episódio da discussão sobre quem será o maior no futuro governo que será implantado pelo Messias, Jesus se apresenta como o Messias-servidor e afirma que o maior é aquele que se coloca a serviço dos que são desprezados (as crianças) (Mc 9,35). Jesus entende sua masculinidade e a propõe como caminho de redenção para seus discípulos, como serviço e acolhimento dos desvalidos. Esse aspecto ressoa no texto de Paulo aos filipenses (Fl 2,8), que entende a kénosis como superação de uma masculinidade ávida pelo poder, autoritarismo e pela dominação, mas que abraça o caminho da cruz, da humildade, do sofrimento e da morte para alcançar a vida nova no Espírito.[9]

Redimir masculinidades significa assumir o itinerário iniciático, trilhado tanto pelo homem Jesus de Nazaré, na casa, no deserto, no batismo e na cruz, como pelas culturas dos povos da Amazônia nas várias fases de sua história. Esse caminho kenótico de iniciação se caracteriza pela dinâmica descendente e circular. Descer para se tornar irmão de todos e todas, renunciando ao controle e à dominação, para promover a comunidade na oferta de seus carismas individuais, é tornar-se caminho para que a justiça do Reino se estabeleça na história, libertando e curando-se das feridas deixadas pelo poder destrutivo da masculinidade hegemônica e patriarcal. Masculinidades redimidas assumem a opção de favorecer o direito de todos, principalmente dos menos favorecidos, celebrando as diversidades e compartilhando os serviços.

> Por outro lado, o Evangelho – a Boa-Nova anunciada por Jesus – vem por outras possíveis masculinidades, as que dizem respeito às relações recriadas na casa de José e Maria de Nazaré; as dos homens "com" as mulheres e com os outros homens; com crianças e pessoas idosas; as de relações engendradas por um amor verdadeiro, que parte do reconhecimento do "outro" e da "outra" como pessoa em sua plena dignidade de filho e filha de Deus, sem subestimar as condições

---

[8] KÖSTER, p. 904-934.
[9] Cf. BARBAGLIO; FABRIS; MAGGIONI, *Os Evangelhos (I)*, São Paulo, Loyola, 1990; EQUIPE DE REFLEXÃO BÍBLICA, *Reconstruir relações num mundo ferido. Uma leitura de Marcos em perspectiva de relações novas*, p. 78-80. MIRANDA, Mario de França, *A salvação de Jesus Cristo*, p. 54.

étnicas, sociais, sexuais ou de geração. De fato, isso é escandaloso (Jo 4,27). Essa é uma maneira de viver a masculinidade de forma totalmente nova, libertadora, profética e solidária.[10]

Atravessar as etapas iniciáticas das masculinidades redimidas exige percorrer o caminho da reconciliação com o sentido mais profundo do impulso para a vida, ou seja, adquirir autoconhecimento da psique humana nos seus vários impulsos para a vida e para a morte, para o amor e o ódio, para autocentrar-se e para sair de si mesma. Redimir as consciências masculinas significa descolonizar o pensamento e os sentimentos do poder patriarcal, como o grande obstáculo para a comunhão e a intimidade. Masculinidades que se redimem procuram exorcizar o poder diabólico da violência, do machismo, da misoginia e da homofobia, por meio de profunda experiência de que fundamentalmente Deus é amor.[11]

> Penso que, no contexto, que está repleto de afirmações sobre o amor e o amor de Deus por nós, o Evangelho de João – e também a Primeira Carta de João – crê que Jesus veio nos revelar que "Deus é amor", isto é, Jesus veio resgatar esse núcleo sagrado do judaísmo, núcleo esse que corria o risco de ficar soterrado sobre a grande carga de legalismos e ritualismos que sobressaía no judaísmo oficial. Com suas palavras e com sua vida, Jesus anunciou que Deus é amor, e foi coerente com isso até o fim (Jo 13,1). Procurou mostrar de diversas formas que Deus não é um conjunto de leis, Deus não é um conjunto de rituais, Deus não é uma Igreja, Deus não é nem sequer uma religião: Deus é amor. Essa fé, crer que Deus é amor, e viver de maneira coerente com ela, é que é "o caminho, a verdade e a vida".[12]

O caminho da kénosis masculina exige desaprender o caminho do poder de dominação imperial-colonizador, aprendendo a dar e reconhecer o poder de cada um. Significa tornar-se um irmão e amigo do mundo criado, da terra e de suas criaturas, para que, desse modo, possa se tornar cuidador e parir uma nova humanidade.

Na experiência místico-afetiva do encontro com o Cristo-kenótico, arquétipo da masculinidade redimida, as masculinidades experimentam a força

---

[10] TONINI, *O sonho de José de novas masculinidades*, p. 76.
[11] BENTO XVI, Carta Encíclica *Deus é Amor*, n. 1.
[12] DIETRICH, *Violências em nome de Deus*, p. 49.

transformadora de seu Espírito: a *Ruah* e o goel – divinos. Essa é uma experiência redentiva da alma masculina, trazendo "vida harmônica", "bemviver" espiritual e corporal. É uma profunda vivência do Reino que está dentro e entre nós, que nos torna um com o todo, ou um no todo do universo e da humanidade. O caminho de libertação das masculinidades é um esforço e um dom da graça que liberta de condicionamentos e estruturas tóxicas e violentas das masculinidades patológicas.

Esse processo iniciático de redenção será continuado e progressivo, assumindo o caminho da reconciliação consigo mesmo, com os outros e outras, com a natureza, na vivência comunitária. Exemplos modelares desse caminho salvífico de masculinidades estão em José homem, esposo e pai de Jesus; em Pedro, em seu processo de cura da ferida da masculinidade violenta; em João, discípulo que se deixa amar por Jesus; em Paulo, que, no seu processo interior da cura de sua masculinidade religiosa exclusivista, aprende a diversidade como comunhão em Cristo.

O segundo marco teológico se fundamenta na paternidade-masculinidade do Abbá de Jesus. Nesse aspecto é importante compreender primeiramente a relação de Jesus com o Deus-Abbá. Ao analisarmos criticamente as concepções de paternidade patriarcais machistas e violentas atribuídas à divindade, que legitima ou reforça a dominação e violência patriarcal, poderemos reencontrar a intimidade espiritual com Deus e crescer num relacionamento de amizade com homens e com mulheres. A compreensão de Jesus da masculinidade e paternidade de Deus, presente principalmente em sua prática de vida e oração, deveria desafiar e mudar nossas representações culturais hegemônicas. A paternidade do Abbá de Jesus pode tornar-se um meio para combater o sexismo, machismo, homofobia e a violência de gênero.

> Assim, a pessoa amada merece toda atenção. Jesus era um modelo porque, quando alguém se aproximava para falar com ele, fixava nele seu olhar, olhava com amor (cf. Mc 10,21). Ninguém se sentia transcurado na sua presença, pois as suas palavras e gestos eram expressão desta pergunta: "Que queres que eu te faça?" (Mc 10,51). Vive-se isso na vida cotidiana da família. Nela, recordamos que a pessoa que vive conosco merece tudo, pois tem uma dignidade infinita por ser objeto do amor imenso do Pai. Assim floresce a ternura, capaz de "suscitar no outro a alegria de se sentir amado. Ela exprime-se de modo particular

prestando atenção delicada aos limites do outro, especialmente quando eles sobressaem de maneira evidente.[13]

As implicações para a práxis pastoral das masculinidades são múltiplas. À medida que as masculinidades se tornam conscientes e experimentam a presença do Deus-Abbá, compreende-se o destino para o qual toda a humanidade foi criada e adotada como filhos e filhas, ou seja, para viver na corporeidade de seus espíritos a liberdade (Gl 5,1), a igualdade, e alegremente na paz que é fruto da justiça. O princípio ético que emana dessa perspectiva teológica é o amor que, nas expressões diversas das masculinidades, se torna respeitoso do outro e da outra, cuidador, responsável e ecológico.[14]

Outra figura importante da relação de Jesus com o Deus do Reino é a figura da criança. É necessário tornar-se como criança para entrar no Reino (Mt 19,14-15). As crianças, assim como as mulheres no tempo de Jesus, eram consideradas impuras e tocá-las era se tornar impuro também. Em vários momentos de sua vida Jesus acolhe as crianças, é tocado e as abraça (Mc 9,37). No encontro com as crianças, há uma afirmação definitiva de que o Reino pertence a elas. Somente quem é como as crianças pode experimentá-lo. A grandiosidade da autoridade e do poder se contrasta com a humildade, a necessidade de amor e cuidado, a confiança absoluta que as crianças têm em quem as ama, aspectos fundamentais para entrar no Reino. "O Reino é para os que não têm pretensões a posição de superioridade social, para os que reconhecem que ele é uma dádiva."[15]

Quais as implicações para as masculinidades em busca de redenção? Para uma vivência mais profunda de suas masculinidades, homens precisam reencontrar, acolher, libertar, redimir sua criança interior. Muitos homens viveram sua experiência de paternidade com pais de uma forte masculinidade hegemônica e tóxica, viveram em sua infância relações paternas distantes, sob constante ameaça e submissão, muitos foram abusados violentamente de muitas formas.[16] Essas

---

[13] FRANCISCO, Exortação Apostólica Pós-Sinodal *Amoris Laetitia* – A alegria do amor, p. 184-185.

[14] BENTO XVI, Carta Encíclica *Deus é Amor*, n. 20.

[15] HARRINGTON, *Mateus*, p. 34.

[16] ASSIS; AVANCI, *Labirinto de espelhos: formação da autoestima na infância e adolescência*, p. 81-89.

crianças se tornam homens adultos com uma carência profunda de proximidade, intimidade, apoio, amizade, e irão ter dificuldade de desenvolver isso ao longo de suas vidas. Como Jesus fez, é preciso acolher, abraçar, curar, ressuscitar a criança interior ferida, para vivenciar masculinidades abertas para os apelos do Reino.

Uma das figuras mais controversas e significativas para uma compreensão de masculinidades redimidas no contexto do discurso sobre o Reino dos Céus é a do "eunuco".[17] O "eunuco por causa do reino dos céus" (Mt 19,12) certamente foi uma figura controversa ao longo da história cristã. Muitos homens cristãos na Igreja primitiva interpretaram literalmente o mandato do Senhor, decepando os membros que poderiam ser causa de pecado, usando da castração como expressão de sua radicalidade e devoção religiosa. Com a normalização da heteronormatividade e das concepções binárias da sexualidade no Ocidente, a figura do eunuco foi desaparecendo e se tornando uma anormalidade física e social.[18] Contudo, o estudo sobre a figura do "eunuco", no contexto das discussões sobre o papel das pluralidades de vivências masculinas e femininas, gera transgressão, rompe as fronteiras da heteronormatividade, criando espaço para a inclusão e o acolhimento das diversidades nos contextos eclesiais e socioculturais. Tradicionalmente, os intérpretes desse dito do "Jesus" de Mateus fizeram uma leitura de valorização da vida de castidade e celibatária, sem um aprofundamento na compreensão dos dados sócio-históricos de gênero, norma do antigo mediterrâneo. Sobre esses pressupostos, enfraquece-se o poder e a radicalidade desse dito sobre a vivência da realidade do Reino dos Céus.

Podemos perguntar: por que Jesus usa de uma figura que transgride fundamentalmente as tradições heteronormativas e patriarcais para elevar o eunuquismo a um valor para entrar no Reino dos Céus? Nas releituras desse dito, Jesus questiona a posição privilegiada de um paradigma binário heterossexual de identidade. A figura do eunuco, tanto como corpo físico quanto como identidade social, desestrutura radicalmente as premissas fundamentais usadas para reforçar a leitura heterossexista conservadora da Bíblia, precisamente porque esse corpo e essa identidade social ameaçam as fronteiras sagradas entre masculino e feminino. O eunuco não podia casar, nem ser pai, nem mãe. Nele não está completamente um homem nem uma mulher, nem masculino, nem feminino.

---

[17] KUEFLER, *The Manly Eunuch*, p. 34-36.
[18] Ibidem, p. 166-170.

Segundo Jesus, eunucos são aqueles que, devido a seus corpos, não podem contrair núpcias. Para eles, o nupcial no sentido do corpo é menos importante, o valor fundamental é o Reino. A imagem do eunuco é um desafio para o modelo sexual binário e de complementação dos sexos.[19]

O eunuco é uma figura que não somente desestabiliza o dualismo binário heterossexual, mas não pode participar dele em absoluto. Mesmo como uma figura de celibato, renuncia às formas e práticas que estão no âmago do paradigma heteronormativo. De fato, no dizer de Mt 19,12 não há absolutamente nenhuma sugestão de que ser um eunuco é ser alguém que precisa de "conserto", "cura" ou "reintegração" na sociedade. Jesus cura os cegos, os paralíticos, os possuídos, os febris, os leprosos, os hemorrágicos, até mesmo os mortos, em todos os casos, restaurando-os a uma sociedade plena. No caso do eunuco, no entanto, não há qualquer implicação de "doença" ou "deformidade" social com necessidade de restauração. Em vez disso, o eunuco é elevado a um modelo a ser imitado.[20]

Os debates atuais sobre o acolhimento e acompanhamento pastorais de homossexuais e transgêneros na comunidade cristã têm se concentrado, muitas vezes, mais na questão da ética sexual. Uma compreensão teológica, espiritual e pastoral, sobre a figura do "eunuco" como modelo de vivência no Reino dos Céus, pode servir de possibilidade para um reconhecimento de que na comunidade cristã, assim como na sociedade, vidas humanas de homossexuais e transgêneros possuem um lugar. Ao reconhecer que fazem parte do Corpo de Cristo, a Igreja pode se reconciliar consigo mesma reconhecendo as feridas infligidas sobre esses grupos de irmãos e irmãs e reconhecendo sua diversidade como dom do Reino dos Céus.[21]

3.2 O rosto materno de Deus na Amazônia

Nesse ponto, abordaremos aspectos das devoções marianas na Amazônia levantados no primeiro capítulo, para que seja feita uma releitura dos símbolos da maternidade de Deus, a partir do contexto natural-cultural-religioso e de sua contribuição para as masculinidades redimidas. Perguntamos, então: como as devoções religiosas marianas podem contribuir para uma vivência redimida das

---

[19] Ibidem, p. 258.
[20] MOXNES, *Putting Jesus in His Place*, p. 72-74.
[21] LEERS; TRASFERETTI, p. 93.

masculinidades no contexto cristão? Quais as releituras que podem ser feitas às devoções e imagens de Maria-Mãe, que contribuam para que as masculinidades possam ser vividas de modo humano, saudável, libertador e autêntico?

Nas devoções populares de Maria-Mãe no contexto latino-americano e amazônico, aparecem duas imagens importantes que podem ser relacionadas com as culturas religiosas dos povos indígenas e das comunidades interculturais: Maria, a Grande Mãe (Mãe de Deus), e Maria Assumpta ao céu – Rainha do Céu. Na primeira imagem prevalecem as concepções da Grande Mãe terra que, nas tradições indígenas, é fonte de vida, símbolo da fertilidade e da comunidade biológica e humana. Para as culturas afro-brasileiras, Maria é adorada como Iemanjá, Rainha das Águas.[22]

> A adoração a Maria, Mãe de Deus do cristianismo, não escapa da relação com o culto a uma Grande Deusa-Mãe. Estudos que descrevem o contexto em que surgiu o culto marial fazem interessantes revelações. Este surgiu numa época e num contexto em que as Deusas-Mães tinham grande presença no mundo greco-romano e na Ásia-Menor. Nesta última, era conhecida a figura da Mãe Terra, da religião hitita. O poder da Mãe Terra manifestava-se no mistério da fertilidade. Os hititas nomeavam a deusa da natureza de Jasilikaja. As Deusas-Mães da religião da área do Egeu, por sua vez, faziam parte do panteão grego. Essas deusas tinham diferentes atribuições ou manifestações: "de mãe da montanha, de deusa do mar ou do navio, de deusa da serpente, de senhora ou deusa dos animais, representada mais por Ártemis". Entre outras, faziam parte do panteão grego: Deméter, Gaia, Rhéa, Cibele, Hécate, Afrodite, Palos, Atenas e Ártemis. As Deusas-Mães também eram cultuadas em Roma e na Itália, e especialmente no Egito. Do Egito, provavelmente, a deusa mais influente era Ísis, cujo culto se disseminou pelo Império Romano, ao longo do Reno e outras regiões. Ísis era uma deusa virgem negra, que possivelmente vai ser modelo para outras divindades virgens negras.[23]

Na segunda, a Mãe do Céu é prioritariamente a grande intercessora de Deus que favorece seus filhos e filhas na terra. No contexto da colonização, duas imagens distanciam o povo pobre e subalterno de Deus: a primeira, a imagem

---

[22] IWASHITA, *Maria e Iemanjá: análise de um sincretismo*, p. 270.
[23] ROESE, Anete, *O silenciamento das deusas na tradição interpretativa cristã*, p. 184.

patriarcal do Senhor Pai Todo-Poderoso e, a segunda, a do Filho encarnado, Jesus Cristo. Os povos oprimidos tanto fisicamente como espiritualmente ficam sem seus curandeiros, sem seus líderes e figuras ancestrais, sem abrigo e proteção. No processo de reelaboração cultural, esses povos ressignificam a partir de seus sofrimentos a imagem da Mãe do Céu. Nela os pecadores encontram abrigo, os aflitos conforto, auxílio nos infortúnios da vida. Nela está o verdadeiro sentido do Deus-Abbá de Jesus.

A figura de Maria ajudou os povos a encontrar as características amorosas do Deus-Abbá. Suas características compaixão, bondade, serviço e amparo, retiraram a masculinidade patriarcal opressora e distante do Deus Todo-Poderoso. Para muitos devotos, rezar a Maria como Mãe é se dirigir diretamente ao Abbá. Nessa experiência dos subalternos se entende a razão por que, na parábola do filho pródigo, não há nenhuma mãe. A razão é porque esse Pai assume as características do feminino materno. Desse modo, para a maioria dos devotos de Nossa Senhora de Nazaré, do Carmo e da Imaculada, Maria é a expressão mais concreta da bondade do Deus-Abbá. De nenhuma maneira se renuncia à devoção, admiração, gratidão a Maria, a mãe de Jesus, por quem Jesus se torna um de nós. Não é substituição de Deus por Maria, mas compreensão da proximidade de Deus através de Maria. Os danos que uma concepção patriarcal faz à relação de Deus-Abbá com seus filhinhos são demasiado profundos. Ainda hoje muitos concebem Deus como um ser distante e indiferente aos nossos apelos.

> Maria é aquela que sabe transformar um curral de animais na casa de Jesus, com uns pobres paninhos e uma montanha de ternura. Ela é a serva humilde do Pai que transborda de alegria no louvor. É a amiga sempre solícita para que não falte vinho na nossa vida. É aquela que tem o coração trespassado pela espada, que compreende todas as penas. Como Mãe de todos, é sinal de esperança para os povos que sofrem as dores do parto até que germine a justiça. Ela é a missionária que se aproxima de nós, para nos acompanhar ao longo da vida, abrindo os corações à fé com seu afeto materno. Como uma verdadeira Mãe, caminha conosco, luta conosco e nos aproxima incessantemente do amor de Deus.[24]

---

[24] FRANCISCO, Exortação Apostólica *Evangelii Gaudium*, n. 286.

Para uma contribuição adequada dos atributos de Maria-Mãe para as masculinidades redimidas, importa compreender que a tradição católica construiu uma percepção feminina dócil e submissa de sua imagem. A partir de uma hermenêutica crítica, criativa e pós-colonial, convém reler as interpretações do feminino aplicadas a Maria, para poder fazer perguntas sobre a imagem de Deus aplicada a mulheres e homens e buscar imagens que proporcionem redenção aos homens, libertação às mulheres e à natureza.

Em linhas gerais, a presença de Deus, na cosmovisão indígena, está inserida no todo da realidade da vida, sem superposição de diferentes níveis. Por isso mesmo, a dinâmica cultural indígena tem um sistema interdependente, coerente e coeso, em que o econômico, o ecológico e o espiritual fazem parte de um todo. "O primeiro é a crença de que temos Mãe e Pai. Quer dizer, a concepção divina materna e paterna integrada em um monoteísmo."[25]

Deus é entendido como Pai e Mãe, uma realidade espiritual que se manifesta na terra, no vento, no sol, no trovão e na chuva. Deus está vivo na natureza, no cosmo, na tradição e nos costumes do povo. Para os indígenas, a presença de Deus engloba toda a existência e a criação. Como afirma Diego Irarrázaval: "Tudo está inter-relacionado... A natureza é moradia da divindade e expressão dela. O homem e a mulher são filhos da terra".[26] A natureza é a morada dos espíritos. Respeitá-la é condição indispensável à continuidade da espécie humana. A morada dos espíritos na natureza varia conforme a cosmologia de cada povo. No entanto, podemos constatar que ela está relacionada sempre com os elementos naturais: água, céu, terra, floresta, debaixo da terra. "A floresta, para eles, é um livro aberto de ciência da natureza, na qual se mostram mestres consumados."[27]

Os indígenas têm consciência de que formam parte de uma rede complexa de interações que não envolve apenas a sociedade, mas todo o universo, e que há uma quantidade de mecanismos reguladores que controlam esse todo. Eles dotam a natureza, fauna e flora, com propriedades sociais, com atribuições antropomórficas. Tecem relações sociais para explorar a natureza e criam o imaginário para domesticá-la. Há um vínculo espiritual tão profundo entre terra e povos indígenas que alguns deles, como o povo Inca, a reconhecem como uma divindade – a Pacha Mama (Mãe Terra).

---

[25] AELAPI; CIMI, *A Terra sem males em construção*, p. 38.
[26] ... E Tonantzin veio morar conosco. IV Encontro Continental de Teologia Índia, p. 18.
[27] AZEVEDO, *Pinceladas de luz na floresta amazônica*, p. 26.

> A maioria das nossas tradições, ritos e costumes, estão relacionados de maneira essencial e vital com a terra, em que realizamos a experiência maternal de Deus conosco. Por isso, todas as atividades que querem dessacralizar a terra são uma ameaça frontal a um dos pilares de nossa religião.[28]

As concepções indígenas da natureza como a Grande Mãe nos lembram de que ela é o nosso espaço de vida – o grande útero. Devoções marianas no contexto amazônico exigem aprender a conviver com a pluralidade humana e com a natureza, enfatizando a relação de todos os seres vivos e sua interdependência fundamental.

A vida humana vem da mãe e é nutrida por ela. Por isso, também a natureza tem, no seu todo, a forma materna. Todos os seres vivos são nascidos da Mãe Terra e por ela alimentados. Ela é pessoa cósmica original. A relação entre pessoa e terra também está presente nas tradições bíblicas: "Adão foi feito da terra". Ele é a "criatura terrestre" original, anterior à diferenciação entre homem e mulher (Gn 2,7). Mas, nas Escrituras judaicas, a terra não é mais a "mãe do ser humano", mas somente a matéria-prima para a obra do criador. Nas devoções marianas da Amazônia, com Maria escuta-se o chamado para entrar em contato com os princípios da maternidade criativa da humanidade. Ser maternos, cuidadores e acolhedores, útero latente, grávidos de vida.

A floresta, na Amazônia, é a melhor expressão da maternidade criativa da terra e da vida que nela está latente. A floresta só existe devido a sua biodiversidade; a monocultura é inviável para nosso solo. A floresta é o lugar da cura e da oxigenação da vida. Nela está presente a cura de todos os males. Nela está a subsistência da vida, a igualdade e a interdependência de todos os seres. Ela morre para dar vida, mas se vinga, se for maltratada. Ela abriga os espíritos protetores, as forças caóticas e harmoniosas da vida. Entramos nela para experimentar a revelação de Deus – nela se encontra o temor e o acolhimento. Como no mais profundo do psiquismo humano, nela moram os animais selvagens, com variedade de comportamentos, habilidades e sabedorias. Nela aprendemos a nascer e morrer, dar a vida e fazer nascer a vida. Ser floresta é aprender a acolher a diversidade da vida, com seus ciclos e finalidades, é encontrar nas profundidades do ser o caos, o selvagem, mas também a harmonia e a interdependência. A poesia folclórica de Parintins assim descreve a Amazônia.

---

[28] AELAPI; CIMI, IV Encontro Continental de Teologia Indígena, p. 130.

Amazônia, solitária catedral (bis)
Onde estão os teus templários?
Teus guardiões imaginários?
Cadê as cuias, teus cálices?
E o rio, teu santo daime?
Vivas folhas, teus sudários
Teus castiçais, teus galhos?
Amazônia, solitária catedral (bis)
Onde está o teu encanto?
Teu mistério, batistério?
Teu verde sagrado manto
Pra onde foram os cristais?
Tuas riquezas, teus vidrais
Teus sonhos de imortais?
Amazônia... Templários da Amazônia (bis)
O curupira fugiu
Jurupari desistiu
Surucucu se escondeu
Cobra-grande, cobra-grande
Na enchente encolheu
Avé... Avé... (bis)
Restou o nosso Caprichoso
A cor morena do caboclo
O cheiro intenso da cabocla
A partitura da toada
O coro forte da galera
E a oração da Marujada
Amém... Catedral.[29]

Maria-Mãe como símbolo da comunidade redimida pela kénosis do Filho se torna a base para relações fundamentais de reciprocidade, gerando um novo modo de criar comunidades com novas formas de compreender as relações de gênero e com a natureza. Esse aprendizado de convivência comunitário passa a ser um dos princípios mais importantes da ecologia como estratégia para salvar

---

[29] BARBOSA, *Amazônia, Catedral Verde*, Álbum Festival Folclórico de Parintins, 2010.

o planeta e para construir as qualidades humanas necessárias para um futuro da humanidade cada vez mais desafiante. No contexto atual, a tecnologia, os centros urbanos, geram um distanciamento das formas comunitárias e naturais de vida. Tornam a vida do planeta cada vez mais ameaçada. A comunidade ecológica, como Mãe protetora e cuidadora da vida, parece ser uma via imediata para salvar não somente o planeta, mas o ser humano que nele habita. "A terra sempre cuidou de nós, dando-nos tudo de que precisávamos. Mas a ferimos tanto que agora cabe a nós cuidar dela para que continue cuidando de nós."[30]

3.3 Iniciação à vida cristã de homens: desafios e perspectivas pastorais

O ser humano aprende a se tornar membro de uma sociedade e de uma religião interagindo com aquilo que lhe é dado pelo contexto em que nasce. Ao mesmo tempo, no seio de sua cultura e religião, ele aprende também a reformular e responder aos critérios aprendidos na realidade que o cerca. Como ocorre esse processo? Até que ponto esse aprendizado da identidade e dos aspectos fundamentais do pensar e do agir humano, hoje, pode ajudar o ser humano a viver melhor sua humanidade? De que modo esse distanciamento de processos iniciáticos do aprendizado da cultura e da religião deixa um vazio que afeta principalmente a condição masculina cristã?

Levando em conta os desafios à iniciação cristã lançados pela Conferência de Aparecida e pelo Papa Francisco na sua Exortação Apostólica *Evangelii Gaudium*, pretendemos provocar uma discussão sobre a Nova Evangelização no âmbito antropológico pastoral dos estudos da masculinidade, para descobrir princípios que nos ajudem a responder aos anseios de uma identidade masculina que viva as exigências do Evangelho do Reino em meio aos desafios da história.

A análise sobre a iniciação à vida cristã de homens se elabora a partir de dois pressupostos: primeiro a partir do apelo do Documento de Aparecida e da *Evangelii Gaudium* e, em segundo, com base em alguns dados da realidade sociorreligiosa das comunidades cristãs. Para o Documento de Aparecida (n. 293), a paróquia deve ser o lugar onde a iniciação cristã se concretiza a partir de algumas tarefas fundamentais: iniciar na vida cristã os adultos batizados que ainda não

---

[30] BOFF, *Homem: satã ou anjo bom?*, p. 30.

estão completamente evangelizados; educação na fé de crianças batizadas; iniciar os batizados que receberam o querigma e queiram abraçar a fé. Em sua Exortação Apostólica, o Papa Francisco compreende a iniciação à vida cristã como uma pedagogia que conduz a pessoa, passo a passo, à experiência do mistério. Esse processo deve levar a pessoa à maturidade, que é caracterizada como capacidade de decisão livre e responsável.[31]

Basicamente, a Igreja vive o grande desafio de evangelizar pessoas nas suas subjetividades e diversidades, que experimentam o vazio deixado pela perspectiva materialista da vida (niilismo) com um profundo anseio de justiça, dignidade e integridade com a natureza. Levando em conta os desafios de Aparecida e do Papa Francisco, pretende-se uma discussão sobre a evangelização no âmbito antropológico pastoral dos estudos da masculinidade. Nosso objetivo é trazer os desafios da iniciação à vida cristã para o âmbito da vida masculina, a partir dos fundamentos teológicos elaborados sobre as masculinidades. Para captar os desafios da vivência cristã masculina, precisamos primeiramente nos confrontar com alguns dados da realidade.

De modo geral, as religiões, a fé e a espiritualidade vivem um momento de revitalização e renovação. Muitas pessoas hoje estão em busca de uma experiência espiritual e um caminho de fé que deem sentido às suas vidas. Apesar disso, as comunidades eclesiais continuam sofrendo com a perda de uma grande população de homens jovens. Muitas estatísticas apontam para um crescimento da população religiosa de mulheres, idosos e crianças, como aqueles que realmente praticam a religião. Normalmente os homens jovens, depois do ensino médio e na entrada para o ensino superior, abandonam a Igreja ou a prática religiosa. A presença de homens jovens é evidenciada esporadicamente em alguns momentos de celebrações religiosas familiares, como funerais, casamentos que reduzem a religião a uma prática social sem nenhum sentido espiritual.[32]

O que leva, então, os jovens a desistir da vivência eclesial depois da adolescência? Por que uma grande maioria da juventude prefere dedicar maior parte de seu tempo à preparação para o mercado de trabalho e nos fins de semana para a balada? Para muitos jovens, a prova de sua masculinidade será a entrada em algum grupo social, como as *gangs*, grupos radicais e as drogas. O número de suicídio

---

[31] PAPA FRANCISCO, *Evangelii Gaudium*, p. 140-141.

[32] TEIXEIRA; MENEZES, *Religiões em movimento: o censo de 2000*, p. 45.

juvenil, principalmente de homens, cresce de modo alarmante, sem contar as formas de vida violentas, como os acidentes de transportes, doenças sexualmente transmissíveis e o uso de bebidas alcoólicas.[33]

Dentre outras respostas às causas dos problemas vividos por homens jovens, pode-se apontar a falta de iniciação à vida masculina. A masculinidade hegemônica impõe desafios extremos à vida de homens jovens, aos quais se somam as imposições de uma economia de mercado que estimula o potencial agressivo e destrutivo da masculinidade.[34] Desde os primórdios da humanidade, a masculinidade se perpetuou e se legitimou pela prática dos rituais de iniciação. Homens mais velhos tinham a responsabilidade de iniciar os jovens na vida masculina através dos ritos de passagem. Ainda hoje, em alguns lugares onde a cultura tradicional ainda está viva, os homens adolescentes são abduzidos de suas mães e levados a realidades geográficas desafiantes (desertos ou florestas).[35]

Nesses espaços simbólicos, é ensinado aos homens jovens a arte da masculinidade. Nesses rituais, às vezes brutais e com provas de resistência extrema, o jovem é circuncidado, passa por provas de resistência física, dor, sofrimentos e até picadas de insetos (*sateré mawe*).[36] Depois desse período de comprovação de sua masculinidade e de aprendizados da vida social masculina, ele é reconhecido publicamente como cidadão e está pronto para constituir sua própria família.

No contexto atual, percebe-se a necessidade de uma espiritualidade masculina que seja a base para novas relações de gênero. Para esse fim, é necessária uma vivência autêntica de amizade e relacionamentos comunitários de homens com outros homens. No âmbito da experiência de fé comunitária, significa responder ao desafio de homens se tornarem verdadeiros amigos e irmãos, tendo como modelo Jesus Cristo.[37] A tradição cristã herdou da religião judaica (AT) uma rica compreensão da iniciação de jovens. Na Bíblia, encontramos muitos personagens que passaram por algum tipo de ritual de iniciação para alcançar maturidade espiritual e receber a revelação de Deus, basta lembrar a fuga de Jacó, o exílio de Moisés e Davi, Jesus no deserto sendo tentado pelo Diabo.

---

[33] BARKER, *Homens na linha de fogo*, p. 10.
[34] Ibidem, p. 82.
[35] MESSNER, *The life of a man's seasons: male identity in the life course of the jockin*, p. 53-67.
[36] PEREIRA, *Os índios maués*, p. 21.
[37] GUINET, *Alguns elementos da espiritualidade masculina vistos através da narração bíblica de Jacó*, p. 23.

No atual contexto eclesial, evidencia-se uma carência de iniciação à vida cristã. Nesse âmbito se pode constatar também uma falta de reconhecimento formal ou de um ritual que ajude os homens jovens a reconhecer a riqueza de sua masculinidade e o modo de vivê-la saudavelmente segundo o Evangelho. Tanto os jovens que participam da Igreja como a maioria dos homens jovens continuam elaborando sua identidade masculina nas crises da família patriarcal, nos diversos modelos de masculinidade construídos pela sociedade de consumo, no mercado de trabalho competitivo e no uso de drogas. Deveríamos perguntar-nos por que tantos homens jovens se arriscam em comportamentos perigosos e irresponsáveis? Aparentemente, a Igreja não oferece um caminho espiritual de maturidade que ajude a descobrir modos alternativos de vivência das riquezas das diversas masculinidades.

3.3.1 Antropologia teológica da iniciação cristã das masculinidades

Na tarefa de atualizar a reflexão teológica, um dos desafios está no âmbito da antropologia teológica da iniciação cristã. Faz-se necessário ponderar sobre uma experiência significativa da fé no âmbito de gênero que atinja o mais profundo do coração da humanidade masculina. Esses podem ser caminhos pouco trilhados e que precisam ser desbravados ou resgatados nos imensos sentidos e significados da Palavra de Deus e da Tradição da Igreja.

Ao nos debruçarmos sobre a tarefa de fazer antropologia teológica, iniciemos por uma afirmação básica. O ser humano criado à imagem de Deus e parte da comunidade da criação é um ser dependente de seu criador e salvador. Isso significa que o humano só se pode compreender e se realizar na relação livre e amorosa com o Deus que o chama à vida. "Às vezes perdemos entusiasmo pela missão, porque esquecemos que o Evangelho *dá resposta às necessidades mais profundas das pessoas, porque todos fomos criados para aquilo que o Evangelho nos propõe: amizade com Jesus e o amor fraterno.*"[38]

Essa afirmação pode ser compreendida a partir de três modelos básicos de antropologia teológica.[39] O primeiro, vamos chamar de kerigmático e apologética, onde a ênfase está sobre a condição pecadora do humano, carente de salvação

---

[38] EG, n. 265.

[39] DULLES, *Models of Revelation*, p. 32.

e redenção, realizada por Cristo em sua morte redentora.[40] O segundo modelo existencial antropológico enfatiza a liberdade humana com seu potencial de escolha e realização em Deus, que convida o humano a participar de seu projeto de amor.[41] O terceiro modelo, que podemos chamar de pneumatológico-trinitário, vê o ser humano criado pela força do Espírito para a comunhão trinitária. Ele é chamado a viver na nova criação anunciada e vivida pelo Cristo como anúncio do Reino. A fé é o potencial dinamizador dessa vida nova que, vivida já nesta história, se realizará plenamente no futuro.[42] Em todos esses modelos, a compreensão do humano é universal ou generalizada. Podemos nos perguntar, para fins de desbravar caminhos iniciáticos e mistagógicos: por que é necessário adquirir uma compreensão mais adequada da masculinidade dentro da perspectiva da antropologia teológica?

Partindo do que foi afirmado sobre a dependência do humano de Deus para se compreender e se realizar, pode-se dizer que não é possível uma compreensão integral da masculinidade, sem antes fazer uma pergunta básica e fundamental: como a nossa linguagem, conceituação, dogmas e doutrinas sobre Deus influenciam a compreensão de masculinidade? Como as representações masculinas de Deus, que se tornam concretas em estruturas sociais, culturais e religiosas, podem influenciar o modo como excluem, marginalizam e geram violência nas relações humanas masculinas? Para compreender o homem e as masculinidades, é necessária uma abordagem que seja, ao mesmo tempo, crítica, reconstrutiva e criativa da compreensão do Deus cristão. Conhecer a Deus é encontrar-se com o mistério da humanidade. Mistério que se vai revelando na medida em que adentramos na relação com Deus.

É a situação do apóstolo Pedro, depois da ressurreição: vencida já toda resistência, reconhecida a fragilidade de seu corpo e da potência viril juvenil ("quando eras mais jovem, cingias-te e ias para onde querias; mas quando fores velho, estenderás tuas mãos e outro te cingirá e te levará para onde não querias"), ele pode, como fruto do diálogo amoroso com o Senhor, encarregar-se de pastorear as ovelhas de seu Mestre (Jo 21,15-18).[43]

---

[40] TILLICH, *Teologia Sistemática*, p. 23-25.
[41] RAHNER, *Curso fundamental da fé: introdução ao conceito de cristianismo*, p. 44.
[42] MOLTMANN, *Trindade e Reino de Deus: uma contribuição para a teologia*, p. 220.
[43] GUINET, *Alguns elementos da espiritualidade masculina*, p. 23.

Nesse âmbito, estamos em busca de uma identidade que se dá no processo de uma relação de revelação com Deus. Nesse sentido se pode pensar em uma antropologia teológica pastoral que pretende cuidar, pastorear, promover vida em abundância. A tradição dogmática da antropologia teológica se preocupou em elaborar aspectos universais e essenciais da condição humana, muitas vezes bastante abstratos, sem uma relação concreta com os desafios da vida cotidiana de homens e mulheres.

A tradição dogmática deu pouca atenção para as dimensões contextuais: o social, o cultural e o corpóreo do ser humano. Segundo a biblista Tea Frigério:

> Fazemos a experiência de Deus a partir do nosso corpo. Falamos de Deus a partir das nossas experiências humanas. Refletimos sobre Deus a partir da cosmovisão que adquirimos. Corpo, experiência, cosmovisão geram o imaginário religioso e é a partir dos parâmetros desse imaginário que descrevemos a Deus.[44]

Nas últimas décadas, influenciados por uma maneira mais contextual de fazer teologia, começa-se a elaborar uma antropologia teológica que aprofunda a dimensão social e da corporeidade do humano. É necessária uma compreensão mais relacional da condição humana, onde estejam presentes os atuais debates sobre unidade e diversidade, distinção e relação. Talvez essa seja uma oportunidade para uma compreensão mais rica da humanidade de homens e mulheres e uma chave bíblica de melhor compreensão da revelação de Deus. Nessa ótica, Deus cria o humano relacional para a comunhão. A existência humana é caracterizada pela necessidade de encontro e de relação com o outro. Esta precisa ser a base para uma antropologia teológica pastoral que contribua para a elaboração de identidades masculinas evangelizadas e evangelizadoras.

Nesse ponto de nossa reflexão, podemos nos perguntar sobre os elementos básicos de uma antropologia teológica pastoral que responda à realidade existencial de homens nos diversos contextos. Um aspecto central para essa antropologia teológica é a dimensão relacional que une o uno e o diverso, na dinâmica da comunhão. Necessariamente, estamos falando de uma teologia trinitária de relações. Contudo, é importante não cair no perigo de uma teologia trinitária abstrata, sem consequências práticas para a elaboração de relações concretas na

---

[44] FRIGÉRIO, *Corpo... Corpo... Corpo... Hermenêutica*, p. 7.

vivência cristã do cotidiano de homens e mulheres. Para Gebara, a "Trindade é o nome que damos a nós mesmas(os), nome que é síntese da percepção da nossa própria existência. É uma linguagem que construímos para tentar exprimir essa consciência de ser multidão e ao mesmo tempo unidade".[45]

Uma antropologia teológica pastoral deverá se aproximar mais das experiências concretas de vivências culturais, onde se privilegia a comunidade, as relações mútuas e complexas. Esses contextos de vidas podem nos abrir a possibilidade de compreender melhor como homens e mulheres conseguem elaborar relações de maior comunhão entre e si e com Deus. Para responder às questões mais desafiantes do mundo atual, ela deve ser inclusiva, procurando descontruir tudo o que exclui. Aprender os caminhos da paz e de uma vivência integral corpórea, que se dinamiza pelas relações mútuas num processo constante de encontrar sua identidade no movimento revelatório do Deus de Jesus Cristo.

Busca-se uma antropologia teológica pastoral que seja capaz de cuidar e curar os corpos feridos pela dor, pela violência, pela falta de dignidade e valor, pela aceitação dos limites e do pecado. Essa antropologia deve ajudar os homens a novamente se questionar sobre como eles próprios se veem no contexto atual. Uma antropologia que nos ajude a colocar o pé no chão da realidade, que desvende as máscaras e nos ajude a descobrir a riqueza da vivência em Cristo, deve questionar os homens sobre o modo como eles veem mulheres, os outros homens e o mundo. Enfim, desbravar caminhos que nos levem a um novo relacionamento com Deus, entrar no mistério que nos torna cada vez mais livres para realizar o potencial mais profundo da condição humana – ser um filho de Deus no Filho pela ação do Espírito Santo.

Masculinidade se aprende e, na subjetividade humana, ela se apresenta de modo diversificado. O processo de aprendizagem está incluído na enculturação que leva as pessoas, dentro de seus contextos culturais e religiosos, a interiorizar modelos, estruturas e visões elaborados ao longo do tempo. Todo esse aprendizado tem seu momento privilegiado na iniciação em que os jovens deixam a dependência familiar e social para se tornarem membros responsáveis e efetivos da sociedade. Através de rituais e mitos, o jovem entra em um processo de morte e nascimento – renascimento. O retorno ao convívio familiar é marcado pelo reconhecimento de um novo homem que assimilou os elementos mais fundamentais de sua identidade ontológica social.

---

[45] GEBARA, *Trindade, palavra sobre coisas velhas e novas. Uma perspectiva ecofeminista*, p. 27.

No contexto atual, há uma crise ou declínio de práticas rituais e mitológicas, perde-se o senso de mistério e de transformação das formas simbólicas da cultura e da religião. Os valores e significados que se inscrevem nos rituais e mitos são banalizados, tornam-se práticas sociais estéreis e frias, não são mais capazes de dar um norte para a liberdade e a responsabilidade humana. O que prevaleceu no arcabouço da sociedade fundada sobre o patriarcalismo de poder e dominação foi a força violenta da masculinidade hegemônica, atrelada aos modelos econômicos e políticos neocolonizadores que tudo torna objeto de consumo. Hoje se torna urgente o processo de desaprender, desconstruir as estruturas interiorizadas da masculinidade hegemônica, promovida tanto pela cultura consumista como pelo fundamentalismo religioso e a religião de mercado.

Os resultados de uma hegemonia da masculinidade se tornaram destrutivos tanto para o próprio homem como para os outros e para a natureza. A iniciação cristã das masculinidades precisa ser refletida no âmbito da Nova Evangelização, para que, em meio às crises das estruturas opressivas e alienantes da cultura e da religião atual, busque seu verdadeiro sentido na vida trinitária que se torna vida, morte e ressurreição no Homem Novo – Jesus Cristo.

3.3.2 Iniciação cristã de homens à vida de comunidade

Para gerar homens redimidos na comunidade, a teologia pastoral busca analisar criticamente e ressignificar a compreensão de poder e autoridade. Esse processo significa principalmente compreender melhor a relação de poder relacionada aos papéis identificados com a masculinidade hegemônica e colonial. Sociedades na Ameríndia estão profundamente colonizadas pelo autoritarismo, pela escravidão e violência masculina. Elas são condicionadas ou se constroem a partir da expectativa de que homens devem exercer poder sobre outros, poder de dominação baseado na riqueza e no consumo, que se torna a base destrutiva dos próprios homens.

> Na afirmação das liberdades individuais, o mercado ganha força e a pessoa existe enquanto consome. Dos luxuosos *shoppings centers* aos camelódromos das periferias, enfileiram-se multidões que buscam comprar a satisfação ou o sentido de sua individualidade. Será preciso enfrentar o sistema que tem uma concepção economicista de ser humano e considera o lucro e as leis do mercado a medida absoluta em detrimento da dignidade da pessoa humana.[46]

---

[46] CNBB, *Comunidade de comunidades uma nova paróquia*, p. 18.

Foucault acreditava que o poder estava inscrito na vida cotidiana, na medida em que muitos papéis e instituições sociais traziam o selo de poder, especificamente no que poderia ser usado para regulamentar as hierarquias e estruturas sociais. Estes poderiam ser regulamentados, dentro das condições em que eram produzidos. Para ele, existe uma relação entre poder e conhecimento. Em outras palavras, saber é participar de teias complexas de poder.[47] A comunidade, dessa forma, se torna o espaço para aprender a se libertar de um "poder predatório patriarcal"[48] para um "poder viver bem" que gera convivência, novos relacionamentos, partilha e serviço.[49] Homens, no modo como são condicionados social e culturalmente, podem aprender a descolonizar seus corpos e seus espíritos do peso do poder que ameaça a vida principalmente de mulheres, crianças e outras masculinidades. "O amor fraterno, a amizade e a caridade com todos são aspectos irrenunciáveis de uma comunidade cristã."[50]

No caminho iniciático, os homens em processo de redenção devem aprender alternativas ao poder de dominação patriarcal e colonizador. Devem aprender o "poder comunitário" que contribui para o desenvolvimento de uma noção de justiça que enfatiza mutualidade, responsabilidade e cuidado ecológico. Leonardo Boff define essa realidade de *"poder-mão-entrelaçada*. É o poder participativo e solidário, representado pelas mãos que se entrelaçam para se reforçarem e assumirem juntas a responsabilidade social".[51]

Processos iniciáticos conduzem, no âmbito da comunidade, ao encontro do "poder interior", que é uma sabedoria interna, intuição, autoestima, centelha do divino acessada pela meditação e a oração que conduz a atos de resistência contra a violência, maus-tratos e escravidão.

> A comunidade é o lugar do crescimento para a libertação interior de cada pessoa, do desenvolvimento de sua consciência pessoal, de sua união com Deus, de sua consciência de amor, de sua capacidade de dom e de gratuidade. A comunidade não deve nunca ter a primazia sobre as pessoas. Pelo contrário, a beleza e

---

[47] FOUCAULT, *Microfísica do poder*, p. 94.
[48] HATHAWAY; BOFF, *O tao da libertação*, p. 122.
[49] "Em contraste, 'viver bem' sempre significa o bem-estar para toda a comunidade: um indivíduo não pode viver bem se a comunidade como um todo também não estiver bem." Ibidem, p. 476.
[50] CNBB, *Comunidade de comunidades, uma nova paróquia*, p. 134.
[51] BOFF, *Homem: satã ou anjo bom?*, p. 71.

a unidade de uma comunidade vêm da irradiação de cada consciência pessoal, transparente, verdadeira, cheia de amor e livremente unida aos outros.[52]

Educar-se através do "poder comunitário" que busca afirmar a soberania do poder interior do Eu – *self* e do outro se desenvolve pelo diálogo, pela mutualidade, mais que pelo controle, opera pela negociação e o consenso. Para Habermas, os humanos possuem competências naturais de fala e ação, capacidade comunicativa que se contrapõe à dominação – chamada de comunicabilidade. O ser humano está orientado para o diálogo e para o consenso imanente, desse modo, a linguagem passa a ser o traço mais distintivo dessa habilidade.[53]

Para as comunidades tradicionais na nossa região amazônica, chamadas de comunidades rurais, ribeirinhas e indígenas, viver em comunidade é uma característica fundamental. Isso comprova a tese de que a comunidade original dos humanos não é a família, mas a tribo, a comunidade. A comunidade é constituída de laços familiares de parentesco e com a natureza. Segundo Arenz,

> vive-se o extrativismo florestal como essencial do sistema de adaptação ao meio ambiente para garantir a sua subsistência. Salienta-se a importância da grande família e da comunidade com seus múltiplos laços de solidariedade (compadrio, puxiruns, festas) como sistema associativo.[54]

A natureza, com florestas e rios, pode ser chamada de sagrada matriz produtora de vida. Para as comunidades tradicionais e religiosas, é através dela que se constrói a ordem social e o contato com as realidades espirituais. A comunidade não foi somente uma etapa da história, ou um aspecto das culturas primeiras, ela é parte integral da vida humana, transcendendo tempo e espaço. Sem ela, não podemos dizer quem somos, para onde vamos e nem qual é o nosso destino neste mundo. Sua destruição é destruição da vida e da própria condição humana. É nela que aprendemos a tecer relações com o todo da vida, ou seja, somente através dela podemos alcançar realização humana e felicidade neste mundo.

David Choquehuanca, chanceler boliviano, define um projeto de comunidade e de sociedade a partir das perspectivas dos povos indígenas andinos, apontando para alguns princípios fundamentais: priorizar a vida – buscar a vivência em

---

[52] VANIER, *Comunidade: lugar do perdão e da festa*, p. 43-44.
[53] HABERMAS, *The theory of communicative action*, p. 273-338.
[54] ARENZ, *São e salvo*, p. 98.

comunidade, em que todos se preocupem com todos, pois o mais importante é a vida. Pretende-se uma vida mais simples, em harmonia com a natureza; chegar a acordos em consensos – dialogar respeitando as diferenças e visando chegar a um ponto em que não sejam provocados conflitos. Nesse sentido é aprofundar a democracia; respeitar as diferenças – não se propõe a tolerância (passividade), mas sim o respeito ao outro, sem submissão ou discriminação; viver em complementaridade – priorizar a complementaridade, pois todos os seres do planeta se complementam, ajudando a que sobrevivam; equilíbrio com a natureza – buscar uma vida de equilíbrio com todos os seres de uma comunidade, visando a uma sociedade com equidade e sem exclusão; defender a identidade – valorizar e recuperar a identidade para desfrutar de uma vida baseada em valores que têm resistido por cerca de 500 anos e que foram deixados por comunidades que viveram em harmonia com a natureza e o cosmos; aceitar as diferenças – respeitar as semelhanças e diferenças entre os seres que vivem no planeta; saber comer, beber, dançar – estes são elementos da vida social que se relacionam com o plantio, colheita, festejos, orações etc. de forma comedida; trabalhar em reciprocidade – o trabalho se faz desde pequeno e é considerado como uma festa, como uma forma de crescimento pessoal. É necessário retomar a reciprocidade do trabalho na comunidade, o qual devolve em trabalho a ajuda prestada por uma família em atividade agrícola; controle social – diferentemente da participação popular, entende-se basicamente o controle social como um controle obrigatório sobre as funções que realizavam as principais autoridades nos tempos ancestrais; exercer a soberania – compreende-se que a soberania do país se constrói a partir da soberania das comunidades.[55]

Parte da crise ecológica humana, ou seja, crise de relações humanas e destas com a natureza, foi ocasionada pela destruição da comunidade. Uma das causas da violência em nossas sociedades urbanas está ligada à necessidade de comunidade, à carência básica do ser humano de ser aceito e acolhido em uma comunidade de vida, onde aprende a se conectar, vincular-se com outros seres humanos e a natureza. A destruição das comunidades originais, seja pelos processos históricos (colonização e escravidão), seja pelos atrativos dos centros urbanos, desenraiza o ser humano de sua base fundamental. Papa Francisco assim descreve essa realidade:

[55] CHOQUEHUANCA, *El Vivir Bien como respuesta a la crisis global*, p. 5.

> Não podemos ignorar que, na cidade, facilmente se desenvolve o tráfico de drogas e de pessoas, o abuso e a exploração de menores, o abandono de idosos e doentes, várias formas de corrupção e crime. Ao mesmo tempo, o que poderia ser um precioso espaço de encontro e solidariedade, transforma-se muitas vezes num lugar de retraimento e desconfiança mútua. As casas e os bairros constroem-se mais para isolar e proteger do que para unir e integrar.[56]

O desaparecimento da comunidade deixou uma carência, uma necessidade profunda na alma humana, resultando em perda da ética comunitária e do senso de responsabilidade pelo outro. O distanciamento da comunidade e da natureza levou o ser humano à perda de contato com seu ser mais profundo e com os valores fundamentais de sua existência. Sem o vínculo e a pertença a uma comunidade, o ser humano perde sua base para a confiança e a solidariedade, que podem ser causa do aumento da violência. Na *Evangelii Gaudium*, Papa Francisco aponta para dois aspectos relevantes da realidade mundial: as guerras e violências e um individualismo generalizado. Para a superação desses desafios, ele insiste que os cristãos, vivendo em comunidades, deem testemunho de comunhão fraterna e preocupação de uns pelos outros.[57]

Na realização de nossa vocação humana, a comunidade é um fator preponderante. É na comunidade que o indivíduo é despertado para uma compreensão do todo e das partes, da ordem universal e das forças que regem a organização social. Nessa compreensão orgânica da vida em comunidade, o indivíduo aprende a ser um EU comunitário ou NÓS. Aprende a interdependência, a individualidade-comunitária. Experimenta a pertença, supera a força ilusória da competição e começa a viver de acordo com os princípios do suplementar e do apoio ao outro. Desenvolve-se uma dimensão espiritual que alimenta a coesão e a força da comunidade para a paz, a justiça e a igualdade.

Somente a partir do princípio de comunidade, pode-se pensar numa nova humanidade reconciliada com a natureza e consigo mesma. Somente em comunidade, podemos descobrir o conhecimento que nos levará à paz universal no interior da humanidade e desta com a criação.

O projeto de vivência comunitária é um grande desafio para indivíduos e sociedades. Primeiramente, devido à forte tendência ao individualismo de nossas

---

[56] FRANCISCO, Exortação Apostólica *Evangelii Gaudium*, p. 50.
[57] Ibidem, n. 99, p. 62.

sociedades urbanas. Segundo porque se pensa que individualidade e subjetividade são incompatíveis com a comunidade. É importante enfatizar que a legítima comunidade nasce da relação entre individualidade e totalidade, diversidade e comunhão. Uma comunidade saudável é aquela que valoriza tanto a individualidade como a diversidade de seus membros. A comunidade deve ser a base para educar para a autonomia individual, ou seja, para que cada um possa desenvolver todo o seu potencial, tendo em vista a própria manutenção da vida comunitária. Paulo Freire assim define sua experiência de autonomia:

> Gosto de ser homem, de ser gente, porque sei que a minha passagem pelo mundo não é predestinada, preestabelecida. Que o meu destino não é um dado, mas algo que precisa ser feito e de cuja responsabilidade não posso me eximir. Gosto de ser gente porque a história em que me faço com os outros e de cuja feitura tomo parte é um tempo de possibilidade e não de determinismo. Daí que insista tanto na problematização do futuro e recuse sua inexorabilidade.[58]

A capacidade de as comunidades sobreviverem está diretamente relacionada aos processos de amadurecimento individual proporcionado pelo próprio ambiente comunitário. Na comunidade não se destrói o indivíduo, mas se potencializam suas capacidades para o próprio bem da comunidade. Crescer como pessoa dentro de uma comunidade é despertar para a contribuição a ser dada ao todo. Significa não se isolar, mas experimentar a profunda inter-relação entre seres humanos e a natureza. No contexto amazônico, a comunidade se torna a presença do Cristo que, como o bom samaritano, se volta para socorrer e curar as feridas dos que perderam a dignidade, a autocompreensão de filhos e filhas, seus valores culturais e religiosos. Em um dos pontos do décimo segundo intereclesial de Cebs na Amazônia, assim os bispos afirmaram:

> Comprometemo-nos ainda a fortalecer e multiplicar nossas Comunidades Eclesiais de Base, criando comunidades eclesiais e ecológicas de base nos bairros das cidades e na zona rural, promovendo a educação ambiental em todos os espaços de sua atuação; fortalecendo a formação bíblica; incentivando uma Igreja toda ela ministerial, com ministérios diversificados confiados a leigas e leigos; assumindo seu protagonismo, como sujeitos privilegiados da missão;

---

[58] FREIRE, *Pedagogia da autonomia*, p. 52-53.

fortalecendo o diálogo ecumênico e inter-religioso e superando a intolerância religiosa e os preconceitos.[59]

Um dos principais ingredientes para o amadurecimento da comunidade é a confiança entre seus membros. A confiança é a casa de força da comunidade, determinante para sua construção. Todos os objetivos e ideais comunitários só poderão ser alcançados tendo como base a confiança mútua. É necessário aprender a confiança entre homens e mulheres, entre adultos e crianças, confiança na liderança, confiança nos diferentes projetos e ações da comunidade. Esse ideal pode ser traduzido nas palavras de Papa Francisco, que adverte a comunidade cristã: "Peçamos ao Senhor que nos faça compreender a lei do amor. Que bom é termos esta lei! Como nos faz bem, apesar de tudo, amar-nos uns aos outros! Sim, apesar de tudo!".[60]

Construir confiança no interior da comunidade não é uma tarefa fácil. Para existir confiança, é preciso um profundo exercício de honestidade e sinceridade. Virtudes não muito desenvolvidas em nosso contexto, onde para sobreviver temos que aprender a usar máscaras. Aprender a mostrar-nos como somos, sombras e luzes, defeitos e qualidades, exige perseverança e coragem. É necessário aderir a um conjunto de valores que nos proporcionem a criação de um espírito de confiança. Aprender com nossos erros, aceitar nossos limites. Outra habilidade importante para a criação de confiança é o aprender a se confrontar com os conflitos, principalmente no campo da sexualidade, do amor, do poder, do dinheiro e do reconhecimento.

A comunidade é o lugar em que cada pessoa se sente livre para ser ela mesma, expressar-se e dizer com toda confiança o que vive e o que pensa. Nem todas as comunidades chegam a esse ponto, mas é preciso que tendam para isso. Enquanto alguns tiverem medo de se expressar, medo de ser julgados ou considerados idiotas, medo de serem rejeitados, é sinal de que é preciso ainda haver progresso. No coração da comunidade deve haver uma escuta cheia de respeito e de ternura que desperte no outro o que há de mais belo e de mais verdadeiro.[61]

Confiança é uma virtude e um sentimento que se consolidam com a prática, principalmente na capacidade que a comunidade tem de acolhimento do outro

---

[59] CARTA FINAL DO 12º INTERECLESIAL ÀS COMUNIDADES, n. 25, p. 6.
[60] FRANCISCO, Exortação Apostólica *Evangelii Gaudium*, n. 101.
[61] VANIER, *Comunidade: lugar do perdão e da festa*, p. 43.

como outro. Confiança está profundamente relacionada com a verdade humana, transparência e a habilidade e vontade de deixar-se ver e sentir-se acolhido pelo outro. Quando encontro espaço para mostrar profundamente quem sou, então, poderei ser amado e aceito. Sem esse itinerário, a comunidade certamente fracassará no seu intento de construir uma humanidade solidária. E sem comunidade solidária não é possível uma vida humana de qualidade. Na perspectiva dusseliana, assim é considerada a solidariedade:

> Por *solidariedade* desejo aqui entender uma pulsão de alteridade, um desejo *metafísico* (E. Lévinas) pelo outro que se encontra na exterioridade do sistema onde reina a tolerância e a intolerância. É um assumir (isso significa *re-spondere*: (*spondere*) o outro, reflexivamente (*re-*), ante o tribunal do sistema que acusa porque se assume a vítima da injustiça e, por ele, parece como assinalado, como injusto, culpável, réu, como refém no sistema em nome do outro.[62]

Para a criação de comunidades iniciáticas, ecológicas e educativas das masculinidades redimidas, alguns princípios práxicos precisam ser trabalhados: uma visão, uma utopia sobre o mundo, a sociedade e a comunidade; partilhar e dialogar com outros, para a busca de um consenso, sendo atento aos anseios de cada um; importante perceber que uma visão é ver como a vida poderia ser vivida, vivendo no aqui e agora, sem deixar de pensar nas futuras gerações; a visão é a força que está por detrás da linguagem simbólica que manifesta nossas intenções. A criação de comunidades ecológicas está fundada sobre o princípio do poder partilhado. Isso significa reconhecer e apoiar as ideias que nascem do consenso do grupo; partilhar informações, apoiar a criatividade dos outros, trabalho em rede, afinar a comunicação e deixar que todos exerçam o poder; como seres inacabados aprendemos juntos, com nossos erros e experimentos, exploramos novas possibilidades em pequena escala para que seja possível depois aplicar em larga escala; uma boa conversa pode ter não somente o potencial de transformar relacionamentos humanos, mas de mudar a consciência humana; enfatizar sempre a inteligência coletiva, mais que a inteligência individual; individualidade, não o individualismo, é a pedra angular da comunidade; sensibilidade: significa abrir-se para os nossos sentidos, escutar a vida dentro de nós e ao nosso redor e decidir confiar na vida; responsabilidade por si mesmo: assumir responsabilidade

---

[62] DUSSEL, *Deconstruccíon del concepto de "tolerancia" (de la intolerancia a la solidariedad)*, p. 5.

por nossos sentimentos, pensamentos e ações; o diálogo acolhedor: falar minha verdade e escutar profundamente a verdade do outro; abraçar a diversidade: estar aberto para pontos de vistas diferentes e para as diversas expressões da vivência humana em seus diversos âmbitos.[63]

O grande desafio da comunidade é transformar poder em virtude. Poder é sobre força, e força aparece em várias formas e em diferentes contextos de nossas vidas. Discutir poder é algo complexo, por isso precisamos primeiramente deixar claro alguns aspectos sobre o poder e assumir algumas redefinições. Poder não é uma entidade, mas um modo de interação social e comunitária. É mais um processo que uma coisa. É algo que acontece entre pessoas e gêneros, mais que uma posse, é um modo de se relacionar. Como ressignificar o poder como virtude?

Primeiramente, ressignificando o poder que se localiza num eu que se torna sujeito gerando autonomia, liberdade e responsabilidade. Percebe-se que cada um tem uma voz e que pode pronunciar sua palavra (logos – sabedoria), fruto de sua própria história e vivência. O Eu se torna narrativo (Ricoeur) no âmbito da comunidade ouvinte. Mas não é somente a voz do subalterno e do oprimido que pode ser ouvida; é sentir-se capaz de fazer algo, construir, tecer junto com outros e outras, ir além da passividade opressiva. É dar-se subjetividade para narrar e construir a própria história, fazer escolhas. O poder como força do eu livre e responsável, não guardado, mas canalizado. A possibilidade de expressá-lo gera autonomia, que não é comprovação de força, mas reconhecimento de uma riqueza pessoal que precisa ser compartilhada. Base para as inter-relações saudáveis que geram intimidade e comunhão e não codependência. Na descrição de Beattie, o codependente é alguém que permite que o comportamento e o modo de ser de outra pessoa afetem dramaticamente a sua vida; sua obsessão é exercer controle sobre o comportamento de outras pessoas, sejam elas parceiros ou parceiras de relacionamentos, familiares ou pessoas no ambiente de trabalho.[64]

Outra ressignificação do poder se encontra na compreensão de liderança que se fundamenta, principalmente, no princípio de responsabilidade, no assumir tarefas, orientar e ajudar outras pessoas. Poder se torna dar poder aos outros, capacidade de gerar consenso por um diálogo profundo.[65]

---

[63] NEUMANN, *Ecoalfabetização: aplicando à educação uma abordagem sistêmica*, p. 69; BOFF, *Homem: satã ou anjo bom?*, p. 68-70; FRANCISCO, *Laudato Si'*, n. 220, 229, 225.
[64] BEATTIE, *Codependência nunca mais*, p. 27.
[65] BOFF, *Homem: satã ou anjo bom?*, p. 68-71.

Poder também é combativo, contrário e contraditório. Esse poder se reacende no interior, quando os limites da minha integridade física, espiritual e psicológica são ultrapassados. Nos conflitos humanos sou desafiado por pessoas, circunstâncias e pontos de vista. Nesses momentos, a consciência ou o subconsciente se tornam defensivos, trazendo memórias das lutas vividas, das oposições, ressentimentos e raivas: os antagonismos da vida. Viver nessas circunstâncias torna a realidade espaço da competição, do combate para vencer e destruir o adversário, e pode se tornar tirania, a guerra dos opostos. Aprender a lidar com os antagonismos faz parte do processo de amadurecimento, como nos lembra Jesus no deserto, na luta contra as forças demoníacas, o antirreino. Conflitos e antagonismos são importantes para o crescimento e a maturidade. O homem pleno não é aquele que venceu muitas guerras, discussões e conflitos, mas aquele que soube jogar, brigar, respeitando as regras e os oponentes. Perder ou ganhar não é importante, o mais importante são as lições aprendidas.[66]

O ressignificado mais importante do poder no contexto cristão é quando este se torna serviço, doação e partilha. A força, a vitalidade e a virilidade se canalizam para o outro, para dar vida – paternidade. A força interior é direcionada para o outro para fortalecer o outro, dar poder ao outro. É uma sabedoria interna que se manifesta na capacidade de ir ao encontro do outro e cuidar, mas também, quando é necessário, deixar livre, dar liberdade, não ser e não se tornar codependente. Tal vivência do "poder para" é parte de relacionamentos maduros que exigem mutualidade, que é uma percepção apurada das forças e fragilidades de cada um. É a afirmação constante de que somos fortes juntos, na sinergia de forças. O poder está na força compartilhada, na interdependência, nos empoderamentos mútuos. A comunidade se torna casa, na linguagem amazônica, a grande maloca.

> A ideia de comunidade como casa fornece o conceito de lar, ambiente de vida, referência e aconchego de todos que transitam pelas estradas da vida. Recuperar a ideia de casa significa garantir o referencial para o cristão peregrino encontrar-se no lar. É uma estação, uma parada no caminho para a pátria definitiva. No Novo Testamento, a palavra casa muitas vezes significa a comunidade-igreja construída por pedras vivas (cf. 1Pd 2,5).[67]

---

[66] MUSZKAT, *Guia Prático de Mediação de Conflitos*, p. 72.
[67] CNBB, *Comunidade de comunidades: uma nova paróquia*, n. 178, p. 96.

No âmbito da casa-comunidade, o poder se manifesta na capacidade de confiar no outro, de acolher o outro, de mostrar minha fraqueza também. No âmbito da comunidade, essa força se torna sinergia, amizade que alimenta e ajuda a crescer a vida comunitária e a comunhão. É consciência de pertencer e viver um na força do outro e confiar que a força estará lá, quando, no percurso da vida, precisar me fortalecer.

3.4 "Masculinidades redimidas" na Amazônia

Na elaboração de uma práxis pastoral, queremos compreender e apontar caminhos para uma vivência cristã das "masculinidades redimidas" na Amazônia. Nessa etapa, é importante refletir sobre processos de transformação que promovam novos padrões de vivência humana que contribuam para prevenir, transformar e curar as masculinidades. Como descolonizar as masculinidades de imagens, concepções, práticas e estruturas promovidas pela mídia, romances, mitos, religiões e histórias traumáticas pessoais que geram mortalidade precoce, degradação física, mental e espiritual, dependência química, suicídio em grande número da população masculina?

O que se pretende é a elaboração, a partir da teologia pastoral e de contribuições da cultura dos povos da Amazônia e da antropologia, de elementos que levem homens e mulheres a redimir aspectos violentos e opressivos incutidos nas estruturas coloniais nas quais estão inseridos. Para tanto, espaços precisam ser oferecidos para dar expressões à subjetividade masculina no campo afetivo e emocional, possibilitando a manifestação da vulnerabilidade, da sensibilidade, dos medos e sentimentos. Nesse processo, é preciso também desestabilizar as bases das relações de poder que sustentam hierarquias e desigualdades.

Para esse fim, a atenção se volta tanto ao micro quanto ao macrossocial, as subjetividades individuais e as influências contextuais que constroem a vida e a identidade de tantos homens. A busca de razões teológicas, bíblicas e antropológicas é fundamental para que homens inseridos em comunidades cristãs, em todas as etapas de suas vidas, se engajem no processo de transformação interna que os leve a estar abertos às intuições do Sopro Divino que tudo renova, a reinterpretar relações e identidades, para o surgimento de uma nova realidade.

As masculinidades amazônicas indígenas e híbridas que sofrem ainda hoje os impactos da colonização e do neocolonialismo cultural midiático, devem retornar às fontes culturais e espirituais de seus ancestrais para curar, redimir e recriar novas formas de vivência na realidade contemporânea.

A mais afetada pela masculinidade tóxica é a juventude. Os sintomas são claros na vida de tantos homens jovens: a dependência química, saúde mental precária, violência e o suicídio. Diante desses desafios se buscam contribuições na ecologia dos saberes e na espiritualidade, para o enfrentamento dessas estruturas de pecado que afetam uma grande maioria da população masculina.[68]

3.4.1 Masculinidades redimidas no contexto doméstico na Amazônia

Masculinidades redimidas no âmbito doméstico se expressarão principalmente pela presença renovada da masculinidade, como serviço e cuidado da vida. Presença amorosa que rejeita as diversas formas de violência física e simbólica. Presença educadora para o acolhimento respeitoso e amigo das diversidades presentes nas subjetividades plurais dos filhos e membros da família.

Nessa busca de ressignificar a paternidade no âmbito doméstico, é importante revisitar as concepções clássicas e essencialistas do papel masculino. Nosso objetivo é possibilitar e dar expressão às novas paternidades que estão emergindo a partir da crise da masculinidade hegemônica. As concepções hegemônicas e coloniais do papel do homem é de "chefe de família". O homem, nessa concepção, assume o papel de "provedor" e "procriador", que está relacionado com a perspectiva patriarcal da família.[69]

Nessa visão de paternidade, a autoridade masculina se expressa na obediência e subordinação às ordens e ao controle do homem, por parte da esposa, dos filhos e dos dependentes que vivem na casa. O homem, na maioria das culturas, é socializado para desempenhar seu papel sexual como capacidade procriadora, que se torna não somente a prova de sua heterossexualidade, mas também de seu potencial viril. Para ser reconhecido como homem de verdade, é necessário potência sexual e ser procriador.[70]

Essa perspectiva de paternidade está em crise devido a vários fatores. Um dos mais importantes é a autonomia e emancipação econômica das mulheres e outro

---

[68] MAPA DA VIOLÊNCIA 2014, *Os jovens do Brasil*, p. 33.
[69] SCOTT, *Gênero: uma categoria útil para análise histórica*, p. 41.
[70] SAFFIOTTI, *O poder do macho*, p. 16-20.

é a ascensão da pluralidade de expressões sexuais, papéis e modelos de família, que questiona o controle patriarcal e autoritário do homem.[71] Essa crise da masculinidade hegemônica no âmbito doméstico, por um lado, é vista como ameaça que gera violência masculina, por outro, cria expressões alternativas de paternidades, mais participativas na vida familiar e na educação dos filhos.

A visão do pai provedor e protetor, com forte ênfase sobre aspectos autoritários da masculinidade, se fundamenta pesadamente numa concepção de amor romântico de família, divulgado muitas vezes nas novelas e interpretações inadequadas do amor cristão familiar. Essa concepção romântica de amor construído socialmente concebe o feminino como frágil e sedutor dos instintos masculinos, desenvolvendo uma percepção de posse e propriedade da mulher. O amor é traduzido como paixão que normalmente se torna doentia, refletida nas expressões de ciúmes, controle e violência. Esse mito do amor romântico também se atrela a compreensões inadequadas do amor como sacrifício pelo outro, tolerância de expressões de violência física e verbal.[72]

O distanciamento ou a falta de proximidade e intimidade entre pais (masculino) e filhos foi praticamente aceita como uma característica da paternidade hegemônica. Os argumentos beiram à naturalização da relação entre mães e filhos, devido à gravidez e amamentação, que distancia os pais de se aproximarem mais intimamente de seus filhos. Esses argumentos se fortalecem na visão da masculinidade hegemônica que forja homens sem sensibilidade para afirmar paternidades autoritárias, onde a relação com seus filhos deve ser pautada pela obediência e medo do castigo. Quem mais sofre com esse tipo de paternidade são os próprios homens, que aprendem a ter medo de seus corpos e de seus sentimentos. Pais distantes e autoritários geram crianças adultas carentes de carinho, sem diálogo profundo com seus filhos e filhas, incapacidade de expressão de sentimentos e desejos íntimos com seus pares.

O que é constatado, a partir de uma análise crítica da vida doméstica, é que as práticas maternas de cuidado e proximidade afetiva com filhos e a imagem paterna distante e o trato frio de seus filhos, são construções históricas, ideológicas, culturais e religiosas. Desse modo, somos desafiados à construção de paternidades mais democráticas, participativas e íntimas, no âmbito doméstico.

---

[71] NOLASCO, *O mito da masculinidade*, p. 25-27.
[72] COSTA, *Sem fraude nem favor: estudos sobre o amor romântico*, p. 131-135.

Quais poderiam ser os princípios pastorais para um processo de transformação da paternidade? Como elaborar uma espiritualidade pastoral masculina que possa acompanhar um processo de construção de uma "paternidade redimida"?

Percebem-se mudanças significativas nas relações sociais e domésticas da paternidade. Observa-se uma evolução gradual em direção a uma nova compreensão da paternidade que já está ocorrendo nos espaços domésticos. Há um claro envolvimento dos pais na vida do lar, mas ainda há um longo caminho a percorrer. Há claramente uma lacuna entre a retórica da paternidade envolvida nas questões domésticas e o que está realmente acontecendo, levando em conta os altos níveis de violência doméstica.[73]

Apesar de um aumento da participação paterna, na maioria dos casos são as mães que continuam assumindo a maior parte da tarefa do cuidado das crianças. Ainda faltam estudos mais aprofundados sobre o grau de envolvimento dos pais na vida doméstica. O que se percebe é que ocorre um maior envolvimento e superação de papéis e práticas sociais dos pais no contexto familiar. Apesar do aumento no envolvimento do pai no cuidado dos filhos, é importante reconhecer que existe um nível mais profundo de relacionalidade paterna do que cuidados básicos. Quando um pai se preocupa profundamente com seus filhos, há uma dimensão espiritual em seu relacionamento com eles e elas. A espiritualidade da paternidade é fundamentada na capacidade de uma entrega amorosa de si mesmo para o bem de seus filhos e filhas.

O amor paternal é frequente e poderosamente expresso através de uma autocomunicação não verbal. A capacidade de silenciar suas intenções para atender a dos filhos e filhas. O pai aprende a ser um bom ouvinte. Ele cresce na empatia, a fim de estar plenamente presente aos outros. Compartilhar o espaço da casa e oferecer hospitalidade é realmente comunicar algo de si para o outro. Uma maneira de romper com a obsessão narcisista é o exercício da compaixão, ou seja, se inserir na vida da outra pessoa, olhar o mundo a partir de seus olhos. Não se pode sair da prisão do si mesmo por conta própria. É através da presença da outra pessoa que este "milagre" é realizado. O milagre não acontece, naturalmente, automaticamente. O eu deve estar aberto e ser capaz de responder ao apelo do outro.

---

[73] WAISELFISZ, MAPA DA VIOLÊNCIA 2015. HOMICÍDIO DE MULHERES NO BRASIL, p. 44.

É oportuno destacar, aqui, uma das relações recriadas na casa de José, esposo de Maria: a casa não mais do "pai" – *abet'ab* – nem simplesmente a casa da "mãe" – *abet'im* – mas a *oikoumene*, isto é, a casa da acolhida de todas e de todos, das diferenças, onde se pode amar e ser amada/amado plenamente. Nessa casa, a de Maria e José, as relações são, portanto, recriadas e constituem relações de homens e mulheres novos. Também nela Maria e José geram Jesus, homem novo, nascido de relações novas e recriadas. Finalmente, é nessa casa, a *oikoumene*, que cresce Jesus. Nesse sentido, olhando para as relações da mulher/Maria e do homem/José, Jesus vai construindo a sua masculinidade.[74]

A doação mútua em um relacionamento cristão está fundamentada na presença e na graça de Cristo. É a fé em Cristo e a graça de seu amor que sustentam e permitem aos cristãos arriscarem-se com outras possibilidades de ser pais que se abrem inteiramente a seus filhos. Eles mostram uma certa "porosidade" para as experiências na vida de seus filhos e filhas.

3.4.2 Masculinidades ecológicas: o cuidado da grande maloca amazônica

O capitalismo predatório e patriarcal torna a criação de Deus e as mulheres um objeto de consumo, resposta às necessidades elaboradas pelo seu próprio sistema. A natureza e as mulheres compartilham do mesmo fim do capitalismo colonial, tornam-se objeto de consumo e exploração.

> Para muitos antropólogos, tanto a natureza como as mulheres são apreendidas como realidades inferiores à cultura, a qual é associada aos homens. A separação entre natureza e cultura tornou-se uma chave interpretativa importante para a civilização ocidental, manifestando-se através da separação entre as ciências humanas e as ciências exatas e, também, da organização política. Grupos humanos foram denominados primitivos e classificados como mais próximos da natureza, inferiores, portanto, e isso justificou diferentes formas de dominação: negros, indígenas e mulheres faziam parte da natureza, o que justificava sua submissão à ordem da cultura.[75]

---

[74] TONINI, *O sonho de José e o sonho de novas masculinidades*, p. 71.
[75] RUETHER, *Ecofeminismo: mulheres do primeiro e terceiro mundos*, p. 11-17.

O efeito global da crise do sistema de vida do planeta, devido a uma série de fatores que têm como um dos seus fundamentos a exploração patriarcal capitalista, é sentido principalmente por mulheres, crianças e povos tradicionais. Na Amazônia a destruição da biodiversidade e da sociodiversidade é sentida principalmente por mulheres pobres das comunidades ribeirinhas e pelos povos indígenas. Nesse contexto, é importante desencadear processos que levem a uma mudança cultural e estrutural da sociedade.

A partir da perspectiva ecofeminista, é importante pensar que a exploração da criação e a opressão de mulheres estão intrinsecamente relacionadas. O processo de reinvenção da masculinidade, a partir da perspectiva ecofeminista, passa pela elaboração de novos saberes, que, além de valorizar as expressões da diversidade do masculino e do feminino, das culturas diversas da Amazônia, elabora uma perspectiva da "casa comum", do comunitário, das interdependências no âmbito local e planetário.

> Na ecologia de saberes cruzam-se conhecimentos e, portanto, também ignorâncias. Não existe uma unidade de conhecimento, como não existe uma unidade de ignorância. As formas de ignorância são tão heterogêneas e interdependentes quanto as formas de conhecimento. Dada essa interdependência, a aprendizagem de certos conhecimentos pode envolver o esquecimento de outros e, em última instância, a ignorância destes. Por outras palavras, na ecologia de saberes, a ignorância não é necessariamente um estado original ou ponto de partida. Pode ser um ponto de chegada. Pode ser o resultado do esquecimento ou da desaprendizagem implícitos num processo de aprendizagem recíproca. Assim, num processo de aprendizagem conduzido por uma ecologia de saberes, é crucial a comparação entre o conhecimento que está a ser aprendido e o conhecimento que nesse processo é esquecido e desaprendido. A ignorância só é uma forma desqualificada de ser e de fazer, quando o que se aprende vale mais do que o que se esquece. A utopia do interconhecimento é aprender outros conhecimentos sem esquecer os próprios. É essa a tecnologia de prudência que subjaz à ecologia de saberes. Ela convida a uma reflexão mais profunda sobre a diferença entre a ciência como conhecimento monopolista e a ciência como parte de uma ecologia de saberes.[76]

---

[76] SANTOS, *Para além do pensamento abissal: das linhas globais a uma ecologia de saberes*, p. 15.

No contexto atual da crise de relação entre o ser humano com seu hábitat, percebe-se a relação imediata entre construção de conhecimento (razão instrumentalista colonial e patriarcal) e ecologia, principalmente na elaboração e legitimação de modelos de sociedades e economias destrutivas da vida e das culturas dos povos originários da Amazônia.[77]

Na elaboração de masculinidades ecológicas, é importante aprender metodologias e práticas que possam contribuir para uma transformação da relação entre humanidade e natureza. Novos conhecimentos estão sendo elaborados na inter-relação com os saberes dos povos indígenas, dos movimentos de mulheres, Cebs e da ecologia integral do Papa Francisco. Ocorre uma busca de pressupostos que contribuam para elaborar uma consciência ecológica inserida na vida dos homens, para transformar as relações humanas e as relações da humanidade com seu hábitat.

Descolonizar é deslocar-se para o espaço de aprendizado das comunidades ribeirinhas e indígenas, onde a proximidade com a natureza resulta no encontro com o mundo da natureza, aprendizado cooperativo, solidário e intergeracional. Segundo Céspedes:

> As *preocupações* da nova consciência ecológica e feminista se articulam em torno de três eixos: 1) a sustentabilidade ecológica e social, baseada em relações de irmandade/fraternidade para com a natureza e entre os seres humanos; 2) o respeito e a preservação da diversidade biológica e cultural no meio de um sistema que busca a uniformidade e a destruição das diferenças; 3) a participação e a comunicação nas relações sociais e nas formas de governo, inspiradas na democracia como valor a ser vivido em todos os níveis de nossa vida (família, relações entre homens e mulheres, escola, sindicato, igrejas, religiões, movimentos de base, organizações, Estado etc.). Assim, pois, quando falamos de ecofeminismo, estamos nos referindo a uma nova visão do mundo, do cosmos e de toda a realidade que nos desafia a buscar formas organizacionais, nas quais se dê uma democracia inclusiva da qual todos e todas participamos, incluindo a natureza.[78]

Segundo as concepções indígenas, é nessa grande maloca que desenvolvemos nossa vida, nossa história. É nela que estamos peregrinando no cosmo rumo a um

---

[77] FRANCISCO, *Laudato Si'*, n. 36-38.
[78] CÉSPEDES, Geraldina, *Pelos caminhos do ecofeminismo*, p. 67.

destino ainda desconhecido. Nesse contexto, percebemos o quanto nossas relações locais (família, vizinhança, escola, lazer e trabalho) podem transformar o espaço onde vivemos ecologicamente e melhorar nossa consciência humana. Homens e mulheres são chamados a cuidar da qualidade das relações humanas próximas, ou seja, aprenderem a conviver com outros seres humanos e com a natureza. Essa construção de uma nova forma de pensar o ser humano e a sacralidade da natureza, para Gebara, é um dos aspectos mais importantes do ecofeminismo, enfatizando a relação de todos os seres e sua interdependência fundamental.[79]

Ela propõe uma cosmologia diferente, que enfatiza a unidade de todos os seres vivos em um corpo sagrado; uma antropologia diferente a partir das relações fundamentais de reciprocidade. Isso poderá resultar em um novo modo de criar comunidades com novas formas de compreender as relações do ser humano e sua relação com a natureza. O ecofeminismo aponta para uma compreensão da biosfera como biodiversidade e sociodiversidade, e isso nos faz lembrar que *viver naturalmente* é viver em comunidade. Só poderemos salvar o planeta juntos. Papa Francisco fala de uma "ecologia integral".

Uma ecologia integral exige que se dedique algum tempo para recuperar a harmonia serena com a criação, refletir sobre nosso estilo de vida e os nossos ideais, contemplar o Criador, que vive entre nós e naquilo que nos rodeia e cuja presença não precisa ser criada, mas descoberta, desvendada.

Esse aprendizado de convivência comunitária passa a ser um dos princípios mais importantes da ecologia, como estratégia para salvar o planeta e para o desenvolvimento das qualidades humanas necessárias para um futuro da humanidade cada vez mais desafiante. No contexto atual, o individualismo exacerbado e o distanciamento das formas comunitárias e naturais de vida tornam a vida do planeta cada vez mais ameaçada. A comunidade ecológica parece ser uma via imediata para salvar não somente o planeta, mas o ser humano que nele habita.

Masculinidades ecológicas se fundamentam na perspectiva relacional, ou seja, na inter-relação entre o mundo físico, biológico e social. Estamos inseridos nessa teia de relacionamentos na qual somos influenciados e na qual também influenciamos. O ser humano, na complexidade ecológica, não é alguém fechado sobre si mesmo, mas aberto para a experiência do "nós" – a comunidade bioespiritual. Essa vivência do eu que se torna nós, inter-relação com a natureza, pode ser

---

[79] GEBARA, *Ecofeminismo: alguns desafios teológicos*, p. 95.

alcançada por uma ecoespiritualidade amazônica que combina elementos da cultura religiosa dos povos primeiros com elementos da fé cristã: o ser humano não é o centro, mas o elo de relação com todos os seres visíveis e invisíveis da natureza; valorização da comunidade e de tudo que é necessário para mantê-la, como a cooperação e o cuidado com todos os seres; ser solidário e cuidar dos mais frágeis; mística e mistério são parte da vivência humana com a natureza; a natureza e os seres que nela habitam devem ser tratados com reverência, respeito e sacralidade.

> É sentir o sagrado e o universo. O importante é crer e confiar, mesmo que na noite anterior tenham violado nossa casa ou nosso corpo. É preciso ouvir os velhos, o som do mar, os ventos. É preciso a unidade entre as famílias, por isso, pedimos a Tupã que nos proteja e dê um basta ao sofrimento secular de nosso povo comedor de mandioca. Pedimos à força superior que nossos pensamentos se elevem aos mais profundos planos da nossa espiritualidade indígena, junto aos velhos, aos curandeiros, aos velhos pajés, muitas vezes apagados pelo poder, mas renascidos como força pela consciência do povo. Pedimos que nossos espíritos se elevem ao mais sagrado da sabedoria humana e recebam a irradiação do amor, da paz e do conhecimento a todas as nossas cabeças indígenas e de outras etnias e povos, transformando todo pensamento discordante e conflituoso em pensamento de paz, que construa a unidade entre todos os seres do planeta terra.[80]

Masculinidades ecológicas procuram não separar natureza (instinto) e espírito, antes, fazem a ponte entre as duas coisas. O corpo, a matéria, sua ligação com a terra, com a água e com o sublime, a alegria, a dança e a festa são características dessa amplitude. Esta proporcionará novos valores e novas experiências, em busca de uma espiritualidade mais completa e que possa finalmente combinar a natureza e a sexualidade, que traz novos valores, novas experiências, para mulheres e homens.

A questão ecológica não está dissociada disso, pois, para ser pessoa ecológica, é necessário se sentir natureza, assumi-la, sentir-se umbilicalmente ligado à terra, assumir os instintos, a sexualidade, o corpo, que não teriam por que estar dissociados da *razão e da graça,* para, de alguma forma, evitarmos terríveis catástrofes para a humanidade. E, de resto, para juntar o *pão e o vinho, corpo e sangue, bioespírito,* tão celebrados no cristianismo.

---

[80] POTIGUARA, *Gênero e movimento indígena*, p. 90.

Nesse contexto de reflexão, é importante relacionar as atitudes ecológicas masculinas com a ação do Espírito Santo. O Espírito é força dinamizadora que liga e interage em todas as dimensões bioespirituais. O Espírito está presente na dimensão biológica, individual e social da pessoa. Na pessoa de Jesus de Nazaré se reconhece aquele em que o Espírito repousa e que leva a humanidade a uma vivência plena de seu potencial interior. O Espírito é o princípio agregador que une o humano ao divino e o divino ao humano. Na complexidade do humano, paira também o princípio do caos e da ordem, do masculino e do feminino, da sombra e da luz, da sapiência e da loucura, da sanidade e da demência.

> O Espírito tende para o corpo: esta é a realidade revelada através dos textos do Primeiro Testamento, quando o Espírito de Deus cria mundos a partir do nada, transforma desertos em jardim, ossos secos em militante exército e engravida ventres estéreis. Esta é a Boa-Nova do Novo Testamento, razão de nossa esperança e nossa alegria.[81]

Na ação do Espírito em Cristo, o ser humano bioespiritual, se dá a plenitude da relacionalidade de todas as dimensões do humano. Essa complementaridade dos opostos está presente no encontro de Jesus com o diabólico nas tentações, na experiência da dor e da solidão, no sofrimento da cruz ao meio-dia, na ressurreição na sombra da madrugada. Somente quem foi capaz de interiorizar o bioespiritual da realidade humana é capaz de ser sinal, testemunho e vivência do Reino. Jesus, na sua prática de cura e expulsão de demônios, na força do Espírito, expressa a compreensão do interior do ser humano, que o torna capaz de sanidade e demência. Na perspectiva da complexidade de Morin,

> o homem da racionalidade é também o da afetividade, do mito e do delírio (*demens*). O homem do trabalho é também o homem do jogo (*ludens*). O homem empírico é também o homem imaginário (*imaginarius*). O homem da economia é também o do consumismo (*consumans*). O homem prosaico é também o da poesia, isto é, do fervor, da participação, do amor, do êxtase.[82]

Numa análise mais aprofundada da teologia da *Ruah* criadora se compreende que ela é o princípio que tudo humaniza, encarna, corporifica, naturaliza em

---

[81] BINGEMER, *A aplicação de sentidos: assimilar o Mistério da Encarnação*, p. 46.
[82] MORIN, *Os sete saberes necessários à educação do futuro*, p. 58.

Cristo. Sendo aquele que é o profundo conhecedor da condição humana e da masculinidade, o Espírito é aquele que leva o Cristo à vivência plena da condição humana e de uma masculinidade cheia da *Huah* (Sabedoria profética). Somente no Espírito se pode entender a missão messiânica do Cristo e da missão incumbida aos seus discípulos e discípulas. No Primeiro Testamento, o Espírito é esperado em Joel 3,1 como renascimento da carne, da vida e da sociedade. A ação do Espírito é natural e biológica, no cosmo e na carne, é total em todas as dimensões da vida e da realidade, é permanente e progressiva, nos leva à maturidade (T. Chardin). O Cristo do Espírito é aquele que faz a experiência do Abbá, é filho amado. Toda a criação e todas as dimensões da vida são relação de Deus com a natureza humanizada em Jesus.

> A experiência do Espírito jamais ocorre sem a memória de Cristo, ela nunca se dá sem a expectativa de seu futuro. Mas, no uníssomo acorde que envolve essa expectativa e essa memória, a experiência do Espírito ganha uma dignidade tão sua, que por nada pode ser substituída, e que com razão é chamada de experiência de Deus. Nesse sentido, a pneumatologia pressupõe a cristologia e prepara o caminho para a escatologia.[83]

A partir da perspectiva de uma teologia da criação ecológica, podemos compreender a ação do Espírito na masculinidade de Jesus como o grande abraço do Abbá. No Espírito, Jesus, o Cristo, abraça a humanidade e cura as feridas da masculinidade tóxica. Esta realidade que tudo envolve é denominada Reino de Deus. Para deixar-se abraçar por essa realidade, é necessário a reforma do pensamento, desaprender para apreender a nova realidade que nos engloba – é necessário conversão. Conversão na perspectiva da ecoteologia[84] significa ser envolvido pela realidade natural e biológica que se apresenta. É descoberta, despertar e acolher o *novum* que surge ou pede para nascer em nós e através de nós. No parimento do Reino, só pode vê-lo, entrar nele, participar, quem renasce pela água e pelo Espírito. Jesus, o Cristo, é a pessoa-Reino, nele e por ele o Reino de Deus se torna presente, é vivido e anunciado.

---

[83] MOLTMANN, *O Espírito da vida*, p. 29.

[84] "Do ponto de vista do conteúdo, o núcleo da ecoteologia seria a compreensão unificada da complexa experiência salvífica (criação, história, encarnação, redenção e consumação) em processo de realização, incluindo necessariamente a ecoesfera, a comunidade biótica, todos os seres." MURAD, *O núcleo da ecoteologia e a unidade da experiência salvífica*, p. 20.

Passemos para um entendimento a partir da masculinidade, da pessoa-Reino de Jesus, o Cristo – ungido pelo Espírito. No paradigma da complexidade se usa com frequência o termo "compreensão". A compreensão como exercício da mente ou do intelecto para entender a realidade, e a compreensão humana que ocorre na relação intersubjetiva. "Comprehendere" (abraçar junto), apreender em conjunto, escutar o que está sendo dito e o que não é dito, ler o texto e dar-se conta do contexto, prestar atenção nas partes, mas não se esquecer do todo, perceber o múltiplo e o uno.[85]

Para a experiência jesuânica, isso significa, em outras palavras, "sentir compaixão". Na experiência da *Huah* Divina, é sentir na carne, no corpo, no mais profundo de nosso ser a experiência do outro. Compreender é o reconhecimento do outro como sujeito e, ao mesmo tempo, empatia, identificação e projeção. Só existe compreensão-compaixão onde há abertura e generosidade. Jesus é a pessoa-Reino porque é capaz de compreensão-compaixão. Compreensão-compaixão como característica da pessoa-Reino em Jesus Cristo se apresenta a partir de algumas características fundamentais: saber reconhecer a presença do outro como dom; saber dialogar – engajamento intersubjetivo; saber esperar – sofrer a espera, esperançar, fazer o processo, caminho, a dinâmica interativa; saber abraçar – ser inclusivo, superação das contradições e dos dualismos. Nas palavras do Papa Francisco, "Jesus Cristo é o rosto da misericórdia do Pai. O mistério da fé cristã parece encontrar nestas palavras a sua síntese. Tal misericórdia tornou-se viva, visível e atingiu o seu clímax em Jesus de Nazaré. O Pai, rico em misericórdia (Ef 2,4)".[86]

Isso tudo nos leva a pensar e viver o Reino como uma realidade humana, social, histórica e ecológica. Afirma-se a condição humana como espécie, individualidade e comunidade impregnada pelo Espírito, que tem como meta a plenitude de todos os anseios. A terra e a humanidade gemem e clamam: "Venha o teu Reino!".

3.5 Sabedoria teológica das masculinidades amazônicas

Uma teologia contextual pós-colonial significa dar espaço e voz para que os eventos da cultura e da história da Amazônia se tornem verdadeiras fontes de

---

[85] MORIN; LE MOIGNE, *A inteligência da complexidade*, p. 205.
[86] FRANCISCO, BULA DE PROCLAMAÇÃO DO JUBILEU EXTRAORDINÁRIO DA MISERICÓRDIA – *Misericordiae vultus*, p. 1.

reflexão teológica, ao lado e em condições iguais às da tradição cristã. Ambos os polos: experiência humana cultural-histórica e tradição cristã, precisam ser lidos juntos e dialeticamente.[87]

O primado do contexto é definido no método teológico simplesmente como o ponto de partida para o fazer teológico. Sua constituição varia conforme os diferentes lugares e períodos da história. Mas é preciso também ser analisado em cada caso, em sua complexa realidade, formada pelas condições sociais, políticas, culturais e religiosas. Numa palavra, o contexto abrange toda a realidade cultural circunstante: a experiência humana, a cultura e as mudanças culturais.

Na teologia clássica, o teólogo é um erudito, acadêmico, especialista, com habilidades linguísticas e hermenêuticas, provenientes da matriz ocidental imperial e colonizadora. Na teologia contextual, quem teologiza é a pessoa local que está em contato com a vida e a cultura. Desse modo, a reflexão tem que ser feita a partir dos sujeitos e paradigmas culturais e da mudança cultural – o subalterno é o melhor contextualizador. No processo de contextualização, teologia é um diálogo constante entre o subalterno, que é sujeito da cultura e de sua transformação cultural. São esses sujeitos que possuem um lugar proeminente na reflexão e compreensão da fé cristã, desde um contexto particular.[88]

Teologizar em contexto é dar à luz uma teologia enraizada na cultura e na história. O papel do teólogo é aquele da parteira, da facilitadora. Sua tarefa é gerar espaço e voz para que o subalterno possa se expressar. Sua tarefa será aprofundar esses elementos, dialogando com a tradição cristã, descolonizando a teologia. Teologia, nessa perspectiva, nunca pode ser entendida como um produto acabado. Teologia é algo que o subalterno já vive e reflete. É um diálogo de respeito mútuo entre quem fala e quem ouve.

3.5.1 Pajé – pajelança amazônica

O âmbito do simbólico e do narrativo (mitologia) são características importantes das culturas indígenas da Amazônia. Nesse retorno ao arcabouço das culturas religiosas amazônicas, buscam-se conteúdos teológicos pastorais que sirvam de aporte para um processo transformador, libertador e descolonial das

---

[87] AZEVEDO, *Modernidade e cristianismo: o desafio da enculturação*, p. 35-40.
[88] BEVANS, *Modelos de teologia contextual*, p. 22-28.

masculinidades locais. Centrando na figura simbólica do pajé, pretende-se não necessariamente uma análise antropológica cultural, mas apontar alguns elementos e aspectos da experiência religiosa, espiritual e mística que ajudem na compreensão da sabedoria enraizada no mais profundo da alma do homem amazônico, dilacerada por processos coloniais.

A partir da figura simbólica do pajé e de seus rituais de pajelança, perguntamo-nos como ocorre a experiência do divino e do humano para o bem viver da pessoa e da comunidade. Como a compreensão da pajelança, como mística, política e terapia, num exercício intercultural, pode oferecer elementos para uma vivência de maior comunhão com Deus, com mulheres, com outros homens e com a natureza? De que maneira se pode relacionar a figura do pajé com a masculinidade terapêutica, redentora de Jesus?

Quando se busca uma definição de quem é o pajé, muitas são as possibilidades de respostas. Nos estudos etnológicos, o conceito de pajé, que é proveniente da língua tupi, expressa a realidade do homem (raramente são mulheres), possuidor de um poder. Fenomenologicamente, o pajé é como um canal que medeia forças visíveis e invisíveis com a finalidade de trazer bem-estar para sua comunidade. Seu interesse, de modo geral, é por saúde, bem-estar social e individual, existindo uma inter-relação entre esses dois aspectos da realidade. Mas, não somente, sua fonte está no sobrenatural, que se torna a base do social e ecológico. Na maioria das culturas indígenas da Ameríndia, o pajé e sua pajelança são o ponto central da vida comunitária. As práticas de pajelança expressam aspectos múltiplos da cultura, que engloba mitos, rituais e símbolos que interligam o mitológico com a realidade do mundo, guia a comunidade em seus desafios e responde às necessidades fundamentais de sentido para a existência no cotidiano.[89]

Pajelança é uma prática ritual religiosa usada principalmente na cura de doenças. Seguem-se conceitos e rituais herdados pelos antepassados indígenas com a função primordial da cura através do pajé. A pajelança se baseia na vivência recíproca da pessoa humana com a natureza e a comunidade. Qualquer desordem que interfira nessa vivência pode ser revertida através da cura operada pelos *encantados* (entidades espirituais do fundo dos rios e das florestas) incorporados no pajé.

---

[89] LANGDON, *Introdução: xamanismo – velhas e novas perspectivas*, p. 26-28.

A cura das doenças mais variadas ocupa um lugar central na pajelança praticada pelos ribeirinhos amazônicos. Nisso eles seguem conceitos e rituais "herdados" dos antepassados indígenas, com a função primordial da cura através do xamã. As religiões dos povos nômades originários da América do Sul integram o xamanismo, um conjunto de sistemas religiosos cósmicos, difundido em quase todos os continentes (Sibéria, Escandinávia, Américas e Oceania). Por isso, a pajelança não pode ser vista como um fenômeno meramente local e, por conseguinte, isolado, mas integrado num sistema milenar de extensa difusão geográfica.[90]

O pajé possui uma posição destacada no grupo, como garantidor de segurança e promotor de melhores condições de vida, sendo reconhecida sua função ritual como curador. A sua autoridade não deriva tanto de suas realizações como "feiticeiro" individual, mas das capacidades extáticas que lhe possibilitam viagens místicas de mediação para o "outro mundo", à procura de cura para integrantes doentes de sua comunidade. A doença é considerada um desvio ou um sequestro da alma, que pode ser recuperada com a viagem do pajé para, assim, conhecer a origem da doença (diagnose) e poder aplicar ou encaminhar o devido tratamento (terapia). Para alguns grupos indígenas, o êxtase é o modo de interagir com o outro mundo, através da incorporação de entidades a ele pertencentes, e é essencial no processo de pajelança.[91]

Nessa descrição da pajelança não se pode deixar de assinalar o aspecto do serviço à comunidade. O pajé não é uma autoridade institucional, mas antes funcional em relação a seu grupo social. O serviço manifesta-se concretamente nas sessões de cura. A cura mediada pelo pajé segue um roteiro ritual. Não se percebe aí nada de espetacular, mas constitui um processo terapêutico a partir de uma experiência mística. Antes de exercer seu serviço em benefício do grupo, o pajé passa por um processo formativo e ritual de iniciação. Ser pajé não é uma aquisição acadêmica de conhecimento, mas uma experiência existencial de doença, sofrimento e desordem, da qual ele "renasce" como mediador da cura para servir gratuitamente às pessoas aflitas e enfermas de sua comunidade.

A compreensão de quem é o pajé pode ser melhor descrita a partir do princípio do dom – carisma que compõe sua essência, identidade e função social. Seu dom como força e energia serve para desenvolver sua atividade terapêutica.

---

[90] ARENZ, *São e salvo*, p. 49.
[91] Ibidem, p. 52.

Pajé é pessoa que cura e que ensina remédio. Como conhecedor de plantas e dos espíritos da natureza, busca fazer o bem, pois, quando usa de sua experiência para o mal, se torna feiticeiro. O pajé é um conhecedor de ervas medicinais e dos segredos que a natureza e seus espíritos lhe revelam. Sua tarefa pode ser descrita a partir de três aspectos: terapêutica, política e conhecimento. A sua prática curativa está relacionada com as doenças do corpo, que têm como causa o feitiço ou não cumprimento de regras sociais e religiosas. Sua prática política está em manter a paz em sua comunidade. Seu conhecimento advém da escuta dos espíritos, da ancestralidade e da natureza.

A pajelança inclui uma complexidade de elementos, como uso de plantas medicinais, raízes, cascas e cipós que curam, preparo de banhos com folhas, os "benzimentos", colocar osso no lugar, pegar a "desmentidura", rasgadura, ter contato com os espíritos, incutir o transe pelo uso de alucinógenos e cantos rituais. Os rituais da pajelança pretendem uma purificação do corpo e do espírito. Isso inclui dietas específicas e cuidados rituais.[92]

Pajés e sua pajelança pretendem manter a harmonia da comunidade e livrar os indivíduos de doenças. É protetor da vida harmoniosa porque sente que ela está sempre ameaçada pelas realidades visíveis e invisíveis. São também encarregados de realizar os rituais de morte e descobrir sua causa. E responsáveis pelo controle e compreensão dos tempos e estações. É com suas intuições que se cuida da abundância da caça e da fertilidade das matas. Um pajé normalmente dá sinal de sua vocação desde o útero da mãe, através de sonhos induzidos pelos espíritos. Mais tarde deverá ser iniciado nos segredos da pajelança e da percepção dos espíritos. Sua iniciação exige não somente momentos de isolamento na floresta, mas resistência física e espiritual.[93]

No diálogo teológico com as culturas, podemos nos perguntar: quais as possibilidades de relacionar a figura do pajé e sua pajelança com a figura de Jesus? Quais os aspectos de convergência da experiência cultural religiosa das diversas expressões de pajelança com a prática de Jesus?

Numa leitura mais pós-colonial da experiência histórica de Jesus, podemos verificar, nas bases dos Evangelhos, elementos de uma pneumatologia da criação.[94] Muitos aspectos da natureza e elementos cósmicos estão presentes nas me-

---

[92] MAUÉS, *Padres, pajés, santos e festas: catolicismo popular e controle eclesiástico*, p. 235-258.
[93] Ibidem, p. 241.
[94] MOLTMANN, *O Espírito da vida*, p. 50.

táforas e parábolas do Evangelho. Indicações sobre o Jesus histórico intuem que sua mensagem se localiza mais no âmbito das tradições sapienciais de Israel que naquelas baseadas nos livros da Lei.[95] A tradição sapiencial estava mais próxima de uma revelação de Deus na criação e no cotidiano. Certamente, o jovem Jesus cresceu até sua maturidade nos prados verdes da Galileia, com sua agricultura e fazenda de animais. Sua proximidade com a natureza ressoa em seus ensinamentos e parábolas, que incluem as estações, as dinâmicas da natureza biológica e dos animais.[96]

Sua prática de inclusividade e acolhimento parece refletir as expressões das tradições da Sabedoria como feminina, relacionada com a criação, com a generatividade e a criatividade. Nas Escrituras, ela é amiga dos profetas e se pronuncia através deles. A vocação profética é assumida por Jesus, que rejeita a religiosidade hipócrita, as desigualdades e a exclusão dos pobres e pecadores do seio misericordioso de Abraão.[97] Sua iniciação profética, assim como a dos pajés, já ocorre no útero de Maria, depois, no período em que vive no deserto, entre as feras que o socorre, e onde é tentado pelo espírito maligno.

O pajé é o homem da cura. É praticamente unânime que Jesus operava exorcismos e curas. Tinha alguma espécie de ascendência sobre demônios ou maus espíritos. Tinha o poder de curar. Jesus também realizava curas, entre multidões e em indivíduos específicos. Há indicações de que utilizava algum ritual rudimentar (Mc 8,22-26). Dada a inter-relação existente entre enfermidade, satanás e o pecado, exorcismo, cura e até o perdão dos pecados podiam entrelaçar-se. O profeta ajudava o enfermo, e o médico implorava a Deus pelo diagnóstico preciso, a quem atribuía a cura. Acreditava-se que o exorcista desempenhava o papel de agente de Deus no trabalho de libertação, cura e perdão. Grande porção do povo tinha confiança de que Jesus estava atuando pelo poder de Deus como Espírito, que nele se manifestava.[98]

Jesus está deliberadamente evocando o mito do messias combatente de Deus em favor de seu povo e afirmando que os exorcismos são uma manifestação dessa atividade na experiência de seus ouvintes. Essa atitude transmite a imagem de

---

[95] THEISSEN, *O Jesus histórico: um manual*, p. 406-408.
[96] FREYNE, *A Galileia de Jesus e os evangelhos*, p. 75.
[97] FIORENZA, *Jesus: Miriam's child, Sophia's prophet*, p. 143-152.
[98] SCHIAVO, *Anjos e Messias*, p. 116-117.

um Deus que é pessoal, bom e pressuroso para com o bem-estar humano. Um Deus que se insurge e repudia tudo quando deprecia ou nega a plenitude humana: pecado, enfermidade, possessão. Nas ações Jesus manifesta o poder de Deus que cura e restitui aos seres humanos o pleno potencial para a vida neste mundo. "As pessoas a quem os escribas e os fariseus chamavam pecadores eram vistas por Jesus como os doentes que precisavam de médico."[99]

3.5.2 Florestania – aspectos de uma ecoteologia amazônica

Nesta última etapa se elabora uma nova compreensão de cidadania que se torna florestania por defender os direitos da floresta e daqueles que dependem diretamente dela. Se a cidadania se refere a direitos e responsabilidades de quem mora nos centros urbanos, a florestania, de modo análogo, é para os povos que habitam nas florestas. Para Alves, isso significa que "a floresta não nos pertence, nós é que pertencemos a ela. Esse sentimento nos induz a estabelecer não apenas um novo pacto social, mas um novo pacto natural baseado no equilíbrio de nossas ações e relações no ambiente que vivemos".[100] Essa é uma luta de resistência presente em todas as etapas da história da Amazônia. Aqui lembraremos somente a vida de Chico Mendes e Ajuricaba como modelos de resistência masculina que assume a defesa da criação de Deus nesta região, com sua própria vida.

Nosso propósito neste esforço de releitura da vida de Chico Mendes e Ajuricaba é tecer compreensões ecoteológicas para uma vivência redimida das masculinidades na Amazônia. De que forma esses personagens, mesmo separados historicamente no contexto amazônico, na luta de resistência contra a colonização e a neocolonização devastadora da floresta e de seus povos, podem contribuir para a conscientização de masculinidades redimidas na Amazônia?

Na vida destes mártires da região amazônica estão presentes muitos aspectos de ecoteologia e teologia política que podem servir de inspiração para a "conversão ecológica".[101] Nos processos iniciáticos de homens importa aprender daqueles que resistiram, dos heróis que souberam usar de sua força e sabedoria para

---

[99] NOLAN, *Jesus hoje*, São Paulo, Paulinas, 2008, p. 122.
[100] ALVES, *Florestania*, p. 5.
[101] FRANCISCO, *Laudato Si'*, n. 220.

promover novos modos de convivência humana e ecológica. A crise ecológica vivida hoje e denunciada de forma sistemática não somente pelas instituições, organizações e movimentos ecológicos mundiais, mas também pelas igrejas e tradições religiosas, aponta para uma ruptura da aliança de Deus que une a criação ao ser humano. Esta crise não se caracteriza somente por uma sistemática destruição das reservas naturais de vida do planeta e da Amazônia, ela reflete uma crise de valores e do modo de o ser humano se relacionar com a comunidade humana e com a comunidade natural.

> A proteção do meio ambiente deverá constituir parte integrante do processo de desenvolvimento e não poderá ser considerada isoladamente. Hoje a análise dos problemas ambientais é inseparável da análise dos contextos humanos, familiares, laborais, urbanos e da relação de cada pessoa consigo mesma.[102]

Esse processo de depredação se inicia sistematicamente na Ameríndia, com a colonização, e na Amazônia, com os projetos desenvolvimentistas dos governos militares. Tal processo colonizador e depredador deixou um rastro de vítimas empobrecidas, exploradas, abandonadas, que até hoje gritam por justiça, respeito de seus direitos e amor pela natureza. No momento atual da história e da Amazônia, um conjunto complexo de saberes se entrelaçam para descobrir conhecimentos e práticas que sejam capazes de restaurar e sustentar a harmoniosa e frágil relação entre o ser humano, Deus e sua criação.

Essa nova consciência que adota critérios ecológicos e reverencia a vida já foi vivida nas práticas revolucionárias e pós-coloniais de Chico Mendes e Ajuricaba. Ela nasce do chão amazônico indígena e seringueiro e contribui para uma construção de masculinidades de resistência e ecológicas, vividas hoje tanto por indígenas como por trabalhadores rurais. Com eles se aprende a resistência contra políticas coloniais e pós-coloniais desenvolvimentistas, baseadas numa desequilibrada busca do lucro a qualquer custo e de poder de dominação e exploração da Pachamama. Essa resistência pode adotar muitas nomenclaturas: educação ecológica, iniciação ecológica das masculinidades, pastoral ecológica. O mais importante é que tenha como objetivo promover qualidade de vida para todos, incutindo um senso de responsabilidade generacional pela vida em todas as suas manifestações, promovendo uma vivência ética da gratuidade, ação de

---

[102] Ibidem, n. 141.

graças pelos dons da criação, fé, esperança, amor e luta pela justiça do Reino de Deus.

Ajuricaba e Chico Mendes, devido a sua forma de vida e modo de organizar a luta pela defesa da floresta e dos povos da Amazônia, enfrentaram o martírio.[103] Um se jogando, aprisionado pelos aguilhões, nas águas do Rio Negro, e o outro assassinado quando saía de casa para o banho da tarde. Suas mortes são resultado não da passividade, mas do enfretamento contra os poderosos.

> Sonhei que um chefe indígena estava preso numa jaula de pau a pique. O chefe indígena era Ajuricaba, o grande herói da luta de resistência aos portugueses no período colonial. Era um sonho claro, com bastante lógica em suas sequências. Eu via bem delineada a figura sofrida da mulher do herói, a ação do comandante português e um trágico e diferente fim para o herói. Nos livros de História, ou na lenda, aprendemos que Ajuricaba morreu ao suicidar-se, desesperadamente lançando-se acorrentado às águas do rio Amazonas. Suicidava-se para não se tornar escravo. Mas no sonho era bem diferente. Era retirado de sua jaula, por soldados, e lançado acorrentado ao rio.[104]

Os famosos "empates" de Chico Mendes, que organizava correntes humanas de braços entrelaçados no tronco das árvores na frente das máquinas, para impedir a derrubada das florestas. Ajuricaba, com sua capacidade de organizar e formar aliança entre os povos indígenas. Luta corajosa, desarmada, pacífica, precária em comparação com o poder das armas, dos exércitos, das milícias, do poder colonial e latifundiário.

> Eu já tinha mais de trinta anos de carreira, quando cheguei em Rio Branco, sem saber quem era aquele fascinante. Só depois que ele morreu, aos 44 anos, é que o Brasil descobriu haver perdido o que custa tanto produzir: um verdadeiro líder. À frente dos seringueiros que organizou, ele desenvolveu táticas pacíficas de resistência com as quais defendeu a Amazônia, que, a partir dos anos 70, sofrerá um acelerado processo de desmatamento, para dar lugar a grandes pastagens de gado. Fazendeiros do sul, com incentivos do governo militar, passaram a expulsar posseiros e índios para instalar seus rebanhos nas terras devastadas

---

[103] BIBLIOTECA DA FLORESTA, *Chico Mendes: o homem da floresta*, p. 52.
[104] SOUZA, *O palco verde*, p. 29.

pelo fogo. Chico não só lutou contra a devastação como chamou a atenção do mundo para essa luta.[105]

A morte desses dois filhos da floresta amazônica é organizada pelo sistema político e econômico patriarcal, autoritário, neoliberal, violento, que não teme em destruir a vida porque se mantém acima da lei; se acha impune devido à morosidade e a conivência de sistemas judiciários corruptos. "Darly" e o sistema colonial que mata Chico Mendes e Ajuricaba são representantes de uma masculinidade tóxica ávida pela dominação, poder e o lucro. Diante desse sistema patológico que alimenta e produz esse modelo de masculinidade, faz-se necessário revisitar a ancestralidade aguerrida de nossos mártires, para aprender novos modelos de produção e consumo que promovam a vida. Aprender a vivência integrada com a natureza, que nos torne mais humanos, socialmente pacíficos e saudáveis, que nos permita uma convivência mais acolhedora das diversidades naturais e sociais.

A maturidade humana e espiritual das masculinidades passa necessariamente por um processo de reconciliação com a natureza, presente principalmente na corporeidade, mas que se entrelaça com o social, o cultural e o espiritual.

3.6 Itinerário de iniciação masculina à vida cristã: redimindo masculinidades

Esse itinerário busca reunir as intuições e temáticas trabalhadas ao longo deste livro, como possibilidade de um caminho catequético de iniciação cristã das masculinidades. Pode ser usado para o aprofundamento de vivências masculinas cristãs em rodas de conversas, retiros de jovens e acompanhamento espiritual. Num primeiro momento, esse itinerário pretende ser uma possibilidade de enriquecimento da experiência cristã já vivenciada pelas comunidades cristãs. Por outro lado, esse caminho iniciático cristão pretende oferecer intuições catequéticas, vivências espirituais para um melhor cuidado pastoral de homens cristãos, dentro do contexto eclesial, que buscam vivenciar o seguimento de Jesus Cristo de modo intercultural, descolonial, superando a violência e nos tornando instrumentos de paz.

---

[105] VENTURA, *Chico Mendes: crime e castigo*, p. 9.

PREPARAÇÃO	
Objetivo: Criar espaços e atitudes para a vivência de masculinidades redimidas *Metodologia* Grupo de partilha de experiências Leitura orante Práxis pessoal e comunitária	Homens podem ser vulneráveis sem serem julgados ou envergonhados Homens podem compartilhar suas emoções abertamente Homens podem abandonar padrões e crenças que geram violência Homens podem se redescobrir e se reconectar com o corpo, a natureza, o mistério e o universo Homens podem estabelecer relações verdadeiras, com autenticidade e integridade

PRIMEIRO TEMPO	
A jornada de iluminação masculina	
Objetivo	Eixos temáticos
Despertar o desejo pelo conhecimento da pessoa de Jesus Cristo e de sua encarnação masculina no anúncio do Reino de Deus *Etapas da jornada* A vida cotidiana O chamado para o discipulado O encontro com o Mestre Morte e ressurreição Vida na dinâmica da *Ruah* – sabedoria	A masculinidade de Jesus de Nazaré A pessoa-reinocêntrica A kénosis O Abbá A criança O eunuco

CELEBRAÇÃO DE ENTRADA PARA O ESPAÇO DE INICIAÇÃO	
Objetivo	Passos
Acolher as diversidades e subjetividades masculinas, no chamado de se tornar discípulo e amigo de Jesus Cristo na comunidade	O chamado pelo nome e características pessoais Diálogo com a comunidade: chamado, resposta e compromisso Proclamação da Palavra: chamado e discipulado Recepção dos símbolos para a jornada

SEGUNDO TEMPO A iniciação às masculinidades redimidas	
Objetivo	Eixos temáticos
Oferecer possibilidades de vivência cristã das masculinidades *Metodologia* Grupo de partilha de experiências Leitura orante Práxis pessoal e comunitária	Homens transformando homens pela força do Espírito de Sabedoria que habita em nossos corpos Uma espiritualidade complexa Descoberta dos dons pessoais na e para a comunidade Tradições de sabedoria ancestrais para vivenciar a cura, a reconciliação, a inclusividade, a resistência e o cuidado Descoberta de um caminho para a cura da masculinidade tóxica que revele o verdadeiro e o falso em cada um e honre o caminho da morte e ressurreição O poder do ritual, da celebração, da leitura orante, da história pessoal e do aconselhamento

CELEBRAÇÃO DA VIDA	
Objetivo	Passos
Curar, cuidar, agradecer e valorizar a vida, dom do Criador, na pluralidade de manifestações	Uso de símbolos que remetem à vida e à história pessoal Curar e se reconciliar com minha história pessoal Proclamação da Palavra Os quatro elementos constitutivos da vida (água, terra, fogo e ar)

TERCEIRO TEMPO A iniciação às masculinidades homossexuais – passagens	
Objetivo	Eixos temáticos
Provocar a busca de autocompreensão, de acolhimento da diversidade das masculinidades homossexuais e sua vivência pública, iluminados pelos passos de Jesus, celebrando as passagens e dons da *Ruah*	A dinâmica das passagens As 3 passagens: Primeira – autointimidade Segunda: aceitação pelo outro Terceira: a vivência pública Sexualidade, intimidade, amizade

CELEBRAÇÃO DA VIDA	
Objetivo	Passos
Acolher as diversidades de expressões humanas e orientações sexuais e vivenciar o dom da pluralidade como dádiva de Deus para a comunidade	Uso de símbolos que remetem à vida e à história pessoal Rituais de reconciliação e autointimidade Rituais de acolhimento das diversidades de dons na comunidade Rituais de agregação, bênçãos de amizade e valorização do corpo e da sexualidade

QUARTO TEMPO	
A espiritualidade bíblica das masculinidades	
Objetivo	Eixos temáticos
Experienciar os mistérios da encarnação e da kénosis da vida de Jesus, na prática da leitura orante: Leitura Meditação Oração Contemplação	Na casa com Maria, José e o menino No deserto com Jesus e João Batista No Calvário com Jesus crucificado e o discípulo amado No envio da *Ruah*, na comunidade dos discípulos e discípulas Nas núpcias do Cordeiro

CELEBRAÇÃO DA VIDA	
Objetivo	Passos
Deixar-se transformar pela força da Palavra e do testemunho maduro da fé, como discípulo missionário, em vista da transformação das realidades à luz do Reino de Deus	Leitura orante Entrega dos símbolos (alimentos, areia, cruz, vela acesa) Ritual de envio Integração num grupo de leitura bíblica

QUINTO TEMPO
Aprendizado da masculinidade ecológica

Objetivo	Eixos temáticos
Compreender e adotar princípios de vivência ecológica na vida pessoal, comunitária e social	Metodologias e práticas para a transformação das relações entre humanidade e natureza
	Tecendo saberes dos povos indígenas, de movimento de mulheres, Cebs e a ecologia
	A unidade de todos os seres vivos em um corpo sagrado, a partir das relações fundamentais de reciprocidade
	Comunidades com novas formas de compreender as relações entre os seres humanos e sua relação com a natureza
	Masculinidades ecológicas como inter-relação entre o mundo físico, biológico e social
	O Espírito é força dinamizadora que liga e interage em todas as dimensões bioespirituais
	Na pessoa de Jesus de Nazaré, o Espírito repousa e leva a humanidade a uma vivência plena de seu potencial interior
	O Espírito como princípio harmonizador que une o humano ao divino e o divino ao humano, o caos à ordem, o masculino e o feminino, a sombra e a luz, a sapiência e a loucura, a sanidade e a demência
	Compreensão-compaixão como característica da pessoa-Reino em Jesus Cristo
	Características fundamentais da pessoa-Reino: saber reconhecer a presença do outro como dom; saber dialogar – engajamento intersubjetivo; saber esperar – sofrer a espera, esperançar, fazer o processo, caminho, a dinâmica interativa; saber abraçar – ser inclusivo, superação das contradições e dos dualismos

CELEBRAÇÃO DA VIDA	
Objetivo	Passos
Aprender e vivenciar as várias dimensões do cuidado ecológico	*Projeto ecológico* Construção de uma sociedade sustentável; respeito e cuidado pela comunidade dos seres vivos Melhoramento da qualidade de vida humana; preservar a vitalidade e a diversidade do planeta Terra Permanecer nos limites da capacidade de suporte do planeta Terra Comunidades cuidam de seu próprio nicho ecológico Políticas e cidadania do bem viver, trabalhar em redes de solidariedade e compaixão *Cuidado do corpo:* Reconciliação com o corpo e a sexualidade Nossa maior riqueza e nosso maior dom é o nosso corpo

SEXTO TEMPO
Mártires da caminhada – A sabedoria amazônica

Objetivo	Eixos temáticos
Adquirir a capacidade de interculturalizar e elaborar uma espiritualidade pós-colonial no contexto amazônico	Mitologia amazônica
	Pajé – pajelança amazônica
	O pajé, promotor de condições de vida, faz o ritual de cura
	A pajelança pode ser descrita a partir de 3 aspectos: terapêutica, política e sapiencial
	Jesus, na sua pajelança, manifesta o poder de Deus que cura e restitui aos seres humanos o pleno potencial para a vida neste mundo
	A ética do bem viver
	Florestania – aspectos de uma ecoteologia masculina na Amazônia
	Chico Mendes: os "empates" e seu martírio pela Amazônia
	Ajuricaba e sua resistência anticolonial

CELEBRAÇÃO DA VIDA

Objetivo	Passos
Religar-se com as sabedorias tradicionais da Amazônia e assumir a ancestralidade para vivenciar uma identidade de resistência, cuidado e valorização da biodiversidade e da sociodiversidade desse contexto particular	Escutar e ritualizar os mitos da Amazônia
	Vivências de contato com as florestas, rios e plantas curativas da Amazônia
	Celebração dos mártires da Amazônia
	Aprendizado de danças, músicas e comidas da região
	Receber e oferecer benzimentos – orações de cura do corpo espiritual
	Assumir a ancestralidade dos mártires da Amazônia

Conclusão

A proposta de nossa reflexão objetivou levantar a questão das masculinidades, primeiramente em sua relação com as representações e significados teológicos, no modo como estas podem ser legitimadoras de violência masculina nas suas várias expressões, principalmente no contexto amazônico. Essa questão foi pautada por uma hermenêutica crítica proveniente tanto das ciências sociais como da história e da cultura religioso-teológica. A segunda parte de nosso estudo se questionou também sobre as possibilidades de releitura teológica pastoral que pudesse contribuir para a passagem de masculinidades violentas para masculinidades redimidas.

Na dinâmica pós-colonial de interculturalidade, procuramos elaborar uma teologia pastoral das masculinidades que tem seu ponto de partida no contexto da religiosidade híbrida da Amazônia, com as influências múltiplas de culturas e processos históricos próprios. O diálogo constante com as compreensões das teorias críticas, da teologia feminista e pós-colonial, foi importante para buscar uma epistemologia teológica das masculinidades.

A tarefa de teologizar as masculinidades como resposta aos desafios da violência exigiu uma hermenêutica crítica das representações masculinas de Deus, sondando sua relação com o patriarcalismo, androcentrismo, heterossexismo e a homofobia. Nessa correlação entre masculinidades, religião, violência e redenção, se questionaram os modos como a leitura bíblica, os dogmas, as liturgias e as pastorais podem oferecer significados que contribuem para as violências simbólicas que excluem mulheres e homens diversos das estruturas de poder, da participação nos diversos âmbitos da realidade eclesial e social.

Iniciamos nosso itinerário, no primeiro capítulo, fazendo uma necessária leitura descritiva do contexto histórico, cultural-religioso, procurando verificar, no *ethos* amazônico, a inter-relação entre masculinidades, religião e violência. O que foi contatado a partir desse voo descritivo do contexto?

Primeiramente, constatou-se que a perspectiva biológica, naturalista e essencialista não consegue abarcar a realidade e a complexidade das masculinidades.

Situar a reflexão e a observação das masculinidades, em contextos próprios, nos ajudou a perceber que homens definem seus modos de ser a partir da história vivida por eles e seus antepassados, a partir da cultura e da religião de onde derivam suas representações e significados. Mas esse processo não é estático, mas dinâmico. Masculinidades na Amazônia são interculturais, sofrem o processo de hibridez e estão em constante processo de reformulação.

Desse modo, verifica-se que, para cuidar pastoralmente de masculinidades, é necessário primeiramente contextualizar a questão, compreendendo que há distinção e distância entre as masculinidades vivenciadas na vida concreta dos homens e aquela que é representada nos processos de padronização e hegemonização. O que resultou do estudo da religiosidade amazônica proveniente do mundo indígena, da religiosidade popular e do pentecostalismo?

Apesar do processo intercultural, com interações e influências diversas, o arcabouço cultural da Amazônia é basicamente patriarcal. Na maioria das representações mitológicas indígenas, prevalecem representações e personagens humanos e de animais que expressam o masculino e obscurecem a presença do feminino. Na representação dos santos e de Nossas Senhoras, constataram-se dois aspectos importantes. Primeiramente, os santos, ao mesmo tempo que encarnam expressões da dominação política e de imposição da religiosidade ibérica, apresentam uma masculinidade idealizada, distante da vida concreta dos homens. A vida casta, de penitência e mística dos santos exige controle sobre o corpo, com seus impulsos afetivos e sexuais, emocionais e frágeis. Segundo, as representações das Nossas Senhoras na religiosidade popular encarnam também expressões coloniais de rainha, mulher idealizada e semidivinizada, normalmente com o infante Jesus, submissa e silenciosa diante da vontade de um Deus masculinizado, gerando abnegação ante o sofrimento, silêncio ante a exploração e o assédio sexual das masculinidades violentas.

No âmbito do pentecostalismo amazônico, verificou-se um entrelace importante entre o patriarcalismo bíblico trazido pelos missionários suecos e o patriarcalismo da cultura nordestina. Nesse entrelace se percebeu a mesma lógica das expressões religiosas de poder, dominação e neocolonialismo. A partir de uma leitura quase fundamentalista dos textos bíblicos, destitui-se a mulher das esferas de poder e se inferiorizaram as culturas locais e se demonizaram as expressões sexuais diversas de homens e mulheres.

Os efeitos devastadores dessas percepções sobre as masculinidades se manifestam claramente na vida dos homens da região, com um alto índice de uso de álcool e suicídio de homens jovens nas comunidades indígenas. As populações tradicionais, resultado do hibridismo cultural, sofrem com um alto índice de violência e exploração sexual de mulheres e crianças. Os centros urbanos, para onde acorrem populações indígenas e tradicionais, sofrem com a destruição do *ethos* comunitário, o uso e o tráfico de drogas, principalmente pela juventude.

Um dos elementos focais desse primeiro capítulo foi constatar que masculinidades não são essencialmente violentas e que a violência se aprende. A partir dessa constatação, resta o desafio de elaborar novos processos de aprendizado e de socialização para entrarmos em um novo paradigma de convivência humana e ecológica. Esse desafio pode ser chamado de "descolonização" – desaprender e aprender a aprender. Essa perspectiva desafia a descolonização da teologia, que se deve encarnar nas culturas locais e nas vivências espirituais legítimas dos povos da Amazônia. Uma teologia que se torna mais próxima das Escrituras e menos helênicas, que, lida em diálogo intercultural com as vivências espirituais contextuais, pode ajudar na vivência mais emancipada de homens e mulheres, dando voz às classes subalternas, valorizando suas epistemologias, corporeidades e saberes de convivência humana e ecológica. Parte desse desafio começa a ser delineado no segundo capítulo, que procurou esboçar os fundamentos de uma teologia das masculinidades.

No segundo capítulo, fizemos uma incursão mais profunda no terreno teológico para aprofundar a relação entre Deus e as masculinidades. Sendo as masculinidades uma expressão da condição humana, nosso objetivo foi refletir sobre aspectos relevantes, para a elaboração de uma antropologia teológica pastoral das masculinidades. Esse itinerário foi percorrido nas balizas da hermenêutica crítica, que nos ajudou a analisar as representações e os significados masculinizados de Deus e de Jesus Cristo. Outro objetivo foi fazer releituras das representações e dos significados teológicos das masculinidades, a partir da perspectiva trinitária e da kénosis de Jesus.

Parte desse capítulo foi dedicado a derivar da teologia trinitária uma antropologia teológica das masculinidades. Partiu-se do princípio de que há uma relação intrínseca entre a concepção do Deus trinitário com o modo que vivenciamos nossa condição humana e atravessamos momentos de transformação. Dentre tantos atributos, elegemos dois que mais poderiam contribuir para um processo de redenção das masculinidades das estruturas de violência que as constroem: relacionalidade e kénosis. Deus é amor na relacionalidade e na dinâmica de compaixão e misericórdia para com a humanidade. Jesus Cristo é o Filho único do Pai que se manifesta ao mundo na relacionalidade com Deus e com a humanidade. O Reino de Deus por ele anunciado é basicamente uma forma de relacionamento que se traduz em serviço, partilha, justiça e comunidade.

Tornar-se pessoa trinitária passa a ser um projeto de vida humana, na luta constante contra as estruturas patriarcais violentas assentadas sobre a competição, a guerra, a dominação, as perspectivas hierárquicas binárias. O processo de tornar-se pessoa trinitária exige aprender a ser pessoa nas relações igualitárias e justas, num processo de conversão constante, assumindo a compaixão e a misericórdia como base de uma ética da relacionalidade.

Os desafios que esses dados nos oferecem, levam-nos a pensar nas implicações práticas no contexto doméstico, eclesial, social, político, e até no modo como temos que elaborar o conhecimento. A vivência de fé trinitária deve reverberar nas tarefas do cuidado familiar e ecológico compartilhadas por homens. O desafio é criar espaços e possibilidades para vivenciar essas tarefas domésticas, desenvolver habilidades e ações que possam libertar homens e mulheres de representações estereotipadas e padronizadas das masculinidades.

Outro desafio é a construção da paz através do acolhimento e celebração das diversidades, mesmo que sejam relacionadas com as orientações sexuais, como na expressão diversa das identidades subjetivas. Para esse fim, exige-se uma atitude intercultural de diálogo, ou seja, saber contribuir e acolher as vivências e valores provenientes de diversidades, etnicidade, culturas, espiritualidades e orientações sexuais. O desafio constante consiste em descolonizar as mentalidades, principalmente na compreensão do poder e na superação da dominação hierárquica. No cuidado da "casa comum", o grande desafio é construir uma ética comunitária e ecológica, proveniente das contribuições culturais, religiosas e dos movimentos sociais que engendram novos modelos de convivência com as diversidades humanas.

Acreditamos que cumprimos o nosso objetivo nesta pesquisa, ao respondermos, senão a todas, pelo menos às questões referentes à relação da masculinidade e da violência dentro de um contexto religioso específico. A terceira etapa desta pesquisa procurou responder à questão sobre as possibilidades teológicas de releituras das representações e significados, como via de redenção, transformação de masculinidades violentas, para uma vivência de masculinidades sábias. Esse capítulo conclusivo procurou elaborar uma teologia pastoral das masculinidades, pautando princípios, metodologias, temáticas já abordadas ao longo deste itinerário, mas que se tornam agora "práxis interpretativa".

Ao longo desta última etapa, "práxis interpretativa", procuramos tornar concreta a interculturalidade nos processos de transformação da realidade patriarcal e colonial, assim como na busca de uma consciência ética e política que nos ajude a enfrentar os desafios da opressão, da exploração e da violência de gênero.

O foco central dessa práxis interpretativa ocorre numa vivência renovada dos processos iniciáticos das masculinidades. Para redimir a masculinidade do potencial da violência em suas diferentes formas, é necessário fazer o caminho do Êxodo, da Páscoa, da kénosis. Os marcos teológicos fundamentais do mistério encarnacional de Jesus passam pela sua kénosis, que foi lida como caminho iniciático que redime a humanidade, e pelo tornar-se pessoa reinocêntrica, simbolizada pelas representações do Abbá, da criança e do eunuco.

A iniciação masculina oferece, dentro de um contexto cristão, a possibilidade de tornar-se pessoa na unidade e na pluralidade, nas vivências do corpo e na sexualidade. Representa também se tornar pessoa comunitária, em uma nova compreensão do poder e da autoridade. Assumir os caminhos iniciáticos no contexto amazônico significa, através das devoções marianas, reencontrar o rosto materno de Deus. Assumir a resistência dos homens sábios da cultura, o pajé com sua pajelança. Ser cuidadores da natureza, a partir de perspectivas ecofeministas e da florestania, e com os mártires da Amazônia: Chico Mendes e Ajuricaba.

Referências bibliográficas

AELAPI, *A Terra sem males em construção*. IV Encontro Continental de Teologia Indígena, CIMI, 2002.

_____. ... *E Tonantzin veio morar conosco*. IV Encontro Continental de Teologia Índia. P. 18. Belém, CIMI/AELAPI, 2002.

ALENCAR, Gedeon Freire de, *Todo poder aos pastores, todo trabalho ao povo, todo louvor a Deus: Assembleia de Deus – origem, implantação e militância (1911-1946)*, São Bernardo do Campo: UMESP, 2000.

ALTHAUS-REID, Marcella, *La teología indecente: perversiones teológicas en sexo, género y política*, Barcelona: Bellaterra, 2005.

ARCHILA, Francisco Reyes; RAJO, Larry José Madrigal, Re-imaginando a masculinidade: caminhos diversos para a reflexão sobre a relação de gênero entre Bíblia, gênero e masculinidade. *RIBLA*, n. 56 – 2007/1, Petrópolis, Vozes, 2007.

_____, Meu pai e pai de vocês, meu Deus e Deus de vocês. *Ribla*, n. 56 -2007/1, p. 91-92.

ARENZ, Karl Heinz, *São e salvo*, Quito: Abyayala, 2004.

ASSIS, Simone Gonçalves de; AVANCI, Joviana Quintes, *Labirinto de espelhos: formação da autoestima na infância e adolescência*, Rio de Janeiro: Fio Cruz, 2004.

AZEVEDO, Walter Ivan de, *Pinceladas de luz na floresta amazônica*, São Paulo: Paulinas, 2007.

AUDI, ROBERT (editor), *The Cambridge Dictionary of Philosophy*, Cambridge: Cambridge University Press, 1999.

AUGRAS, Monique, *Todos os santos são bem-vindos*, Rio de Janeiro: Pallas, 2005.

AWI, Felipe, *Filho teu não foge à luta: como os lutadores brasileiros transformaram o MMA em um fenômeno mundial*. Rio de Janeiro: Intrínseca, 2012.

BABUT, Étienne, *O Deus poderosamente fraco da Bíblia*, São Paulo: Loyola, 2001.

BADINTER, Elisabeth, *Sobre a identidade masculina*, Rio de Janeiro: Nova Fronteira, 1993.

_____, *XY, on Masculine Identity*, Columbia University Press, 1995.

BARBOSA, Ronaldo, *Canto da Yara do Boi Caprichoso*, Álbum Boi Caprichoso, 85 Anos de Cultura, 1998.

_____, *Amazônia, Catedral Verde*, Álbum Festival Folclórico de Parintins, 2010.

BARBAGLIO, Giuseppe; FABRIS, Rinaldo; MAGGIONI, Bruno, *Os Evangelhos (I)*, São Paulo: Loyola, 1990.

BARKER, Gary T., *Homens na linha de fogo*, Rio de Janeiro: 7Letras, 2008.

BARNAY, Sylvie, *Le Ciel sur la Terre: Les apparitions de la Vierge au Moyen Âge,* Paris: Les Editions du Cerf, 1999.
BARTHES, Roland, *Mitologias,* Rio de Janeiro: Bertrand Brasil, 2001.
BASTIDE, Roger, *As religiões africanas no Brasil,* São Paulo: Pioneira, 1985.
BAUDRILLARD, Jean, *A sociedade de consumo.* Lisboa: Edições 70, 2008.
BEAUVOIR, Simone de, *Segundo sexo,* São Paulo: Difusão Europeia do Livro, 1980. v. I.
BECKER, Bertha K., *O uso político do território: questões a partir de uma visão do terceiro mundo.* In: BECKER, Bertha K.; HAESBAERT, Rogério; SILVEIRA, C. (org.). *Abordagens políticas da espacialidade.* Rio de Janeiro: UFRJ, 1983.
_____. *Geopolítica da Amazônia, Estudos Avançados,* São Paulo, 19 (53), 2005.
BEKSTA, Casimiro, *A maloca Tukano-Desana e seu simbolismo,* Manaus: Universidade do Amazonas, 1984.
BELLIER, Irene, *El temblor y la luna: ensayo sobre las relaciones entre las mujeres y los hombres mai huna,* Quito: Abya-Yala, 1991.
BENCHIMOL, Samuel, *Amazônia: formação social e cultural,* Manaus: Valer/Universidade do Amazonas, 1999.
BENTES, Norma, *Manaus, realidade e contrastes sociais,* Manaus: Editora Valer e Fapeam, 2014.
BENTLEY, James, *A calendar of saints,* London: Little, Brown and Company, 1997.
BESSON, Claude, *Homossexuais católicos, como sair do impasse,* São Paulo: Loyola, 2015.
BEYNON, John, *Masculinities and culture,* London: Open University Press, 2000.
BEZERRA, Ararê Marrocos, *Amazônia, lendas e mitos,* Belém: EMBRAPA, 1985.
BHABHA, Homi K., *O local da cultura.* Belo Horizonte: Editora UFMG, 2005.
BINGEMER, Maria Clara Lucchetti (org.), *Violência e religião,* PUC-Rio, 2002.
BOAS, Orlando Villas, *A arte dos pajés,* São Paulo: Globo, 2000.
BOECHAT, Walter, *Luzes e sombra da alma brasileira. Um país em busca de identidade.* In: BOECHAT, Walter (org.), *A alma brasileira, luzes e sombra,* Petrópolis: Vozes, 2014.
BOFF, Leonardo, *Saber cuidar: ética do humano – compaixão pela terra,* Petrópolis: Vozes, 2002.
_____, *Homem: satã ou anjo bom?,* Rio de Janeiro: Record, 2008.
_____, *A Santíssima Trindade é a melhor comunidade,* 12. ed. Petrópolis: Vozes, 2011.
BORDIEU, Pierre, *A dominação masculina,* Rio de Janeiro: Bertrand Brasil, 1999.
BOYD, Stephen B., *The men we long to be: beyond lonely warriors and desperate lovers,* Cleveland, Ohio: The Pilgrim Press, 1995.
BRAGA, Sérgio Ivan Gil, Festas Religiosas e Populares na Amazônia: Cultura Popular, Patrimônio Imaterial e Cidades. Oficina do CES n. 288: Coimbra, 2007.
BROD, Harry, *Circumcision and the erection of patriarchy.* In: KRONDORFER, Björn (edit.), *Men and Masculinities in Christianity and Judaism: A Critical Reader,* London: SCM-Press. 2009.
BUBER, Martin, *Israel and the World: Essays in a Time of Crisis,* New York: Syracuse University Press, 1997.

BURKE, Peter, *O que é história cultural*, Rio de Janeiro: Zahar, 2008.

BUTLER, Judith, *Problemas de gênero: feminismo e subversão da identidade*, Rio de Janeiro: Civilização Brasileira, 2008.

CARO, Olga Consuelo Vélez, *Del Dios omnipotente a "la humildad de Dios"*. In: RUBIO, Garcia; AMADO, Joel Portella (org.), *Fé cristã e pensamento evolucionista*, São Paulo: Paulinas, 2012.

CARR, Anne E., *Transforming Grace: Christian Tradition and Women's Experience*, New York: Continuum, 1996.

CARR, David M.; CONWAY, Collen M., *An introduction to the Bible*, Oxford: Wiley-Blackwell, 2010.

CARRASCO, Vitoria, *Antropología indígena e bíblica: "Chaquiñan" andino e Biblia*. In: *Ribla – Revista de Interpretação Bíblica Latino-Americana*, Petrópolis, Vozes, n. 26, 1997.

CASCUDO, Luis da Câmara, *Geografia dos mitos brasileiros*, Rio de Janeiro: José Olímpio, 1947.

CASTILLO, José Maria, *Deus e nossa felicidade*, São Paulo: Loyola, 2006.

CATECISMO DA IGREJA CATÓLICA, 9. ed. Petrópolis: Vozes, 1998.

CHEVALIER, Jean; GHEERBRANT, Alain, *Dictionnaire des Symboles*, Paris: Seghers, 1974, 4 v.

CLASTRES, Pierre, *Arqueologia da violência*, São Paulo: Editora Cosac & Naify, 2004.

COLOMA, Carlos, *Processo de alcoolização no contexto das nações indígenas*. In: Anais do Seminário sobre Alcoolismo e DST/AIDS entre os Povos Indígenas, Brasília, DF: Ministério da Saúde, 2001.

CONFERÊNCIA NACIONAL DOS BISPOS DO BRASIL, *Por uma terra sem males*, Brasília: Texto-base da Campanha da Fraternidade 2002, 2002, p. 36.

_____, *Vida e missão neste chão – CF 2007*, São Paulo: Editora Salesiana, 2007.

_____, *Comunidade de comunidades uma nova paróquia*, São Paulo: Paulinas, 2014.

CONGREGAÇÃO PARA A DOUTRINA DA FÉ, *Carta sobre a cura pastoral das pessoas homossexuais*, 1 de outubro de 1986.

_____, *Carta aos Bispos da Igreja Católica sobre a colaboração do homem e da mulher na Igreja e no mundo*, Roma, 2004.

CONNELL, Robert W., *Gender*. Cambridge, UK: Polity Press, 2002.

_____, *Behold the Man! Jesus and Greco-Roman Masculinity*, Oxford: Oxford University, 2008.

CONNELL, Robert W.; MESSERSCHIMIDT, James W., *Masculinidade hegemônica: repensando o conceito. Estudos feministas*, Florianópolis, 21(1): 424, janeiro-abril/2013.

COSTA, Mariana Baldoino da, *Personagens e identidades em A paixão de Ajuricaba, de Márcio Souza*, Dissertação (mestrado), Universidade Federal do Amazonas, Departamento do Programa Sociedade e Cultura na Amazônia, 2012.

CROATTO, José Severino, *As linguagens da experiência religiosa*, São Paulo: Paulinas, 2002.

DA MATTA, Roberto, *A casa e a rua: espaço, cidadania, mulher e a morte no Brasil*, Rio de Janeiro: Rocco, 1997.

DIETRICH, José Luiz, *Violências em nome de Deus,* São Leopoldo: Cebi, 2013.

DUBE, Musa W., *Postcolonial Feminist Interpretation of the Bible*, Missouri: Chalice Press, 2000.

DULLES, Avery, *Models of Revelation*, MaryKnoll/NY: Orbis Book, 1992.

DURKHEIM, Émile, *O suicídio, estudo sociológico*, Rio de Janeiro: Zahar, 1982.

ELIADE, Mircea, *Aspectos do mito*, Lisboa: Edições 70, 1986.

_____, *O sagrado e o profano: a essência das religiões.* São Paulo: Martins Fontes, 1992.

EQUIPE DE REFLEXÃO BÍBLICA, *Reconstruir relações num mundo ferido. Uma leitura de Marcos em perspectiva de relações novas,* São Paulo: CRB, 2008.

FANON, Franz, *The Wretched of the Earth*, New York: Grove Weidenfeld, 1963.

FILHO, Manuel Ferreira Lima, *Karajá, Enciclopédia dos Povos Indígenas no Brasil,* Disponível em: <http://www.indios.org.br/en/povo/karaja>. Acesso em: 22/05/2015.

FIORENZA, Elizabeth Schussler, *Caminhos da sabedoria,* São Bernardo do Campo: Nhanduti Editora, 2009.

_____, *In memory of her: A feminist theological reconstruction of Christian origins,* New York: Crossroad, 1992.

FISCHER, Irmtraud, *"Vai e sujeita-te!" Disse o anjo a Agar. Concilium*/252, 1994/2, Teologia feminista, Petrópolis: Vozes, 1994.

FORNET-BETANCOURT, Raúl, *Transformación intercultural de la filosofía*, Bilbao, 2001.

FORTE, Bruno, *A Trindade como história,* São Paulo: Paulinas, 1987.

FOUCAULT, Michel, *Vigiar e punir: nascimento da prisão.* Petrópolis: Vozes, 2009.

_____, FOUCAULT, *Microfísica do poder,* São Paulo: Paz e Terra, 2014.

FREDRIKSEN, Paula, *Jesus of Nazareth – King of the Jews,* New York: Vintage Books, 2000.

FREIRE, Paulo, *Educação como prática da liberdade*, Rio de Janeiro: Paz e Terra, 2006.

FRESTON, Paul. *Breve histórico do pentecostalismo brasileiro.* In: ANTONIAZZI, Alberto et al. *Nem anjos nem demônios: interpretações sociológicas do pentecostalismo.* Petrópolis/RJ: Vozes, 1994.

FRIGÉRIO, Tea, *Corpo... Corpo... Corpo... Hermenêutica.* In: AA.VV., *Hermenêutica feminista e gênero,* São Leopoldo: Cebi, 2000.

FUNDAÇÃO NACIONAL DE SAÚDE, *Política nacional de atenção à saúde dos povos indígenas*, Brasília, DF: Autor, 2000.

GALEANO, Eduardo, *As veias abertas da América Latina*, Porto Alegre: L&PM, 2014.

GALTUNG, Johan, *Cultural Violence, Journal of Peace Research*, v. 27, n. 3, 1990.

GALVÃO, Eduardo, *Aculturação indígena no Rio Negro.* In: *Boletim do Museu Paraense Emilio Goeldi*, n. 7, Belém, 1959.

_____, *Santos e visagens: um estudo da vida religiosa de Itá, Amazonas.* São Paulo: Companhia Editora Nacional, 1976.

GEBARA, Ivone, *Trindade, palavra sobre coisas velhas e novas. Uma perspectiva ecofeminista*. São Paulo: Paulinas, 1994.

_____, *Rompendo o silêncio*, Petrópolis: Vozes, 2000.

GEERTZ, Clifford, *A interpretação das Culturas,* Rio de Janeiro: Zahar, 1973.

GENNEP, Arnold van, *Os ritos de passagem*, Petrópolis: Vozes, 2013.

GIDDENS, Anthony, *Transformações da intimidade, sexualidade, amor e erotismo nas sociedades modernas,* Oeiras: Celta Editora, 1995.

GILMORE, David D., *Hacerse hombre – Concepciones culturales de la masculinidad*, México: Paidós, 1994.

GOMES, Romeu, *Sexualidade masculina e saúde do homem: proposta para uma discussão, Ciência Saúde Coletiva*, Rio de Janeiro, v. 8, n. 3, 2003.

GOZZELINO, Giorgio, *Il mistero dell'uomo in Cristo. Saggio di protologia*, Torino/Leumann: LDC, 1991.

GRENZ, Stanley J, *Welcoming but Not Affirming: An Evangelical Response to Homosexuality,* Louisville: Westminster/John Knox Press, 1998.

GRUZINSKI, Serge, *O pensamento mestiço*, São Paulo: Companhia das Letras, 2001.

GUMBLETON, Bispo Thomas J, *Uma conclamação à escuta: a resposta pastoral e teológica da igreja a gays e lésbicas,* In: JUNG, Patricia Beattie; CORAY, Joseph Andrew, *Diversidade sexual e catolicismo*, São Paulo: Loyola, 2005.

GUINET, Hugo Cáceres, *Alguns elementos da espiritualidade masculina vistos através da narração bíblica de Jacó*. In: *RIBLA*, n. 56 – 2007/1, Petrópolis, Vozes, 2007.

GUTIÉRREZ, Gustavo, *A força histórica dos pobres*, Petrópolis: Vozes, 1981.

GUTMANN, Matthew (ed.), *Changing men and masculinities in Latin America*, Duke: Duke University Press, 2003.

HALL, Stuart, *Who needs "identity"?* In: HALL Stuart; GAY, Paul Du (ed.), *Questions of Identity.* Sage: Thousand Oaks, 1996.

_____, *Da diáspora: identidades e mediações culturais,* Belo Horizonte: Editora UFMG, 2003.

_____, *Pensando a diáspora (Reflexões sobre a terra no exterior)*. In: SOVIK, Liv (org.), *Da diáspora: identidades e mediações culturais*. Belo Horizonte: Editora UFMG/Representação da Unesco no Brasil, 2003.

HABERMAS, Jürgen, *The theory of communicative action,* Boston: Beacon Press, 1984.

HARRINGTON, Daniel J., *Mateus*. In: BERGANT, Dianne; KARRIS, Robert J. (org.), *Comentário bíblico*, São Paulo: Loyola, 1999.

HAUGHT, John F, *Cristianismo e ciência*, São Paulo: Paulinas, 2009.

HEATH, Dwight B, *Borrachera indígena. Cambio de concepciones*. In: BORRACHERA. *Memória: La Experiência de Lo Sagrado en Los Andes (T. Saignes, comp.),* Travaux de 1TFEA, Tomo 69, Lima: Hisbol/Instituto Francês de Estúdios Andinos, 1993.

HELMINIAK, Daniel, *Ce que la Bible dit vraiment de l'homosexualité,* Les Empêcheurs de pensar em rond, 2005.

HENMAN, Anthony. *O guaraná*, São Paulo: Global/Ground, 1982.
HILL, Jonathan (org.), *Rethinking History and Myth. Indigenous South American Perspective on the Past*, Illinois: University of Illinois Press, 1988.
HOFSTEDE, Geert, *Masculinity and femininity: the taboo dimensions of national cultures*, London: Sage, 1998.
HOORNAERT, Eduardo, *História da Igreja na Amazônia*, Petrópolis: Vozes, 1992.
HORAN, Daniel P., *Beyond Essentialism and Complementarity: Toward a Theological Anthropology Rooted in Haecceitas*, London: Sage/Theological Studies, v. 75(1), 2014.
HOSBAWM, Eric, *A era das revoluções*, Rio de Janeiro: Paz e Terra, 2001.
HUGHES, Gerard, *God of surprises*, London: Darton Longman Todd, 1993.
II CONFERÊNCIA GERAL DO EPISCOPADO LATINO-AMERICANO, *Medellín*, São Paulo: Paulinas, 1969.
III CONFERÊNCIA GERAL DO EPISCOPADO LATINO-AMERICANO, *Puebla*, São Paulo: Paulinas, 1979.
ÍNDIOS TICUNA, *Torü Duüügü – Nosso povo*, Rio de Janeiro/Brasília: Museu Nacional-UFRJ/Memórias Futuras Edições/SEC/MEC/SEPS/FNDE, 1985.
IRARRÁZAVAL, Diego, *Interação andina com a palavra de Deus, Revista de Interpretação Bíblica Latino-Americana/Ribla*, Petrópolis, Vozes, n. 26, 1997.
IV CONFERENCIA MUNDIAL SOBRE LA MUJER, *Reservas y Declaraciones de Interpretación de la Santa Sede*, Pequim, 1995.
IWASHITA, Pedro, *Maria e Iemanjá: análise de um sincretismo*, São Paulo: Paulinas, 1991.
JOACHIM, Jeremias, *Jerusalem in the time of Jesus*, Philadelphia: Fortress Press, 1969.
_____, *The parables of Jesus*, New York: S.C.M. Press, 2003.
JOÃO PAULO II, *Carta do Papa João Paulo II às Mulheres*, Roma, 1995.
JOHNSON, Allan G., *The gender knot: unraveling our patriarchal legacy*, Philadelphia: Temple University Press, 2005.
JOHNSON, Elizabeth A., *She Who Is, the mystery of god in feminist theological discourse*, New York: Crossroad, 1992.
_____, *The maleness of Christ*. In: FIORENZA, Elisabeth Schüssler, *The Power of Naming: A Concillium Reader in Feminist Liberation Theology*, New York: Maryknoll, 1996, p. 307.
KEEN, Sam, *O homem na sua plenitude*, São Paulo: Cultrix, 1998.
KIMMEL, Michael S., *A produção simultânea de masculinidades hegemônicas e subalternas. Horizontes Antropológicos*, n. 9, 1998.
_____, *The Gendered Society*, Oxford: Oxford University Press. 2000.
KORTNER, Heinz Jürgen Ulrich, *Introdução à hermenêutica teológica*, São Leopoldo: Sinodal, 2009.
KÖSTER, H. In KITTEL, G. (ed.). *Grande lessico del Nuovo Testamento*, Brescia: Paideia, 1963-1988.
KRONDORFER, Björn, *Men's Bodies, Men's Gods: Male Identities in a (Post) Christian Culture*, New York: New York University Press, 1996.

KUEFLER, Mathew, *The Manly Eunuch – Masculinity, Gender Ambiguity, and Christian Ideology in Late Antiquity*, Chicago: Universidad de Chicago, 2001.

LANGDON, Jean Esther, *O que beber, como beber e quando beber: o contexto sociocultural no alcoolismo entre as populações indígenas*, Rio de Janeiro: Editora Fiocruz; 2013.

LAQUEUR, Thomas, *Inventando o sexo: corpo e gênero dos gregos a Freud*, Rio de Janeiro: Relume Dumará, 2001.

LARTEY, Emmanuel, *Postcolonializing God: New Perspectives on Pastoral and Practical Theology*, London: SCM PRESS, 2013.

LAURENTIN, Rene; SBALCHIERO, Patrick (cura di), *Dizionario delle "apparizioni" della Vergine Maria*, Roma: ART, 2010.

LEERS, Bernardino; TRASFERETTI, José Antônio, *Homossexuais e ética cristã*, São Paulo: Editora Atomo, 2002.

LEQUENNE, Fernand, *Antoine de Padoue, Sa vie, son secret*, Paris: Éditions du Chalet, 1991.

LÉVI-STRAUSS, Claude, *A oleira ciumenta*, Lisboa: Edições 70, 1985.

LIMA, Benedito Gomes, *Terra da fé*, Manaus: Imprensa Oficial, 2003, v. 1.

LÓPEZ HERNÁNDEZ, Eleazar, *Teología índia*, Cochabamba: UCB/Guadalupe/Verbo Divino, 2000.

LOUGHLIN, Gerard, *Refiguring Masculinity in Christ*. In: HAYES, Michel A.; PORTER, Wendy; TOMBS, David (eds.), *Religion and Sexuality*, Shefield: Sheffield Academic Press, 1998.

LOURO, Guacira Lopes, *Gênero, sexualidade e educação: uma perspectiva pós-estruturalista*, Petrópolis: Vozes, 1997.

_____, *Um corpo estranho: ensaios sobre sexualidade e teoria queer*, Belo Horizonte: Autêntica, 2004.

MACHADO, Maria das Dores Campos; MARIZ, Cecília Loreto. *Pentecostalismo e a redefinição do feminino, Religião e Sociedade*, ISER, Rio de Janeiro, v. 17, n. 1, 1996, p. 140-159.

MACKENZIE, John L., *Dicionário da Bíblia*, São Paulo: Paulus, 1984.

MAGNANI, José Guilherme Cantor, *Xamãs na cidade*. In: *Revista USP*, São Paulo, n. 67, setembro/novembro 2005, p. 218-227.

MAIA, Álvaro, *Canção de fé e esperança. Revista UBE-Amazonas* (Álvaro Maia – Polianteia).

MALDONADO-TORRES, Nelson, *On the coloniality of being*, Cultural Studies, 21:2, 240-270, p. 243. Disponível em: <http://www.decolonialtranslation.com/english/maldonado-on-the-coloniality-of-being.pdf>. Acesso em: 10/06/2015.

MALINA, Bruce J., *The New Testament World: Insights from Cultural Anthropology*, Kentucky: Westminster John Knox Press, 2001.

MARANDA, Pierre, *Mythology, Select Readings*, London: Penguin Books, 1972.

MARTIN, Dale B., *Sex and the single savior*. In: KRONDORFER, Björn (ed.), *Men and Masculinities in Christianity and Judaism: A Critical Reader*, London: SCM Press, 2009.

MARZAL, Manuel Maria, (org.), *O rosto índio de Deus*, São Paulo: Vozes 1989.

MAUÉS, Raymundo Heraldo, *Padres, pajés, santos e festas: catolicismo popular e controle eclesiástico: um estudo antropológico numa área do interior da Amazônia*, Belém: Editora Cejup, 1995.

_____, *Bailando com o Senhor: técnicas corporais de culto e louvor (o êxtase e o transe como técnicas corporais, Rev. Antropol.*, São Paulo, v. 46, n. 1, 2003.

_____, *Pentecostalismo em Belém: a pobreza, a doença e a conversão.* In: *Cadernos do Centro de Filosofia e Ciências Humanas/UFPA*, v. 20, n. 1/2, 2004.

_____, *Um aspecto da diversidade cultural do caboclo amazônico: a religião. Estudos Avançados*, São Paulo, Editora USP, 19 (53), 2005.

_____, *O simbolismo e o boto na Amazônia: religiosidade, religião, identidade. História oral*, Rio de Janeiro, v. 9, n. 1, p. 11-28, 2006.

_____, *O homem que achou a santa. Plácido José de Souza e a devoção à Virgem de Nazaré*, Belém: Ed. Basílica Santuário de Nazaré, 2009.

_____, *Outra Amazônia: os santos e o catolicismo popular*, Belém: Norte Ciência, v. 2, n. 1, p. 1-26, 2011.

MAUSS, Marcel, *Les techniques du corps in Sociologie et Anthropologie*, Paris: Puf, 1950.

MAZAROLLO, Isidoro, *A bíblia em suas mãos*, Rio de Janeiro: Mazarollo editor, 2011.

_____, *Evangelho de Marcos*, Rio de Janeiro: Mazzarolo Editor, 2012.

_____, *Lucas – a antropologia da salvação*, Rio de Janeiro: Mazzarolo Editor, 2013.

MBEMBE, Achille, *On the postcolony*, Berkeley: University of California Press, 2000.

McKENZIE, John L., *Dicionário Bíblico*, São Paulo: Paulus, 1984.

MEMMI, Albert, *Retrato do colonizado precedido de retrato do colonizador*, Rio de Janeiro: Editora: Civilização Brasileira, 2007.

MERLEAU-PONTY, Maurice, *Conversas-1948*, São Paulo: Martins Fontes, 2004.

_____, *Fenomenologia da percepção*, São Paulo: Martins Fontes, 1999.

MIGNOLO, Walter D., *Local Histories/Global Designs: Coloniality, subalterm knowledges and border thinking*, Princeton: Princeton University Press, 2000.

_____, *A colonialidade de cabo a rabo: o hemisfério ocidental no horizonte conceitual da modernidade: perspectivas latino-americanas*, Buenos Aires: CLACSO, 2005.

MIRANDA, Evaristo Eduardo de, *Corpo território do sagrado*, São Paulo: Loyola, 2000.

MIRANDA, Mário de França, *Inculturação da fé*, São Paulo: Loyola, 2001.

_____, *A salvação de Jesus Cristo*, São Paulo: Loyola, 2004.

MOINGHT, Joseph, *Deus que vem ao homem*, São Paulo: Loyola, 2012.

MOLTMANN, *Jürgen, El Dios crucificado.* Salamanca: Sígueme, 1975.

_____, *God in creation*, San Francisco, Harper & Row, 1985.

_____, *Experiências de reflexão teológica*, São Leopoldo: Unisinos, 2004.

_____, *La kenosis divina em lá creación y consumación del mundo*. In: POLKINGHORNE, John (ed.), *La obra del amor, la creacion como kenosis*, Estella: Verbo Divino, 2008.

_____, *Trindade e Reino de Deus: uma contribuição para a teologia*, Petrópolis: Vozes, 2011.

MOLTMANN-WENDEL, Elisabeth; PRAETORIUS. *Corpo da mulher/corporalidade*. In: AA.VV., *Dicionário de Teologia Feminista*, Petrópolis: Vozes, 1997.

MONICK, Eugene, *Castração e fúria masculina*, São Paulo: Paulinas, 1993.

MORAES, Rosangela Dutra, *Prazer-sofrimento no trabalho com automação*. Manaus: EDUA, 2010.

MOREIRA NETO, Carlos Eduardo, *Os principais grupos missionários que atuaram na Amazônia brasileira entre 1607 e 1759*. In: HOORNAERT, Eduardo (org.), *História da Igreja na Amazônia*, Petrópolis: Vozes/CEHILA, 1992.

MORIN, Edgar, *O método 5: a humanidade da humanidade: a identidade humana*. Porto Alegre: Sulina, 2005.

MOTT, Luiz, *Santo Antônio, o divino capitão-do-mato*. In: REIS, J. J.; GOMES, F. S. (org.), *Liberdade por um fio: história dos quilombos no Brasil*, São Paulo: Companhia das Letras, 1996.

MOXNES, Halvor, *Putting Jesus in His Place*, London: Westminster John Knox Press, 2003.

MUÑOZ, Ronaldo, *Dios Padre*. In: ELLACURIA, Ignacio; SOBRINO, Jon, *Mysterium Liberationis*, Madrid: Editorial Trotta, 1990.

MUSSKOPF, André Sidnei; HERNÁNDEZ, Yoimel González, *Homens e ratos!* In: SOAVE, Maria B., *Dominação ao amor*, São Leopoldo: Cebi, 2009. (Série A Palavra na Vida, 261.)

NIMUENDAJÚ, Curt, *Os índios Tukuna (1929)*. In: *Textos indigenistas*, São Paulo: Loyola, 1982.

NOLASCO, Sócrates, *A desconstrução do masculino*, Rio de Janeiro: Rocco, 1995.

O'MURCHU, Diarmuid, *Graça ancestral*, São Paulo: Paulus, 2011.

ORICO, Osvaldo, *Mitos ameríndios e crendices amazônicas*, Rio de Janeiro: Civilização, 1975.

PANIKKAR, Raimon, *El imperativo cultural*. In: FORNET-BETANCOURT Raúl (ed.), *Unterwegs zur interkulturellen Philosophie*, Frankfurt/M., 1998.

PAPA BENTO XVI, *Carta Encíclica Deus é Amor*, São Paulo: Paulus, 2006.

PAPA FRANCISCO, *Mensagens e homilias*, JMJ Rio, 2013.

PAPA FRANCISCO, *Misericordiae Vultus*, n. 2, 2015. Disponível em: <http://w2.vatican.va/content/francesco/pt/ 20150411_misericordiae-vultus.html>. Acesso em: 30/10/2015.

_____, *Exortação Apostólica Pós-Sinodal Amoris Laetitia – A alegria do amor*, São Paulo: Loyola, 2016.

_____, *Exortação Apostólica Evangelii Gaudium*, São Paulo: Loyola, 2016.

PARSEVAL, Genevieve Delaisi, *A parte do pai*, Porto Alegre: L&PM, 1986.

PAULA, Ana Maria T. de, *Mitos e lendas da Amazônia*, Belém: DEMEC1EMBRATEL, 1985.

PEREIRA, José Carlos, *Sincretismo religioso & ritos sacrificiais*, São Paulo: Zouk, 2004.

PEREIRA, Nunes, *Moronguêtá: um Decameron indígena,* Rio de Janeiro: Civilização Brasileira, 1980.

_____, *Os índios Maués,* Rio de Janeiro: Organizações Simões, 1954.

PIERUCCI, Antônio F.; PRANDI, Reginaldo, *A realidade social das religiões no Brasil. Religião, sociedade e política.* São Paulo: Hucitec,1996, p. 102.

PONTIFÍCIA COMISSÃO BÍBLICA, *A interpretação da Bíblia na Igreja,* São Paulo: Paulinas, 1994.

POZZOBON, Jorge, *Identidade e endogamia: observações sobre a organização social dos índios Maku,* Porto Alegre: UFRGS, 1984.

PRANDI, Reginaldo. (org). Introdução. In: *Encantaria brasileira. O livro dos mestres, caboclos e encantados.* Rio de Janeiro: Pallas, 2004.

QUEIRUGA, Torres Andrés, *Do terror de Isaac ao Abbá de Jesus,* São Paulo: Paulinas, 2001.

QUIJANO, Anibal Raza, *Colonialidade do poder, eurocentrismo e América Latina.* In: LANDER, E., *A colonialidade do saber: eurocentrismo e ciências sociais. Perspectivas latino-americanas.* Buenos Aires: CLACSO, 2005.

_____, *Da colonialidade à descolonialidade.* In: SANTOS, Boaventura de Souza; MENESES, Maria Paula (org.), *Epistemologias do sul,* Rio de Janeiro: Cortez, 2013.

QUILES, Manoel, *Mansidão de fogo: aspectos etnopsicológicos do comportamento alcoólico entre os Bororo.* In: ANAIS DO SEMINÁRIO SOBRE ALCOOLISMO E DST/AIDS ENTRE OS POVOS INDÍGENAS, Brasília: Ministério da Saúde, 2001.

RAHNER, Karl, *A antropologia: problema teológico,* São Paulo: Herder, 1968.

_____, *Curso fundamental da fé: introdução ao conceito de cristianismo.* São Paulo: Paulinas, 1989.

REBELLO, Lúcia Emília Figueiredo de Sousa; GOMES, Romeu, *Iniciação sexual, masculinidade e saúde: narrativas de homens jovens universitários, Ciência saúde coletiva,* v. 14, n. 2, 2009, p. 653-660.

REIS, Arthur Cezar Ferreira, *História do Amazonas,* Belo Horizonte: Itatiaia, 1998.

REVISTA FAMÍLIA CRISTÃ. *Outra história: um Brasil que se enxerga,* São Paulo, Paulinas, n. 940, 2014, p. 19.

REYES, Francisco, *Otra masculinidad posible,* Bogotá: Dimension Educativa, 2003.

RIBEIRO, Darcy, *Os índios e a civilização,* 3. ed., Petrópolis: Vozes, 1982.

_____, *O povo brasileiro: a formação e o sentido do Brasil,* São Paulo: Companhia das Letras, 2006.

RICARDO, Carlos Alberto (ed.), *Povos indígenas do Alto e Médio Rio Negro: uma introdução a diversidade cultural e ambiental do noroeste da Amazônia brasileira.* São Paulo/São Gabriel da Cachoeira: ISA/Foirn, 1998.

RITUAL ROMANO DA IGREJA CATÓLICA, São Paulo: Paulus, 2014.

ROESE, Anete, *O silenciamento das deusas na tradição interpretativa cristã. ALETRIA – Revista de Estudos de Literatura,* Belo Horizonte: UFMG, n. 3, v. 20, set-dez. 2010.

ROSS, Susan, *Christian Anthropology and Gender Essentialism: Classicism and Historical--Mindedness*, Concilium 27, 42-50, 2006.

RUBIO, Alfonso Garcia, *Unidade na pluralidade: o ser humano à luz da fé e da reflexão cristãs*, São Paulo: Paulinas, 1989.

RUETHER, Rosemary Radford, *Goddesses and the Divine Feminine: A Western Religious History*, California: University of California Press, 2005.

SAFFIOTTI, Helleith Iara Bongiovane, *Violência de gênero: lugar da práxis na construção da subjetividade*, PUC/SP, 1997.

_____, *Gênero, patriarcado e violência*. São Paulo: Editora Fundação Perseu Abramo, 2004.

SAID, Edward W, *Orientalismo*, São Paulo: Companhia de Bolso, 2015.

SALVATI, G. M., *Lexicon: Dicionário Teológico Enciclopédico*, São Paulo: Loyola, 2003.

SANCHIS, Pierre, *O repto pentecostal à cultura católico-brasileira*. In: *Nem anjos nem demônios: interpretações sociológicas do Pentecostalismo*, 2. ed., Petrópolis: Vozes, 1996.

SANTOS, Boaventura de Sousa, *A gramática do tempo: para uma nova cultura política*, São Paulo: Cortez, 2008.

_____, *Epistemologias do Sul – Introdução*, São Paulo: Cortez, 2010.

SAPORI, Luís Flávio; SOARES, Gláucio Ary Dillon, *Por que cresce a violência no Brasil?*, Belo Horizonte: Autêntica, 2014.

_____, WANDERLEY, Cláudio Burian, *A relação entre desemprego e violência na sociedade brasileira: entre o mito e a realidade*. In: *A violência do cotidiano*, Cadernos Adenauer, II, São Paulo: Fundação Konrad Adenauer, 2001.

SATLOW, Michael L., *"Try to be a man": the rabbinic construction of masculinity*. In: KRONDORFER, Björn (ed.), *Men and Masculinities in Christianity and Judaism: A Critical Reader*, London: SCM-Press., 2009.

SCHADEN, Egon, *A mitologia heroica de tribos indígenas do Brasil: ensaio etno-sociológico*. Rio de Janeiro: Departamento de Imprensa Nacional, 1959.

SCHMIDT, Thomas E., *Straight and Narrow? Compassion and Clarity in the Homosexuality Debate*, IL: InterVarsity Press, 1995.

SCHPUN, Mônica Raisa (org.), *Masculinidades*, São Paulo: Boitempo, 2004.

SCHULTZ, Adilson, *Isto é o meu corpo. E é corpo de homem*. In: VV.AA., *À flor da pele. Ensaios sobre gênero e corporeidade*. São Leopoldo: Sinodal-CEBI, 2004.

SCHUNGEL-STRAUMAM, Helen, *Imagem e semelhança de Deus*. In: AA.VV., *Dicionário de Teologia Feminista*, Petrópolis: Vozes, 1997.

SCOTT, J. W. *Gênero: uma categoria útil para análise histórica*, Educação & Realidade, 20(2), 71-99, 1995.

SEGOVIA, Fernando F., *Postcolonial Biblical Criticism: Interdisciplinary Intersections*. London and New York: T. & T. Clark International, 2005.

SEIDLER, Victor J., *Masculinidades. Culturas globales y vidas íntimas*, Barcelona: Editorial Montesinos/Colección Ensayo, 2007.

SEIDMAN, Steven, *Queer Theory/Sociology*, Malden: Blackwell, 1996.
SHINYASHIKI, Roberto, *A carícia essencial,* São Paulo: Editora Gente, 1985.
SHOHAT, Ella, *Notes on the Post-Colonial,* Social Text, n. 31/32, p. 99-113, 1992, p. 107. Disponível em: <http://www.jstor.org/stable/466220>. Acesso em: 21/05/2015.
SHWANTES, Milton, O rei-messias em Jerusalém, *Revista Caminhando,* v. 13, n. 21, jan--maio 2008, p. 41-59, 24-25. Disponível em: <https://www.metodista.br/revistas/revistasims/index.php/CA/article/viewFile/1551/1985>. Acesso em: 16/10/2015.
SMITH, Mark S, *O memorial de Deus,* São Paulo: Paulus, 2006.
SOBRINO, Jon, *Centralidad del Reino de Dios en la Teología de la Liberación*, In: ELLACURIA, Ignacio; SOBRINO, Jon, *Mysterium Liberationis*, Madrid: Editorial Trotta, 1990.
SOUZA, Marcio, *A resistível ascensão do Boto Tucuxi,* Rio de Janeiro: Marco Zero, 1982.
_____, *A paixão de Ajuricaba,* Manaus: Editora Valer/Edua, 2005.
SOUZA, Sandra Duarte de Souza; LEMOS, Carolina Teles, *A casa, as mulheres e a Igreja,* São Paulo: Fonte Editorial, 2009.
SPIVAK, Gayatri Chakravorty, *Pode o subalterno falar?,* Belo Horizonte: Editora UFMG, 2010.
SWARTLEY, Willard, *Homosexuality: Biblical Interpretation and Moral Discernment.* Scottdale, PA: Herald Press, 2003.
TAYLOR, LAURA M., *Redimindo Cristo: Imitação Ou (Re)Citação?* In: ABRAHAN, Susan; PROCARIO-FOLEY, Elena (org.), *Nas fronteiras da Teologia Feminista Católica,* Aparecida: Editora Santuário, 2013.
TEIXEIRA, Faustino; MENEZES, Renata (org.). *Religiões em movimento: o censo de 2010,* Petrópolis: Vozes, 2013.
TILLICH, Paul, *Teologia Sistemática,* São Leopoldo: Sinodal, 2005.
TITTON, Gentil Avelino, *Gênero e eclesiologia: autoridade, estruturas, ministério. Concilium,* 347, Petrópolis: Vozes, 2012/4.
TONINI, Hermes Antônio, *O sonho de José e o sonho de novas masculinidades,* São Leopoldo: CEBI, 2008.
TORRES, Iraildes Caldas, *Arquitetura do poder: memória de Gilberto Mestrinho,* Manaus: Edua, 2009.
TREVISAN, João Silvério, *Devassos no Paraíso: a homossexualidade no Brasil, da colônia à atualidade,* Rio de Janeiro: Record, 2000.
VAINFA, Ronaldo, *Santo Antônio na América portuguesa: religiosidade e política. Revista USP,* São Paulo, n. 57, p. 28-37, março/maio, 2003.
_____, *A heresia dos índios,* São Paulo: Companhia das Letras, 2010.
VANIER, Jean, *Comunidade: lugar do perdão e da festa,* São Paulo, 1982.
VIDAL, Marciano, *Sexualidad y cristianismo: orientaciones éticas y perspectivas sobre la homosexualidad,* Madrid: Editorial Perpetuo Socorro, 2009.
VIEIRA, Antônio, *Sermões,* Porto: Lello & Irmãos Editores, 1959, v. VII.

VINGREN, Ivar, *Diário do pioneiro Gunnar Vingren*, Rio de Janeiro: CPAD, 2000.
VITO, Robert A., *Interrogações sobre a construção da (homos)sexualidade: relações entre pessoas do mesmo sexo na Bíblia Hebraica*. In: JUNG, Patricia Beattie; CORAY, Joseph Andrew, *Diversidade sexual e catolicismo*, São Paulo: Loyola, 2005.
VIVIANO, Pauline A., *Gênesis*. In: BERGERT, Dianne; KARRIS, Robert J., *Comentário bíblico*, São Paulo: Loyola, 2001.
WAGLEY, Charles, *Uma comunidade amazônica: estudo do homem nos trópicos*. São Paulo: Editora da Universidade de São Paulo,1988.
WAISELFISZ, Júlio Jacobo, *Mapa da violência, juventude viva. Morte matada por armas de fogo*, Brasília: Secretaria Nacional de Juventude, 2015.
_____, *Os jovens do Brasil*, Rio de Janeiro: FLACSO-BRASIL, 2014.
WARAT, Luis Alberto, *Mitos e teorias na interpretação da Lei*, Porto Alegre: Síntese, 1979.
WARD, Graham, *Bodies: The Displaced Body of Jesus Christ*. In: MILBANK, John, PICKSTOCK, Catherine; WARD, Graham (ed.), *Radical Orthodoxy: a New Theology*, London: Routledge, 1999.
_____, *Theology and Masculinity, Journal of Men's Studies*, 7:2, 1999, p. 281-286.
WEIL, Pierre; LELOUP, Jean-Yves; CREMA, Roberto, *Normose, a patologia da normalidade*, Rio de Janeiro: Verus, 2004.
WÉNIN, André, *Alma (teologia bíblica)*. In: LACOSTE, Jean-Yves, *Dicionário Crítico de Teologia*, São Paulo: Paulinas/Loyola, 2004.
WESTERMANN, CLAUS, *Genesis 1-11: A Continental Commentary*, Minneapolis: Fortress Press, 1994.
_____, *Genesis 12–36 – Continental Commentaries*, Minneapolis: Fortress, 1995.
WOLFF, Hans Walter, *Antropologia do Antigo Testamento*, São Paulo: Hagnos, 2007.
WRIGHT, Robin M., *Os guardiães do Cosmos: pajés e profetas entre os Baníwa*. In: LANGDON, Jean (org.), *Xamanismo no Brasil: novas perspectivas*, Florianópolis: Editora da Universidade Federal de Santa Catarina. 1996.
ZALUAR, Alba, *Os homens de Deus*, Rio de Janeiro: ZAHAR, 1983.
ZUMSTEIN, Jean, *O evangelho segundo João*. In: MARGUERAT, Daniel, *Novo Testamento*, São Paulo: Loyola, 2009.

Índice remissivo

A

Ajuricaba 50, 51, 52, 53, 156, 205, 206, 207, 208, 215, 221, 225, 234

B

Bioespiritual 195, 197

Boto 25, 26, 230

C

Caboclo 23, 27, 55, 56, 57, 170, 230

Colonialidade 20, 63, 64, 65, 66, 230, 232

Complexidade 17, 48, 59, 82, 85, 132, 134, 195, 197, 199, 203, 217

Comunidade 8, 9, 22, 27, 28, 29, 45, 49, 76, 88, 90, 107, 114, 115, 120, 121, 125, 129, 130, 135, 136, 141, 142, 144, 146, 154, 155, 157, 158, 160, 165, 166, 170, 171, 174, 177, 178, 179, 180, 181, 182, 183, 184, 185, 186, 187, 188, 195, 196, 198, 199, 201, 202, 203, 206, 210, 211, 212, 214, 220, 224, 235

Corporeidade 14, 35, 77, 82, 86, 87, 95, 109, 130, 131, 132, 133, 137, 154, 159, 163, 176, 208, 233

Cuidado 11, 13, 15, 33, 37, 67, 87, 88, 96, 108, 109, 123, 128, 149, 150, 153, 155, 157, 158, 163, 179, 189, 190, 191, 192, 196, 208, 210, 214, 215, 220

Cultura 11, 12, 13, 15, 17, 18, 19, 32, 33, 34, 35, 36, 37, 40, 41, 42, 47, 48, 49, 51, 52, 55, 56, 57, 58, 59, 60, 62, 63, 67, 70, 72, 74, 75, 76, 78, 86, 95, 110, 111, 115, 118, 120, 121, 137, 156, 171, 173, 178, 188, 192, 196, 199, 200, 201, 217, 218, 221, 224, 233

D

Descolonizar 57, 194

Deus 7, 12, 13, 14, 15, 20, 21, 26, 28, 29, 31, 32, 34, 37, 38, 39, 42, 45, 57, 58, 62, 63, 78, 80, 81, 84, 85, 86, 87, 88, 89, 90, 91, 92, 93, 94, 95, 96, 97, 98, 99, 100, 101, 102, 103, 104, 105, 106, 107, 108, 110, 113, 114, 115, 116, 118, 119, 120, 121, 122,

237

123, 124, 125, 126, 127, 128, 129, 130, 131, 132, 133, 134, 136, 137, 140, 141, 142, 143, 146, 149, 151, 155, 157, 159, 160, 161, 162, 163, 165, 166, 167, 168, 169, 173, 174, 175, 176, 177, 179, 192, 197, 198, 201, 204, 205, 206, 207, 209, 211, 212, 215, 217, 218, 219, 221, 223, 225, 226, 228, 230, 231, 233, 234, 235

E

Ecologia 15, 145, 170, 189, 193, 194, 195, 213

Estado 32, 33, 54, 55, 107, 134, 147, 193

F

Florestania 15, 156, 205, 221

H

Hibridismo 19, 24, 36, 219

História 11, 12, 15, 19, 23, 25, 30, 35, 39, 40, 42, 43, 44, 47, 50, 55, 56, 59, 70, 75, 85, 88, 89, 90, 94, 100, 102, 103, 104, 105, 123, 126, 129, 131, 145, 146, 154, 156, 158, 159, 160, 164, 171, 175, 180, 183, 186, 194, 198, 199, 200, 205, 206, 210, 211, 217, 218, 225, 226, 231, 232

Homossexualidade 65, 98, 108, 234

I

Igreja 7, 9, 11, 15, 22, 28, 36, 37, 38, 39, 42, 43, 45, 65, 82, 85, 98, 103, 104, 107, 108, 111, 120, 123, 125, 136, 144, 146, 147, 150, 157, 158, 161, 164, 165, 172, 174, 183, 225, 228, 231, 232, 234

Interculturalidade 17

J

Jesus Cristo 11, 12, 13, 81, 85, 86, 87, 89, 90, 92, 95, 96, 97, 109, 110, 118, 124, 125, 128, 131, 143, 151, 153, 159, 160, 167, 173, 177, 178, 199, 208, 209, 210, 213, 219, 220, 230

K

Kénosis 13, 14, 81, 86, 90, 91, 93, 94, 95, 96, 151, 153, 159, 160, 161, 170, 209, 212, 219, 220, 221

Koinonia 88

Kyriarcado 93

M

Malineza 26

Masculinidade hegemônica 8, 11, 13, 14, 15, 30, 58, 60, 61, 63, 73, 74, 75, 77, 78, 79, 80, 81, 82, 84, 86, 89, 96, 109, 116, 117, 137, 141, 154, 160, 163, 173, 178, 189, 190

Masculinidades 12, 17, 30, 81, 82, 83, 84, 85, 87, 96, 136, 160, 161, 188, 189, 192, 195, 196, 213, 218, 233

Masculinidades indígenas 46, 63

Mestiçagens 19

Mito 23, 25, 52, 72, 110, 139, 190, 197, 204, 226, 233

N

Nossa Senhora 19, 24, 26, 36, 37, 38, 39, 167

P

Pai 49, 84, 111, 112, 113, 118, 120, 121, 122, 123, 124, 162, 164, 190, 191, 192, 223, 231

Pajé 15, 22, 23, 49, 50, 156, 201, 202, 203, 204, 215, 221

Pastoral 7, 8, 9, 11, 12, 13, 14, 15, 57, 80, 81, 83, 85, 87, 90, 94, 96, 108, 109, 122, 136, 140, 141, 150, 151, 153, 154, 155, 156, 157, 158, 159, 163, 165, 171, 172, 176, 177, 178, 188, 191, 206, 208, 217, 219, 221, 225, 227

Patriarcal 11, 13, 14, 15, 25, 26, 36, 42, 43, 65, 71, 72, 81, 84, 85, 86, 94, 96, 97, 99, 103, 104, 105, 106, 109, 111, 117, 118, 119, 122, 124, 126, 131, 135, 136, 137, 138, 145, 147, 148, 149, 151, 153, 154, 160, 161, 162, 167, 174, 179, 189, 190, 192, 193, 194, 208, 218, 221

Patriarcalismo 14, 40, 41, 71, 82, 103, 105, 118, 120, 138, 145, 151, 178, 217, 218

Pecado 14, 32, 82, 87, 88, 93, 94, 95, 129, 134, 139, 141, 142, 143, 144, 145, 147, 149, 164, 177, 189, 204, 205

Pentecostalismo 13, 40, 41, 42, 43, 44, 45, 218, 226

Poder 14, 18, 19, 21, 22, 23, 25, 28, 29, 34, 35, 42, 43, 44, 45, 47, 50, 51, 52, 53, 55, 56, 58, 63, 64, 65, 68, 70, 72, 78, 79, 83, 87, 89, 90, 91, 92, 93, 94, 95, 96, 97, 99, 101, 102, 103, 104, 113, 116, 119, 122, 125, 126, 127, 130, 131, 137, 138, 139, 141, 143, 144, 145, 147, 148, 149, 150, 151, 154, 155, 157, 160, 161, 163, 164, 166, 168, 178, 179, 180, 184, 185, 186, 187, 188, 189, 196, 201, 202, 204, 205, 206, 207, 208, 210, 215, 217, 218, 220, 221, 223, 226, 232, 234

Pós-colonial 40, 53, 56, 57, 58, 70, 97, 98, 99, 103, 104, 108, 145, 156, 168, 199, 203, 215, 217

R

Rei 30, 31, 99, 100, 101, 102, 107, 113, 119, 120, 127, 234

Representações 12, 13, 14, 18, 19, 20, 24, 26, 28, 31, 33, 34, 37, 43, 47, 48, 50, 53, 54, 57, 59, 60, 61, 81, 86, 91, 92, 93, 94, 96, 97, 99, 102, 103, 104, 105, 106, 107, 109, 110, 130, 147, 149, 150, 153, 155, 162, 175, 217, 218, 219, 220, 221

Rituais 15, 19, 23, 24, 27, 29, 37, 43, 48, 54, 55, 61, 67, 75, 96, 161, 173, 177, 178, 201, 202, 203

S

Santos 13, 19, 24, 26, 27, 28, 29, 30, 32, 33, 37, 39, 41, 42, 44, 45, 55, 203, 218, 223, 230

Sexualidade 14, 29, 32, 82, 84, 87, 95, 105, 107, 109, 128, 130, 131, 135, 136, 137, 138, 139, 140, 141, 144, 164, 184, 196, 211, 214, 221, 227, 229, 235

Significados 12, 13, 14, 19, 20, 24, 25, 26, 27, 28, 29, 32, 33, 35, 46, 47, 59, 61, 76, 81, 91, 94, 96, 97, 103, 105, 109, 130, 153, 155, 174, 178, 217, 218, 219, 220

Sincretismos 19

T

Teologia das masculinidades 8, 81, 82, 83, 84, 97, 103, 105, 107, 118, 120, 150, 219

Trinitário 13, 85, 87, 89, 90, 91, 105, 141, 175, 219

V

Violência 7, 11, 13, 14, 17, 30, 33, 37, 42, 43, 56, 58, 59, 60, 61, 62, 63, 64, 65, 66, 67, 68, 70, 71, 72, 73, 74, 77, 80, 81, 82, 83, 86, 87, 95, 96, 97, 107, 108, 109, 119, 122, 126, 131, 137, 139, 141, 143, 144, 145, 146, 147, 148, 149, 150, 153, 154, 155, 161, 162, 175, 177, 178, 179, 181, 182, 189, 190, 191, 208, 209, 217, 219, 220, 221, 225, 233, 235